標準
編集必携

第2版

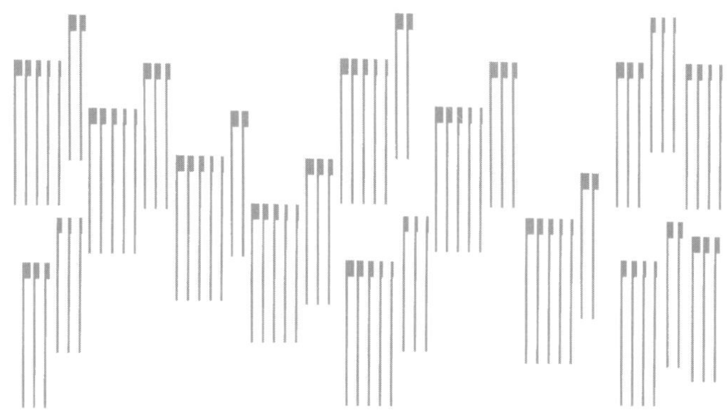

日本エディタースクール

ま え が き

本書は，本づくりの作業工程における実務の標準的なよりどころを，容易に参照でき，利用できるように，整理要約したものである.

出版編集の実務基準は，たとえば科学関係の記号，単位記号，用紙のサイズ，校正記号などのように日本産業規格(JIS)によって標準化されているものもあるが，他方で出版社，印刷会社，製本会社など現場での長年の経験の集積が，慣習となりルール化されているものもある．これらの規格や準則はきわめて多方面にわたっているため，そのすべてを正確に覚えておくわけにはいかないので，必要に応じてそのつど参照することが求められる．また，なんらかの事情で従来のやり方に修正・変更を加える場合にも，その出発点として必要なものである.

こうしたことから本書の第1版は，主に藤森善貢著“エディター講座 出版編集技術 第2版”から，編集現場においてとくに使用頻度の高い箇所を簡潔にまとめたコンパクト版として，1987年に刊行された．以来，出版編集の日常業務を助けるハンドブックとして，出版の現場で広く愛用され刷を重ねてきた.

しかし，今日，印刷技術のコンピュータ化だけでなく，執筆・編集の作業にも短期間のうちにパーソナル・コンピュータが使用されるなど，出版業務全体のデジタル化はもはや疑うことのないものとなった．本校ではこのポスト活版時代に対応するため，関連テキストを順次改訂してきたが，その成果のうえにたって，ここに本書の第2版を刊行することにした．この第2版では，現場の作業の変化に伴い，より重要になってきた原稿整理の方法を詳しく解説するとともに，デジタル原稿の取扱い方について示した．また，組方のルール(組方原則)と原稿指定の考え方の項を充実させた．著作権をはじめとする各種のデータも最新のものに改めた．これにより，本書は，出版に対する原則的な考え方を新しい資料・新しい技術のなかに位置付けるものとなった.

*

最後に，本書の核心をなす出版編集技術についての考え方を教えてくださった，今は亡き藤森善貢氏にあらためて感謝の意を表し，あわせて編集過程で御助力をいただいた関係各位ならびに印刷・製本を担当してくださった株式会社精興社，牧製本印刷株式会社に御礼を申し上げます.

日本エディタースクール

目　次

企画編集・原稿整理

原稿指定

校　正

印刷・製本

用紙材料

製作の進行と管理

出版と法規

装本・稲葉宏爾

企画編集・原稿整理

出版企画書

書　名（仮題）

企画目的

内容の程度

内容目次案

読者対象

編著訳者

略　歴

専　攻

現勤務先

主要論文

著訳書

〔翻訳書〕

原書名

原著者

発行所

発行年

著作権　　有　　無

エージェンシー

判型　　頁数	組版・製版方式
体裁　装　製　函入	図版　写真　別刷
組方　縦・横　ポ 級　字詰　行　行間　ポ 歯　段組 段間	
印刷会社	製本会社
原稿枚数　字詰　枚	脱稿予定　年　月　日
編集期間　年　月　日～　年　月　日	刊行予定　年　月　日
定　価	部　数
出版条件　印税　%　その他の条件	

備　考（原稿状況など）

出版企画は，編集会議で提案され，出版企画書を検討材料として討議され，決定される．出版企画書の内容は，出版社によってあるいは出版企画の中身によって異なる．ここに示すものは，平均的なものである．各社の事情にあわせて項目を加減することになる．

1．予想製作費					
製造固定費		製造変動費			
項目		項目＼部数	部	部	部
編集費 原稿料等 組版代 版下代 製版代		印刷代 製本代 製函代 用紙･材料代 付物代			
固定費計		変動費計			
総計					

2．予想定価計算	予価 円	対収入見込%	対定価売上%	予価 円	対収入見込%	対定価売上%	予価 円	対収入見込%	対定価売上%
印税（定価の　　%）									
宣伝費 一般管理費 小計									
費用合計									
総発行定価売上価額 収入見込（純売上価額）									
差引損益									
頁当り単価									

類書調査	書名	著者名	出版社	初刷発行日	最新版発行日	判型頁数	定価	累計部数	備考（刷数など）

決定事項	可 保 否

注　収入見込みは総定価×正味（　　%）×売上比率（　　%）

執筆依頼の要点

〈執筆の依頼〉

執筆依頼の要点は，以下の 4 点である．

1. 依頼するテーマまたはタイトル
2. 原稿の枚数(分量)
3. 原稿の締切日
4. 出版の条件．印税形式(発行印税または売上印税)か原稿料(一般に 400 字原稿用紙 1 枚の単価)か

*口頭だけでなく，文書にして手渡したほうが間違いが少ない(‘出版契約書’ ⇒ 191 ページ)．参考になる自社単行本，雑誌類を手渡しておくとよい．

〈‘執筆要項’ 作成の留意点〉

執筆依頼にあたっては ‘完全原稿’ を作成してもらうことを原則とし，あらかじめ ‘執筆要項’ を相談の上，作成する．執筆要項を作成する際の留意事項を掲げる．

⑴ **原稿用紙とパソコンによる原稿作成**

1. 手書きで執筆する場合は原稿用紙を使用してもらう．原稿用紙は 400 字詰(20 字詰×20 行)のものが一般的で，縦書きでは 200 字詰(20 字詰×10 行)のものも使われている．普通原稿用紙 1 枚というときは 400 字詰のものであり，200 字詰は ‘ペラ’ といって区別している．仕事に応じて適当な字詰と行数のものをつくる場合もある．

2. パソコンを利用して執筆する場合は，事前に著者が使用する機種やソフト，バージョンなどを確認し，執筆時や原稿受領時の段取りを打ち合わせる．

⑵ **書名**　原稿完成までに，‘仮題’(著者が希望する題名)を考えてもらう．最終的には出版社と相談の上，書名を決定する．

⑶ **翻訳の場合**　翻訳者に原著者の人物紹介，本の簡単な内容紹介をあらかじめ作成してもらうと参考になる．翻訳するテキストについては，原タイトル・発行所などのほか，重版時の異同が考えられるので何版からの翻訳かを確認する．また，そのことは凡例などで明示する．

⑷ **前付・後付原稿**　序・目次・解説などの原稿も，できるだけ本文原稿とともに渡してもらう．

⑸ **索引**　索引をつける場合には，あらかじめ概略の項目数を知らせてもらう．索引は校正の進行に照らして，なるべく早くつくり，オーダー(順序)をつけた段階でも検討を依頼する．

⑹ **図版**　口絵・挿図その他，図版を出版社でつくる必要のある場合は，本文原稿とともに図版原稿も渡してもらう．

図版原稿は本文原稿のなかに貼り込まないで，本文原稿の図版の入る箇所の欄外にその番号を明示し，別に図版原稿に一連の番号をつけ，まとめてもらう．図版のキャプションも同時に渡してもらうようにする．

著者側で画像データを作成する場合には，図版の大きさ(線の太さや図版中の文字の大きさ)・縮尺率などに注意が必要なので，事前に出版社に相談してから作成してもらう．地図はどんなものでも方位と縮尺(スケール)を入れてもらう．

⑺ **写真原稿**(モノクロ)　紙焼き写真などのアナログ原稿なのか，すでにデジタル化されている画像データなのか確認する．

⑻ **表**　表の原稿は本文原稿とは別の用紙に作成してもらい，図版原稿と同様に本文に入る箇所を欄外に表番号で明示してもらうと作業がしやすい．

⑼ **表記の方針**　その大枠を決めておく(⇒ 11 ページ)．以下は一般書の例である．

1. 原稿の文体は，なるべく平易な口語

体を使用する．

2. 仮名遣いは，原則として‘現代仮名遣い(本則)’とする．

3. 送り仮名は，一般的な‘送り仮名の付け方’に準じて不統一などを整理するか，著者の原稿どおりとするか，の方針を指示してもらい，さらに許容範囲や例外などの方針を決める．

4. 漢字は‘常用漢字’を使用し，その他なるべくむずかしい漢字は避ける．また，当て字(例：所謂(いわゆる)，何故(なぜ))や代名詞(例：貴方(あなた)，其(それ))・副詞(例：先(ま)ず，余程(よほど))・接続詞(例：然(しか)し，故(ゆえ)に)などは，できるだけ仮名書きにしてもらう(⇒ 15 ページ)．

5. 引用文の文字および仮名遣いは，原文どおりとすることを原則とし，とくに必要な場合に限って本文に即して常用漢字・現代仮名遣いにする．また，外国語の引用文には訳文を添える．

6. 外国語固有名詞の表し方は，片仮名書き(中国など漢字圏を除く)を原則とし，国名を列記するときや形容詞に用いる場合などには，漢字を使用する．

〈例〉　英軍，米英仏３国

7. 外国の人名・地名の表記は，一般的な外国語表記によるか，原稿どおりにするか，について指示してもらう．いずれの表記を採用するにしても，本文と付き物(索引・地図・挿図のキャプションなど)を含めて統一をはかる．

8. 紀年・単位・数字の表記もある程度統一がとれているようにする．

9. 注は見やすくするために，各章ごとに番号をつけて，章の終わりにのせるようにまとめる．注が膨大になる場合，注原稿は本文とは別にとじる(パソコンで作成する場合は文書を別にして入力する)．原稿整理で作業がやりやすくなる．

10. 文献のあげ方もなるべく統一し，論文ごとに形式や年号の表記にばらつきがないようにする(⇒ 17 ページ)．外国語文献で邦訳がある場合には併記する．

⑽　その他の注意事項

1. 改丁・改ページ・改行は明確に指示してもらう．とくに行を空けたいところ，字を小さくしたいところ，字を下げたい箇所などは，原稿(デジタル原稿の場合はハードコピー)に赤字で指定してもらう．

2. 括弧内の句読点(「…….」「……」.)や中黒(ニュー・ヨークとニューヨーク，北海道・九州・四国と北海道，九州，四国)の使い方も統一するようにしてもらう．

3. 本文中の書名・雑誌名などをダブル(『 』《 》“ ”)で囲むか，シングル(「 」〈 〉‘ ’)で囲むか，その使い方も統一するようにしてもらう．

4. 自然科学の記号および欧文で，イタリック，ボールド，ギリシャ字にするところは，はっきりと赤字で指定してもらう．

⑾　デジタル原稿に関する注意

1. 改行コードの入力に注意してもらう(段落の終わりにのみ入力し，それ以外は打たない．段落途中の１行の字詰を揃えるためには使用しない)．

2. ルビ，添字(上ツキ，下ツキ)，行間注，傍点や，イタリック，アンダーライン，網かけなどは一般に印刷用のデータに変換できないので，これらは入力しないでハードコピーに赤字で手書きしてもらう．

3. JIS 漢字コードで規定されていない外字(JIS 外字)はハードコピーに手書きしてもらう．パソコンの作字機能を利用して作成した文字(ユーザ文字)は印刷用のデータに変換できないので，できるだけ使用しないでもらう．

4. JIS 漢字コードに規定されていない使用機種固有の文字・記号もなるべく避けてもらう(⇒ 29 ページ)．

5. 文字や記号で紛らわしいものの入力に注意してもらう(⇒ 29 ページ)．

翻訳出版の手続き

外国の著作物を翻訳出版する場合は，翻訳権の有無，期間の確認およびその取得に伴う特別の作業が必要となる．

⑴ **原著者の国籍，原著の発行された国，第1発行年**（増訂版などでは，その増訂版の第1発行年）を調査する．

⑵ 原著者の国籍によって，**著作権の条約関係**を確認する（⇨196ページ）．

＊無条約国であれば，翻訳出版は自由．

⑶ 条約関係があれば，条約に基づく**翻訳権の保護期間**にあるかどうかを確認する．

＊保護期間には，戦時加算の例外あり．

＊ベルヌ条約加盟国の著作物と，万国著作権条約加盟国の著作物でベルヌ条約加盟国で同時公刊されたものは，その本が1970年12月31日までに発行され，発行後10年以内にわが国で正式に契約され出版されていない場合は，10年留保の条項が適用され，自由に翻訳出版できることになっている（⇨196ページ）．

⑷ 翻訳権が存続している場合は，**翻訳権の所有者**（著者の場合と出版社の場合とがある）および交渉相手を調べる．交渉相手としては，著者，出版社，エージェンシー（著作権事務所⇨209ページ）の3つのケースがある．

＊原書の扉裏のコピーライト表示を調べたり，他の同一著者の翻訳書の扉裏のコピーライト表示を調査してみる．

⑸ **翻訳権の交渉**を行う．翻訳権所有者と直接交渉する場合とエージェンシーを利用する方法とがある．

⑹ **オプション**（option 優先選択権）をとる．

＊オプションは正式の申し込みとは異なり，優先選択権にしかすぎない．入札となったり，他社の条件が知らされ，それより条件のよいときには契約できる場合もある．いずれにしても，オプションの期間（通常1カ月くらい）に検討し，方針を決めることが必要になる．

⑺ **正式の申し込み**（offer オファー）をする．申し込むためには，具体的条件を提示する必要がある．

主な提示条件は，

1. 前払い金（advance アドバンス）
   ＊'予定定価×初版翻訳権料×予定部数'を算出の基準に検討する．
2. 翻訳権料（royalty ロイヤリティー）
   ＊一般に部数段階別に料率を設定している．
3. 予定定価
4. 予定発行部数
5. 発行予定期日（翻訳期間）

などであり，エージェンシーなどを通じて契約内容について交渉を行い，相互に了解したところで，契約となる．

⑻ **契約書の内容**の主要な項目は，前払い金と翻訳権料，売上報告の期間，支払い方法のほかに，出版の期限，契約期間，献本の部数，契約が無効となる条件，単行本以外の権利関係などがある．

⑼ **刊行後の作業**としては，献本の発送と一定の期間ごと（6カ月ごとが多い）の売上報告と翻訳権料の支払い作業がある．

＊翻訳権料の支払いについては，所得税の源泉徴収がある．海外に居住する個人・法人に対しては，20%の源泉徴収が必要となるが，二重課税防止の租税条約を結んだ国とは'租税条約に関する届出書'を所轄の税務署に提出すれば，15%ないし10%あるいは免税となる（国により異なる）．

本の内容順序と内容要素

1冊の本が完成するためには，本文と呼ばれる書物の主体部分のほかに，本文の前につけられる前付の部分，後につけられる後付の部分が必要である．

ここに示すのは，縦組の書物の一般的な配列順序を示すもので，場合によっては省略されるものもある．

〈前付〉	
1. 扉	改丁裏白．別紙か共紙
2. 口絵	改丁．別紙
3. 献辞	改丁
4. 序文	改丁
5. 凡例	改丁が原則
6. 目次	改丁
7. 図版目次（表目次）	改ページが原則．少ない時は‘目次’に追込み
〈本文〉	
8. 中扉（半扉）	改丁
9. 本文	大見出し―改丁か改ページ 中見出し―改ページか追込み 小見出し―追込み
〈後付〉	
10. 付録	付録の冒頭は改丁 ＊年譜・年表・縦組の索引など
11. あとがき	改丁が原則
12. 索引（横組）	改丁
13. 奥付	改丁が原則

⑴ **扉**は，本扉，題扉とも呼ばれ，書名・著者名（編者名・原著者名・訳者名）・出版社名・シリーズ名などが表示される．

＊本扉の前に前扉（小扉）をおくこともある．この場合，書名だけを小さく入れ，裏白にするのが普通である．

＊翻訳書の場合，原著の書名・著者名・出版社名・発行年など権利関係を，原綴りで表示しなければならないが，これを本扉の裏に入れることが多い．

⑵ **口絵**は扉の次に入れるのが普通であるが，扉が共紙の場合は，扉の対向面に入れることもある．

⑶ **献辞**は，正式には改丁にして入れ，裏白とするが，簡略にするときは，扉の裏に入れる場合もある．

その本の紹介をかねて，著者とは別の人の‘推薦のことば’を掲げることもある．

⑷ **序文**は，序，はしがき，まえがきなどとも呼ばれる．序文が2つ以上あるときは，以下の順にする．

①第3版の序（最も強調したい，最新の序），②初版の序，③第2版の序

＊第3版，第2版，初版とすることも可．

①出版社の序，②著者の序

①翻訳者の序，②原著者の序

ただし，翻訳書の場合は，原書の順序に従うのが通例である．

⑸ **凡例**は，本文中の用語，略語や例則についての箇条書きの説明である．本文が一定の約束ごとで記述される辞典類では，とくに重要な要素である．

⑹ **目次**は，本文中の編・章・節などの見出しと対応するページ数を列記し，本文の内容を一覧させる．

⑺ **図版目次**は，挿図・挿絵・表などが

たくさん入る場合に，検索しやすいように入れる目次である．別に表目次を掲げることもある．

(8) **中扉**は，本文が大きな幾編かに区分できるときに，その1編1編を区切る扉である．一般的には，共紙裏白とする．裏白にしないで，裏から本文を組むものを半扉という．

(9) **本文**は，本文文章と見出し，引用文，参考文献，注，表，図版，写真などで構成される．

(10) **付録**は，巻末に収録された年譜，年表，参考文献，図版，地図などである．

(11) **あとがき**は，著者の脱稿後の感想などを記したものだが，翻訳書では原著書の解説的要素をもりこむことがある．省略されることも多い．

(12) **索引**は，検索することが必要とされる書物には不可欠の要素である．事項索引，人名索引，条文索引，地名索引，書目(名)索引，音訓索引(漢和辞典)，総画索引(漢和辞典)，部首索引(漢和辞典)など．

(13) **奥付**には，書誌学的に必要な事項がまとめられる．一般に，書名・著訳者名・発行年月日・発行者名・出版社名・出版社住所電話番号・印刷会社名・製本会社名・国際標準図書番号(ISBN)・Ⓒ表示(Ⓒ，著作権者名，第1発行年)がまとめ組され，別に著訳者の簡単な略歴が添えられる．奥付では定価は省かれることが多い．

＊検印は現在ではきわめてまれである．

＊奥付のあとの広告を奥付裏広告という．一般には，その出版社から出版されている同一著者の書物をまとめたもの，同じ出版社の関連書目，同一シリーズの一覧などを掲げる．奥付裏の1ページに限らず，印刷の台割にあわせてページをとることが多い．

＊

本体とは別に，書物の構成要素として重要なものの掲載内容を以下に列記する．

表紙　表紙は‘背’と‘ひら’に区分し，記載する文字をそれぞれ背文字，ひらの文字と呼ぶ．背文字にはどんな薄い本でも書名を入れるのが原則である．一般には，書名，シリーズ名と著者名，出版社名(もしくはマークなど)は必ず入れる．ひらの文字は，背文字との関連で，書名だけのもの，空押しのマークだけのものなど多様である．

カバー(ジャケット)，外函　書名，シリーズ名，著者名，出版社名の要素は，それぞれの表(おもて)のひらと背に，不可欠のものである．裏のひらには，定価(本体価格)と日本図書コード(ISBN)を，バーコードと文字コードともに入れる．

帯　帯紙または腰帯ともいう．内容目次や宣伝文が印刷され，店頭における販売広告の役割をする．表紙の掲示要素のうちで帯をかけることで見えなくなるものは，帯に印刷しておくことが必要となる．

売上げカード　スリップともいい，普通売上げカードと注文カードをセットにしたものが多い．各出版社によって少しずつ異なるが，記載事項は以下のとおりである．

〈売上げカード〉　書名・シリーズ名・著訳者名・出版社名・出版社住所・電話とFAX番号・定価・売上げ月日記入欄・ISBN

〈注文カード〉　売上げカードの記載事項のほかに，注文部数および注文月日記入欄・書店(帖合)印欄

＊出版社によっては，その本の発行年月，ジャンルを小さく入れているものもある．

読者カード　愛読者カードとも呼ばれる．一般に私製はがきを用い，料金受取人払いの表示をする場合もある．表面は下部の2分の1を通信文として利用できるので，裏面とあわせて，以下の事項に利用している．

購入した本の書名欄，氏名・年齢・性別・職業・学校・住所などの記入欄，感想・要望欄，購入書店名・購入の動機記入欄，出版目録注文欄，出版物の注文欄など．

原稿整理――内容的整理の要点

〈作業の前に確認しておきたい事項〉

⑴ **企画の内容** 企画書により，企画意図・読者対象・予定定価・印刷製本の仕様・発行時期などを確認する．

⑵ **未着原稿の有無** ‘序文’，‘あとがき’など，もし後まわしになる原稿があれば，その入手期日を確認する．

⑶ **整理の参考データ** 執筆要項があれば，原稿整理のよりどころとする．類書や同一著者の既刊書を参考にするとよい．

⑷ **著者の意向** 用字用語などについて著者の意向を確認する．

⑸ **無断修正の禁止** 著作権法20条1項では無断改変を禁止している．題号や内容，表現など，また新旧仮名遣いの変更にも著作者の了解が必要である（20条2項で，教科書への掲載など例外規定がある）．

〈**内容的整理**（内容の吟味）〉

⑴ **内容事実の検討** 原稿の内容，記事に誤りがないかどうか，あいまいな点がないか，意味はよく通っているか，などの点に注意して，原稿を通読する．外国書からの翻訳原稿で，訳文に疑義が生じた場合には，原文にあたるという配慮も必要である．引用文も著者が書き写している場合は，原文にあたるのが原則である．

そのほか，注・図表・文献などと本文との関係，数量・比率・年月などを示す数字，措辞（字句の使い方）についても点検する．

著作物の内容・読者対象によって，読者にわかりやすいように，著者の了解のもとに，編集者がある程度文章に手を加えるケースもある．なお，編集部で原稿になんらかの手を加えた場合，必ずその後，著者の承認を求める必要がある．

⑵ **法規上その他の問題点の検討**

1. 著作権上の問題

①他人の著作物の引用 引用の必然性があり，自分の著作物が主で，引用する他人の著作物が従の関係でなければならない．また引用して利用する著作物は本文と明瞭に区別され，著者名，著作物の出所の明示によって特定されなければならない（著作権法48条）．

②美術の著作物などと写真の利用 写真それ自体が著作物であり，著作権の目的となっていることがあり，利用に際しては，権利者の許諾を得る必要のある場合がある．

③人物写真の利用 写真家の著作権のほか，肖像権侵害がないかも注意する．

④歌詞や楽譜の使用 音楽の著作権は，多くの場合，一般社団法人日本音楽著作権協会（JASRAC，通称ジャスラック）が集中管理しているので，歌詞・楽譜を利用しようとするときは，事前に相談するとよい．

⑤地図の使用 国土交通省国土地理院が行った基本測量や測量計画機関が行った公共測量の測量成果である地図その他の文書を複製するには，それらの機関の長の承認を得なければならず（測量法29条，43条），測量成果を直接または間接に使用して刊行物を出そうとするときは，承認を受けたうえその旨を刊行物に明示しなければならない（30条3項，44条3項）．

⑥著作権の保護期間を経過した著作物の使用 日本では，著作者の死後70年を過ぎれば，著作権は消滅し，自由に使用できる（著作権法51条2項）．ただし，改変することは原則としてできない（60条，20条1項）．外国の著作物でも著作権がすでに消滅している場合は自由に使用できる．

2. 名誉毀損（きそん）とプライバシーの侵害 名

誉毀損は，人の名誉を傷つけ，社会的評価をおとしめることで，刑法では，‘公然と事実を摘示し，人の名誉を毀損した者は，その事実の有無にかかわらず’罪になるとしている(230条1項)．物故者の場合には，虚偽の事実を摘示したのでなければ処罰されない(同条2項)．民法では，名誉毀損は名誉という人格権を侵害する不法行為であり，それによって生じた損害を賠償する(慰謝料を支払う)責任がある(民法710条)．ただし，‘公共の利害に関する事実に係り，かつ，その目的が専ら公益を図ることにあったと認める場合には，……真実であることの証明があったときは，これを罰しない’とされている(刑法230条の2・1項)が，判例は，その証明ができなくとも，‘真実であると信ずるに相当の理由がある’と判断されるときは処罰を免れるとしている．これは民法も同じである．

一方，プライバシーは，個人の私生活の秘密の保護を求める権利であり，人格権に含まれるものとされており，これを侵せば，名誉毀損と同じく不法行為となる．典型的なプライバシー侵害は，個人の私生活上の事実(私事)をその意に反して公開するケースだが，判例は，私生活上の事実または私生活上の事実らしく受け取られるおそれのある事柄で，一般の人びとにまだ知られていないものを公開した場合に，プライバシー侵害が成立するとしている．ただ，名誉毀損では事実証明が認められれば，処罰や損害賠償責任を免れるのに対して，プライバシー侵害では私事を公開したことそれ自体が問題なのであり，公開された事実が真実かどうかは関係ない．なお，政治家・公務員・公職の候補者などのいわゆる‘公人’の私事は，その公的存在性のゆえにある程度の制約を受けることになるが，だからといって無差別，無制限な公開が正当化されるわけではない．

また，モデル小説などで，登場人物をたとえ仮名としていても，そのモデルが前後の文脈から明らかに特定の人物だと推定できるような場合には，プライバシー侵害となる可能性があるので，十分に注意する．

3. 猥褻(わいせつ)　刑法175条は‘わいせつな文書，図画，電磁的記録に係る記録媒体その他の物を頒布し，販売し，又は公然と陳列した者’や‘販売の目的でこれらの物を所持した者’を処罰の対象としている．ただ，猥褻の定義に該当しない過剰な性表現(ポルノ)が氾濫しているため，ほとんどの都道府県では，青少年に有害な図書類の販売・貸付などを規制する青少年保護育成条例を制定している．

4. 不快用語・差別用語　現在の社会には，さまざまな面において，差別が存在しており，そうした差別に悩まされ，泣いている人も少なくない．差別はなくしていくべきものであり，他人に不快感を与えたり，差別を助長するような表現の使用は極力避けなければならない．‘差別している’とも思わず，そうした用語を不用意に使うことこそが問題だとされ，批判が加えられるケースが少なくない．それらの表現を使えば傷つく人がいるかもしれないということを常に気遣うだけの配慮が必要である．

(3) 内容構成の検討　一般の著作物では，多くは章・節・項(大見出し・中見出し・小見出し)というような構成をとり，分類整理するのが普通である．内容を1つの整った形に構成することは，理解を容易にするために必要不可欠なものであるから，内容構成について十分注意を払う必要がある．まず目次をつくり検討する．

また見出しの表現が画一的な場合には，著者と相談しながら変更することもある．

(4) 内容順序の検討　本として，前付・本文・後付の内容と順序が整っているかどうかを確かめる(⇒7ページ)．

原稿整理――形式的整理の要点

〈原　則〉

表記については，著者の立場を尊重し，あらかじめ‘執筆要項’などで著者との間で確認できていれば，それに従い，ない場合は，できあがった原稿の表記を読みとって，できうる限りの整理・統一をする．一方，普及度の高いもの，教科書・参考書・辞典類や児童書などでは，その性質上整理方針が徹底できるものであり，また整理・統一を必要とするものである．

複数の著者がいる講座ものなどではあらかじめ‘執筆要項’を作成し，それに従って整理することが一般的であるが，それぞれの著作者ごとの整理・統一にとどめる場合もある．いずれにしろ，方針を決めて個別に了解をとっておくことが必要である．

〈表記整理の要点〉

⑴ **文体の整理**　文語体(古典語を用いた文体)にするか，口語体(現代語を用いた文体)にするか．口語体にも，‘……である，……だ’調と‘……であります，……です’調があるので，いずれかの文体で整理する．幼児を対象にするものは，‘……です’調にするのが普通である．

⑵ **漢字の使い方**　字種，音訓，字体について，以下のような方針がある．

1．常用漢字の範囲内に限定して漢字を使用する．その字体は常用漢字体とする．

2．常用漢字に限定しない．常用漢字の字体は，常用漢字体を使用する．人名用漢字は人名に限って使用する．表外字は正字体を使用する(拡張新字体を使用しない)．

3．常用漢字に限定しないが，なるべくむずかしい漢字は避ける．常用漢字の字体は，常用漢字体を使用する．人名用漢字も常用漢字に準じて使用する．表外字は正字体を使用する(拡張新字体を使用しない)．

4．常用漢字に限定しないが，なるべくむずかしい漢字は避ける．常用漢字の字体は，常用漢字体を使用する．人名用漢字も常用漢字に準じて使用する．表外字は拡張新字体を許容する．

5．すべての漢字は正字体を使用する．

＊3,4の場合，常用漢字表にない音訓も制限するのか．表外字の書き換えをどのように行うのか，同音漢字の書き換えはどの程度にするかも検討する．当て字や接続詞・助詞・助動詞などは仮名書きにする，という方針にすることも考えられる．

例　貴女・貴方→あなた
　　尚・猶→なお

＊特定の漢字を仮名にする(‘ひらく’という)という方法もある．ただし，この場合，やみくもに統一するのは避け，著者の考え方を確認することが必要である．

＊児童書では，学年別配当表をふまえて漢字を使用することになる．

＊人名や団体名などにおける旧字体使用の方針を決めておく．

⑶ **仮名遣いの方針**　現代仮名遣い(新仮名遣い)にするか，歴史的仮名遣い(旧仮名遣い)にするか，検討する．

内閣告示の“現代仮名遣い”に従う場合には，‘本則’に従うのが一般的であるが，‘せかいぢゅう’‘いなづま’などの‘許容’を認めるか決めておく必要がある．

また‘ほほ・ほお(頰)’など発音のゆれのある語は統一して使用する．

現代仮名遣いでは，‘じ・ぢ’，‘ず・づ’の使い分けと，オ列の長音の表記が誤りやすいので，注意する．

⑷ **送り仮名のつけ方**　一般書では，内

閣告示の“送り仮名の付け方”が基準になる．しかし，“送り仮名の付け方”は‘本則’‘例外’‘許容’というようにかなり幅をもたせてある．①‘本則’‘例外’を採用する，②‘許容’を採用する，③1つ1つ個別のことばごとに決めていく，④著者固有の送り仮名による，などの方針がある．

送り仮名のつけ方では，複合語が不統一になったり，送りすぎや不足する場合もあるので注意する．

⑸ **外来語，外国の地名・人名の表記**　一般的には，原音の発音に近い表記にするか，なるべく国語音化して書きあらわすかを，内閣告示の“外来語の表記”を1つの基準にしながら，決めていく．著者の意向にそって考えることが大切で，原稿の表記法に従い，不統一のみを抽出して，どちらかに統一していく方法もある．また，特定の外来語辞典に従う，という方法もある．

不統一になりやすい例としては音引の有無，拗促音の扱い，中黒の有無などがある．

人名では，姓名の区切り方をどの形式にするか検討しておくことが必要である．

例　エリザベス・テイラー
　　エリザベス テイラー
　　エリザベス-テイラー
　　エリザベス－テイラー
　　エリザベス＝テイラー

⑹ **ローマ字の綴り方**　内閣告示の“ローマ字のつづり方”の第1表に従うのか，第2表によるのか，それとは別の方式を採用するのか，を検討する．

⑺ **数字の表記**　一般数は，縦組では漢数字かアラビア数字，横組ではアラビア数字が使用されている．注意すべき事項をあげておく．

1．縦組の年月日の表記には，俗にトンボ十（じゅう）と呼ばれる単位語を入れる方式，数字を並べる方式，両者を併用する方式がある．

例　平成二十四年十二月二十五日
　　平成二四年一二月二五日
　　二〇一二年十二月二十五日

2．縦組の数字の表記には，すべての単位語を入れる方式，4桁ごとの単位語を入れる方式，位取りを入れる方式がある．

例　一万五千三百五十円
　　一万五三五〇円
　　一五、三五〇円

縦組・横組とも，単位語を使うときは位取りをしない．本文では単位語を使い，表組・図版では位取りを使う方法もある．

3．アラビア数字でも漢数字でも用いられるものは，混用を避けて統一する．

例　1つ　一つ　　1部　一部

4．以上，以下，未満，超の使い分けに注意する（普通，以上，以下はその数を含み，未満，超はその数を含まない）．

＊箇条書き，注番号，表番号，図番号などは，数字の抜けや重複がないか確認する．

＊計算できる数字は計算してみる．

⑻ **単位記号の表記**　片仮名表記か，欧字の記号（⇒38ページ）を用いるか．一般的には，縦組では前者，横組では後者を使用する．片仮名表記では，キロメートルとキロなど不統一にならないようにする．パーセントと％も混用しないようにする．

⑼ **欧字と欧文**　欧字では大文字，小文字，スモールキャピタル（s.c.），立体，イタリック体，ボールド体といった使い分けがあるので，注意する（⇒54ページ）．

⑽ **約物の使い方**　約物の使用方針を検討する（⇒33ページ）．

1．句読点　縦組では〔、。〕であるが，横組では，〔，．〕〔，。〕〔、。〕の3種類の方法がある．本文中に入る欧文等の組合せからは〔，．〕が望ましい．公用文では〔，。〕が使用されている．

2．引用・会話文に使用する約物「 」『 』を使うか，〈 〉《 》を使うか，“ ” ‘ ’を使うか，を決める．

3. 名詞(地名・人名など)を並列する場合　中黒を使用するか，読点(コンマ)を使用するか，を決める.

例　大阪・名古屋・東京

　　大阪，名古屋，東京

4. かぎ括弧のなかにかぎ括弧を使用する場合　「□□『□□』□□」とするか，小かぎを使用し「□□「□□」□□」とするか.

5. 句読点とかぎ括弧の組合せ　著者の意向を優先させることが多いが，どちらかに統一することが必要である.

①「　」が文中にあるとき

　□□「□□。□□」□□。

　□□「□□。□□。」□□。

②「　」が文末にあるとき

　□□「□□。□□」。

　□□「□□。□□」

　□□「□□。□□。」

6. 句読点と括弧類の組合せ　句読点と括弧の関連をどのようにするか．内容に応じて使い分けるようにするか.

①　□□□。(□□□)

②　□□□。(□□□。)

③　□□□(□□□)。

7. 会話文の改行　次のような方式がある．また，起こしのかぎ括弧では改行するが，受けのかぎ括弧の後は改行しないで，文を続ける形もある.

①　　すると、彼は、

　「□□□□□□□□□□□□□」

　と言った。

②　　すると、彼は、

　「□□□□□□□□□□□□□」

　　と言った。

(なお，改行行頭のかぎ括弧は，二分下ガリや全角半下ガリに組む組方もある.)

＊括弧類は，起こしと受けが対応しているかも確認する.

⑾　**くり返し符号の使い方**　以下のすべてを用いるのか，々だけを用いるのか，あるいはすべて用いないとするかを決める.

々　　人々　国々　年々

々々　珍味々々　愉快々々

ゝ　　あゝ　おゝ　たゝみ　とゝのえる

ゞ　　たゞし　すゞり　かゞみ

〳〵　いろ〳〵　わざ〳〵

〴〵　しみ〴〵　つく〴〵

児童書などでは，‘人びと，国ぐに’という表記にしている例もある.

⑿　**固有名詞と普通名詞**　特定の商品名は必要のない限りできるだけ使わないのが原則だが，文章のつながりによっては，セロテープ，クレパスなどの書き換えのむずかしいものもある.

⒀　**学術用語，専門用語の表記**　同一事項を示すにも異なった表記法のあるものがある．“学術用語集”などを参考にして，執筆要項などではっきりさせておくとよい.

特定の分野の隠語や業界用語などにも注意する．略語・略称なども，初出時に正式名を入れておく配慮が必要である.

⒁　**ルビをどうするか**　ルビをつけるか，つけないか，つけるとすれば，総ルビ(漢字の全部につける)とするか，パラルビ(一部の漢字にルビをつける)とするか.

パラルビの場合は，ルビをつけると決めた漢字にはすべてつけるか，初出のみとするか．初出ルビには，①書籍全体を通じての初出，②章などのブロックごとの初出，③見開きページごとの初出，などの方式がある．また，ルビの拗促音を小書きの仮名にするかどうかの方針を定める.

ことばの後に(　)で読みを示したり，割注のように2行に組む割りルビという方式を採用することもある.

モノルビ(対字ルビ)か熟語ルビかグループルビ(対語ルビ)かを，注意マークで明確に指示するとよい(⇒70ページ).

圏点は，通常は縦組では読点を使用し，

横組では中黒を使用するのが一般的である．

〈体裁の整理の要点〉

⑴ **段落** 原稿の内容ともかかわることであるが，区切りが適当かどうか検討し，著者の了解のもとに修正することもある．区切りを大きくするために，1行アキとする部分もあるが，これも指示しておく．

⑵ **箇条書き** 記号や番号をつけるか，文末に句点をつけるか，そのスタイルを決める．字下ガリ，2行以上になったときの折り返しの下ガリは原稿指定の作業でもあるが，方針が決定していれば整理の段階で指示しておく．

⑶ **見出しのスタイル** 部・章・節・項などの文字を入れるか，章のみ入れるか，漢数字，ローマ数字，アラビア数字，アルファベットなどで見出しの大きさの大小を示すか，などを決定する．理工学書などでは，ポイントシステムという，数字を並べてつけていく方式も使われる．

見出しの大きさにより，使用される数字，欧字には一般的なルールがある．以下のような順序で使われることが多い．横組を例にとると，

Ⅰ □□□□□□
　A □□□□□□
　　1. □□□□□□
　　　a □□□□□□
　　　　(1) □□□□□□
　　　　　(a) □□□□□□

⑷ **見出しのランクの区別づけ** 見出しのランクを整理段階で指示しておくと，原稿指定の作業がスムーズに進む．改丁・改ページ・追込みなども，方針が決定していれば，赤字で指示しておく．

⑸ **括弧書きの文字** ①本文と同じ大きさ，②括弧内を小さくする，③一定の方針のもとに一部のみ括弧内を小さくする，といった方法がある．組方指示は原稿指定の作業であるが，②，③の場合，とくに③のときは，内容とかかわる事項であり，整理の段階でマーカーなどで指示しておく．

⑹ **参照ページの指示** 参照ページは原稿整理の段階では確定しないので，付箋をつけて注意をうながし，校正の段階で正しいページを記入することになる．

⑺ **柱の整理** 柱の掲げ方が決定している場合は，柱が変わる部分で，‘以下奇数頁柱　4.2　原稿整理’のように，その旨を原稿の余白に書き込んでおく．

〈進行上の注意事項〉

⑴ **原稿の取扱い** 必ずナンバーリングで通しのナンバーを打つ．また，複数の人が読む場合や保管に備えて，複写機でコピーをとるようにする．さらに，散逸を防ぐために，原稿は50枚，100枚の単位か，あるいは章ごとなどにまとめてとじる．

⑵ **読みやすくわかりやすい原稿に** 手書き原稿では，テンかマルかがわかりにくい句読点，読みにくい文字，拗促音，振り仮名等々を赤字ではっきりさせる．挿入・削除の箇所もはっきりさせる．この場合の赤字は，校正の引き出し線を使うと原稿が汚くなり，かえって読みにくくなるから，赤字を入れる文字のすぐ近くに書くようにする．用字・用語等の整理，統一のための記入も同様にして赤字で行う．

⑶ **内容に対する疑問** 内容上の疑問が生じた場合には，その側面に鉛筆でケイを引き疑問符をつけておくか，調べた結果を鉛筆で書いて疑問符をつけ，著者に聞くようにする．そのページに付箋をつけておくと便利である．これらの疑問点を別紙に書いて，著者に聞くという方法もある．

⑷ **原稿の整理と指定の関係** 一般には，内容に関係することは原稿整理で行い，組方に関係することは原稿指定で行う．

⑸ **整理方針の校正者への連絡** 整理方針をまとめて校正者に渡しておけば，校正者はあれかこれかと迷わずにすむ．

代名詞・副詞・接続詞等の表記

代名詞・副詞・接続詞・感動詞・助動詞・助詞などは，一般的にその多くを仮名書きとしているが，漢字を使用する例もある．ここでは“公用文における漢字使用等について”と“文部省用字用語例”を参照し，それらで漢字を使用している表記例を掲げた．

あくまで	飽くまで
あくる	明くる　明くる(日)
あまり	余り
あらためて	改めて　改めて…する
あわせて(副詞)	併せて
いたって	至って
おおいに	大いに
おおきな	大きな
おそらく	恐らく
おもに	主に
および(接続詞)	及び　(a 及び b)並びに c
がいして	概して
かならず	必ず　必ずしも
かろうじて	辛うじて
かれ	彼　彼ら
きたる	来る　来る○月○日
きわめて	極めて
ことに	殊に　殊に優れている
さきほど	先ほど
さまざまに	様々に
さらに(副詞)	更に
さる	去る　去る○日
じつに	実に
すくなくとも	少なくとも
すこし	少し　少し早い
すでに	既に
すみやかに	速やかに
せつに	切に
ぜひ	是非
たいがい	大概
たいして	大して
たいそう	大層
だいたい	大体　大体のところは
だいぶ(ん)	大分
たいへん	大変
たえず	絶えず
たがいに	互いに
ただちに	直ちに
たとえば	例えば
たぶん	多分
ちいさな	小さな
ついで	次いで
つとめて	努めて
つねに	常に
とくに	特に
とつぜん	突然
なかば	半ば　半ばあきらめる
なに	何
ならびに(接続詞)	並びに
はじめて	初めて
はたして	果たして
はなはだ	甚だ
ふたたび	再び
ぼく	僕
まさに	正に
または	又は　(a 若しくは b)又は c
まったく	全く
むろん	無論
もしくは(接続詞)	若しくは
もっとも	最も
もっぱら	専ら
わが	我が　我が国，我が家
わたくし	私
わりに	割に
われ	我　我々，我ら

*

原則として仮名で書く語

副詞—かなり　ふと　やはり　よほど

接尾語—げ(惜しげもなく)　ども(私ども)　ぶる(偉ぶる)　み(弱み)　め(少なめ)

接続詞—おって　かつ　したがって　ただし　ついては　ところが　ところで　また　ゆえに

助動詞および助詞

引用文・注・文献表示の整理

〈引用文の整理〉

引用は，報道，批評，研究，その他の目的上，引用する必然性がなければならない．

⑴ **引用であることを示す** 本文の行中では，「 」や〈 〉，‘ ’ などの括弧類でくくる．または引用文を別行にする．通常1字か2字下ガリとする(⇒ 99 ページ)．

1冊のなかで，どちらかの形式に統一する必要はないが，引用を示す括弧類は統一して同じものを使用する．

⑵ **出典の表示** 以下のような形式があり，著者と相談して，一定の形に整える．

1. 引用文に続け，( ) に入れて示す．
2. 引用文の前後にくる本文で記述する．
3. 注をつけ，注や参考文献で表示する．

執筆者名，標題，書名，出版社名，発行年，ページ数などを個々の箇所ですべて示す形式と，引用文のその部分では，たとえば，山田(1996)pp. 63-64. のように，執筆者名，発行年，引用ページを掲げ，詳細は参考文献などによって示す形式がある．

⑶ **引用文の表記** 引用文は原文どおりに書き表すことが原則であり，引用文と本文の送り仮名や片仮名書きなどの表記が異なっても，そのまま引用する．しかし，旧字・旧仮名の文章を引用する際には，原稿の内容により，新字・旧仮名または新字・新仮名とする例もある．この場合は‘原文は旧字・旧かな’などと断り書きを入れる(凡例などでふれておいてもよい)．

引用文に間違いがあると著者が判断したときは，引用ミスでないことを示すために，間違った文字のわきに‘ママ’と注意書きを添えるようにする．横組の文章を縦組に，縦組の文章を横組にする場合は，句読点や数字は直してもよい(厳密な場合は‘原文は横組’などと断る)．

引用文の全体を「 」でくくったとき，引用文中にある「 」は『 』を使う．小かぎの「」『』を使う方法もある．

⑷ **原文との照合** 引用文が原文どおりかどうかを確認するためには，原典にあたることも必要である．

⑸ **注記と省略** 引用者の注記であることを示すため，縦組では〔 〕，横組では[ ] でくくり，読者が判別できるようにする．引用文の途中の省略は通常，3点リーダー(……)で表示することが多いが，引用文中に3点リーダーが使われていることもあるので，注意が必要である．〔……〕としたり，〔中略〕とする方法もある．

〈注の整理〉

⑴ **注の形式** 原稿の内容，著者の意向をもとに注の形式を決定する．( ) や〔 〕で囲んで文中に挿入する注のほかに，2行に分割して組む割注，行間にだしてつける行間注，別の箇所に掲げる傍注・頭注・脚注・後注などがある．傍注・頭注・脚注・後注などは，対応する本文の原稿の余白に注番号を書き出すか付箋を貼っておくと，あとで点検するときに便利である．

⑵ **本文と注の対応** 傍注，脚注，後注などで，以下のように種々の方式がある．

1. ＊をつける方式　注がごく少ない場合に行われている．同一ページや同一の項などに複数の注が入るときは，＊，＊＊，＊＊＊のように数を増やしていく．なお，欧文では，*，†，‡，§，¶，‖，#の順でつけることになっている．

2. 注番号をつける方式　使用する数字(縦組・横組ともアラビア数字が多い)，( ) をつけるかつけないか，どこに入れるか，といったことを決める．縦組では行間に配置し，数字の上下に（ ）をつける形式が多く，横組では行中に上ツキで片パーレン（数字の後ろにのみ受けのパーレンをつける）にする形式をよく用いる．

番号は1冊の本を通してか，章や節ごとか，1ページごとにつけるかを決定する．後注では注の頭に，⑴，⑵と注番号をつけたり，縦組の頭注・脚注や横組の傍注などでは，注の対象語句を見出しとしてゴシック体で示し，注の文章をそれに続ける方法もある．

なお，縦組の傍注や横組の脚注などで，見開きや1ページ単位で注番号を1起コシとするケースでは，実際にページ組をするまで番号は確定しない．原稿では仮の対応番号をつけておき，校正の際に確認する．

⑶ **表記・内容などの点検**　注の表記は原則として本文の表記法に従う．注が脱落していないか，重複していないか，注の内容が本文に対応しているかも確かめる．

⑷ **注のなかの文献表示**　文献の表示項目，順序，使用する約物などが不統一にならないように注意する．なお，欧文の文献では，前掲書などを略記号で示す方法がある（⇒ 20 ページ）．

〈文献表記の整理〉

巻末に‘参考文献’を一覧にまとめて掲載するケースのほかに，引用文の直後に（ ）内に入れて出典を表示したり，注として掲げる場合がある．巻末に掲げる文献表記は，引用文献，参考文献，学ぶための文献などに分けられる．

⑴ **和文文献表示**　著者が引用・参照した文献が和文文献であれば和文で，欧文文献であれば欧文で書き表し，掲載する．欧文文献で翻訳書がある場合は，そのデータを付記したり，翻訳書を掲げる場合は，原書のデータを付記することもある．

一般的な表示形式には，次のような事項がある．なお，出版社名・発行年は，括弧に入れることもある．また，訳者名を書名の後におく形式もある．掲載ページや引用ページのページ数は，巻末の文献表示では省かれるのが普通である．

1. 書籍　著者名『書名』（横組では“書名”ともする）版次，発行所名，発行年，引用ページ数．

例　A・ブレイク著、橋本純一訳『ボディ・ランゲージ——現代スポーツ文化論』日本エディタースクール出版部、二〇〇一年、一七四頁。

例　豊田きいち『編集者の著作権基礎知識』第六版（日本エディタースクール出版部、二〇〇八年）、九五頁。

2. 書籍掲載の論文　執筆者名「標題」（横組では‘標題’ともする），編者名『書名』（横組では“書名”ともする）版次，発行所名，発行年，掲載ページ数．

例　大塚信一「編集者としての林達夫」、久野収編『回想の林達夫』日本エディタースクール出版部、一九九二年、五三—六六ページ。

3. 雑誌掲載の論文　執筆者名「標題」，『雑誌名』（横組では‘標題’，“雑誌名”ともする）巻・号，掲載ページ数．（発行所名，発行年を入れることもある．）

例　信多純一「師宣慕効——延宝三年江戸四座役者付考」『文学』第四九巻第一一号、一—一七ページ。

以下，各要素の注意点をまとめて示す．

4. 著者名　フルネームで記載する．著者が複数のときは，全員を表示する形式と，ある人数までに制限する形式がある．省略する場合は，末尾の人から省略し，ほか，ら，などをつけ，略したことを示す．

5. 標題　標題とは各論文のタイトル名のことで，「 」や‘ ’でくくることが多い．副題（サブタイトル）は2倍ダーシでつなぐのが一般的である．

6. 雑誌名・巻号　雑誌掲載論文の場合は，雑誌名と巻数・号数も表示する．月号を表示することもある．雑誌名は，通常『』か“ ”でくくる．巻数はボールド体(太字)で表記することもある．

例　24巻11号　　**24**(11)
　　1996年3月号

7. 書名・版次　書名は，雑誌名と同様に『』か“ ”でくくる．

第1版以外は，第2版，改訂版，増補版などの版次も入れる．書籍が叢書に含まれているときは，版次に続けて叢書名を入れる．また，岩波新書，新潮選書などと叢書名に発行所名が含まれているときなど，発行所名を省くこともある．

一般に入手できない珍しい文献や古文書，未公刊資料を掲げる場合は，所蔵機関などを併記しておくとよい．

8. 発行所名　発行所名には，(株)などは入れないのが一般的である．雑誌の場合は，その分野の専門雑誌などは発行所名は入れない，とされる．しかし，一般的でない特殊な雑誌などでは，入れたほうが読者の検索を考えると親切であろう．欧文文献では発行所名の前に発行地名を入れることになっているが，わが国では発行地が東京であることが多いので，表示しないことが多い．ただし，東京以外の発行所のみ入れる方法もある．

9. 発行年　書籍の場合，その版が発行された最初の年を表示する．第2版以降のとき，第1版を注記することもある．また，引用する本の奥付に記載している形式で表示する場合もあるが，和暦と西暦のどちらかに統一することが望ましい．

10. 掲載ページ数　論集などの書籍や雑誌掲載の論文は，掲載ページを記載しておくとおおよその論文の分量がわかるので，読者に親切である．記載しないこともある．

11. 引用ページ数　引用文献の場合，通常，出典の表示として掲げる場合に記載する．巻末の文献表記では省くことが多い．

例　15頁　215-216頁　215-6頁
　　p. 15　pp. 215-216　pp. 215-6

頁はページとも表記する．p., pp. は小文字である．ページ数には横組ではアラビア数字を使用するが，縦組では漢数字を使用することが多い．

12. ‘著者—発行年’ 形式　本文中や注では‘田中(1993)pp. 15-16によれば……’などと著者名と発行年，ページ数を掲げ，巻末に著者名順に文献表記を掲げる形式がある．本文中の表示は，和欧文とも姓だけにすることが多い．同じ姓の別人がいるときは，和文ではフルネームまたは名前の1字目を( )に入れて区別する．欧文ではイニシャルをつける．

同一著者に同一年に発行された文献が2点以上あるときには，発行年の次にアルファベットをつけて区別するが，これには2種類のつけ方がある．

①田中(1994a)	②田中(1994)
——(1994b)	——(1994a)
——(1994c)	——(1994b)

(2)　欧文文献表示

1. 書籍　著者名，書名(イタリック体)，版次，発行地，発行所名，発行年，引用ページ数．

例　Michael S. Howard: *Jonathan Cape, Publisher*, London: Jonathan Cape, 1971.

例　Elizabeth L. Eisenstein, *The Printing Revolution in Early Modern Europe* (Cambridge, Cambridge University Press, 1983), pp. 145-188.

2. 書籍掲載の論文　執筆者名，“標題”，編者名，書名(イタリック体)，版次，発行地，発行所名，発行年，引用ページ数．

例　Bob Jessop, “Capitalism and Democracy”, in Gary LittleJohn *et al.*

eds., *Power and the State* (New York: St. Martin's Press, 1978), p. 45.

3. 雑誌掲載の論文　執筆者名，"標題"，雑誌名(イタリック体)，巻・号，発行年，引用ページ数.

例　J. R. Dominick, "Business Coverage in Network Newscasts," *Journalism Quarterly* **58**: 2 (Summer 1981), 179-185.

以下，各要素の注意点をまとめて示す.

4. 著者名　最初の文字を大文字にし，以下を小文字かスモールキャピタルにすることが多い．すべて大文字にすることもある．巻末の文献表記では通常，姓(ファミリーネーム)，名(ファーストネーム)の順に倒置し，間にコンマを打つ．名はイニシャル(頭文字)のみに略字化することが多いが，フルネームで表示することもある.

著者が複数の場合，すべて倒置する場合と，最初の著者名だけ倒置する形式がある．姓名を倒置するのは配列のためなので，注などで文献が単独ででてくるときは倒置しないし，略字化もしないこともある.

著者が2人のときはandでつなぎ，3人以上のときは最後の著者とその前の著者をandでつなぎ，ほかはコンマでつなぐ．andを使用しないでコンマだけでつなぐ形式もある．著者が複数で，省略するときは*et al.*またはand othersをつける．編者の場合は，ed.(複数の場合はeds.)をつける．ただし，編者が団体の場合はつけない.

著者名と標題はコンマまたはコロン(:)でつなぐ.

5. 標題　標題は，欧文では" "または' 'でくくることが多いが，何もつけない形式もある．副題はコロンでつなぐ.

6. 雑誌名・巻号　雑誌名は，イタリック体にする．巻数は大文字のローマ数字かアラビア数字のボールド体にする．ボールド体にしない方式もある．月号を表示することもある.

7. 書名・版次　書名はイタリック体にする．第1版以外は，2nd ed.などの版次を入れる．論文を収録した書名の前に(編者がいれば，その前に) inを入れることもある.

書名は，とくに大文字の使用法に注意する．各国語ごとに，また著者の考え方によっても違いがある．原則としては，以下のようなときに大文字にする.

①英語　始めの文字と，冠詞・前置詞・接続詞以外の名詞，副詞，動詞，間投詞の最初の文字.

②ドイツ語　始めの文字，すべての名詞の最初の文字.

③フランス語　始めの文字，すべての固有名詞の最初の文字．ただし，始めの語が冠詞の場合の次にくる名詞，および名詞の前に形容詞がある場合の形容詞の最初の文字は大文字にする.

叢書名や雑誌名は，英語のように冠詞，前置詞，接続詞以外は大文字にする.

④イタリア語　始めの文字，固有名詞の最初の文字．叢書名や雑誌名も同様.

⑤スペイン語　始めの文字，固有名詞の最初の文字．叢書名や雑誌名の主な語はフランス語同様に大文字で始めることも多い.

⑥ロシア語　始めの文字，固有名詞の最初の文字.

8. 発行地・発行所名　発行地は書籍の場合に入れる．発行地は都市名を記す(同一都市名があるときは国名や州名を付記する)．発行地と発行所名は，コロンでつなぐか，コンマでつなぐ.

9. 発行年　書籍の場合，その版の発行された最初の年を表記する.

10. 引用ページ数　英語の場合，ページ数の前にp.(複数の場合はpp.)をつける．雑誌の場合は巻数のvol.やページ数のp.はつけないのが普通である.

文献表示での欧文略語一覧

主として本に関係ある英語の略語を掲げ，ドイツ語(略語の後に(ド)と記す)，フランス語(略語の後に(フ)と記す)については，若干のものを参考として掲げる．原綴の後に(ラ)と記してあるものは，ラテン語であることを示す．なお，イタリック体で掲げた略語は，原則としてイタリック体で表記されるものであるが，立体で表記することもある．逆に立体で示したものでもラテン語のものはイタリック体にすることもある．

略語	意味
a.a.O.(ド)	am angeführten Ort(e)　上掲書で，上述の箇所で(英語では loc. cit.)
AD	anno Domini(ラ)　西暦　AD 1945
a.m., AM	ante meridiem(ラ)　午前　10.30 a.m.　10:30 AM
anon.	anonymous　作者不明の
BC	before Christ　西暦紀元前　153 BC
Bd.(ド)	Band　巻，冊　Bd. 5(複数は Bde. 英語では vol., vols.)
bibliog.	bibliography　文献目録
c., ch., chap.	chapter　章
ca., *c.*	circa(ラ)　およそ，…の頃　*ca.* 1200(1200 年の頃)(*c.* より *ca.* のほうが望ましい)
©	copyright　著作権表示
cf.	confer(ラ)　比較，参照せよ(ドイツ語では vgl.)
co., Co.	company　会社
d.	died　故人，故
d.h.(ド)	das heißt　すなわち(英語では i.e.)
diss.	dissertation　博士論文
do.	ditto　同上，同前(d° あるいは ” とすることもある)
ebd.(ド)	ebenda　同書に(英語では ibid.)
ed.	edited　編集
	edition　版
	editor　編集者(複数は eds.)
ed. cit.	editio citata(ラ)　前掲書
e.g.	exempli gratia(ラ)　例えば
enl.	enlarged　増補された　rev. and enl. ed.(改訂増補版)
et al.	et alii(ラ)　その他，および他の人たち(もの)
etc.	et cetera(ラ)　その他
et seq., et seqq.	et sequentes, et sequentia(ラ)　次の，以下の
ex.	example　例
f.	and the following (page)　およびその次の(ページ)　55 f. (複数は ff. 162 ff.)
fac., facsim.	facsimile　翻刻版
fig.	figure　図，挿絵　fig. 3
fn.	footnote　脚注(n. 3, p. 35 *n* のようにすることもある．後者はイタリック体を使い，ピリオド不要)
front.	frontispiece　口絵
ib., ibid.	ibidem(ラ)　同じところに，同書に(文献の表示で，直前に掲げた書と同一の書物の場合)
id.	idem(ラ)　同上の，同著

	者の
i.e.	id est（ラ） すなわち，換言すれば
inf.	infra（ラ） 以下に
i.q.	idem quod（ラ） …に同じ
Kap.（ド）	Kapitel 章
l.	line 行（複数はll. 詩の場合はvs.を使う）
l.c., loc. cit.	loco citato（ラ） 上記引用文中，前述の箇所に
ms., MS.	manuscript 写本，原稿（複数はmss., MSS.）
n.	note 注釈（複数はnn. fn.の項参照）
n.b., N.B.	nota bene（ラ） …に注意，備考
n.d.	no date 発行日付なし
No.	number 番号，ナンバー
n°, N°（フ）	numéro 号（定期刊行物の），番号
n.p.	no place 発行地の記載なし
n. pag., n.p.	no pagination, no page ページ数なし
o.J.（ド）	ohne Jahr 刊行年の記載なし（英語ではn.d.）
o.O.（ド）	ohne Ort 発行地の記載なし（英語ではn.p.）
o.p.	out of print 絶版
op. cit.	opere citato（ラ） 前掲書中に（間に他書の引用があって隔たった場合，著者名（姓のみ）を付して用いる）
p.	page ページ（複数はpp. 大文字にはしない）
par.	paragraph 節，段落
p. ex.（フ）	par exemple 例えば（英語ではe.g.）
pl.	plate 図版 plural 複数
p.m., PM	post meridiem（ラ） 午後 6.30 p.m. 6:30 PM
pref.	preface まえがき，序文
q.v.	quod vide（ラ） …参照，その語を見よ
rev.	review, reviewed 書評 revised, revision 改訂
rpt., repn.	reprint, reprinted 重版，リプリント
S., St, St.	Saint 聖者
S.（ド）	Seite ページ（複数でもS. 英語ではp., pp.）
s.c.	small capitals スモールキャピタル
s.d.（フ）	sans date 日付なし（英語ではn.d.）
ser.	series シリーズ
st.	stanza 節，連（詩の）
s.v.	sub verbo（ラ） …の語の下に，…という語を見よ
t., tom.（フ）	tome 巻，冊（英語ではvol.）
tr., trans.	translator 翻訳者 translation, translated 翻訳
TS.	typescript タイプライターで打った原稿
u.i.	ut infra（ラ） 下記のように
u.s.	ubi supra（ラ） 前記の場所に
v., vid.	vide（ラ） …を見よ，参照せよ *v.* p. 123
v., vs.	verse 行（詩の）
v., vs.	versus（ラ） …対，…に対する
v.d.	various dates 日付不同
vgl.（ド）	vergleich 参照（英語ではcf.）
vol.	volume 巻 5 vols. 全5巻，Vol. V 第5巻

図版と写真の整理

図版には，グラフ，チャート，地図，イラストなどがある．図版と写真は，かつては製版段階で組み込まれていたが，今日では一般に電子データ原稿(画像データ)として組版段階で文字とともに組み込まれる．

⑴ **原稿の確認**　原稿が抜けていないか，内容と点数を確認する．後送原稿がある場合は，その入手予定も確認する．

写真原稿は，デジタルカメラの写真のようにすでにデジタル化されているものと，紙焼き写真やポジフィルムのようにスキャナでデジタル化する必要のあるものとがある．図版原稿も同じように原稿がすでに電子データになっているものと，グラフィックソフトを使用して作成する必要のあるものとがある．

それぞれに本文とは別進行で作業を進め，その後組版処理がなされるので，図版・写真原稿と本文との対応関係をきちんとつけておき，管理していくことが大切である．本文原稿の図版・写真原稿の入る箇所の欄外に‘図3・5入ル’などと朱記し，本文原稿に付箋をつけておくと便利である．

図番号をつける場合は，表と同様に章ごとにつけることが多いが，点数が少ないときは1冊通してつけることもある．

⑵ **本文との対応**　本文の記述と図版・写真の内容が対応しているか，矛盾がないかを点検する．新しい図版や写真の追加，写真の差替え，図版の内容修正が必要になる場合もある．著者と相談して処理する．

図版や写真は，①本文の該当箇所に挿入する，②該当する本文の近くに別刷で挿入する，③口絵にする，などの方法が考えられる．どの方法にするかも検討する．

⑶ **図版・写真のキャプション**　図版や写真には，それを簡単に指示し説明するキャプションが入ることが多い．

キャプションの前につく図番号は，一定の方式に従ってつける．図番号は本文中で参照のために記されることが多いので，本文の図番号と合わせてチェックしておく．図版は編集中に追加・挿入もよく行われるので，最終的には校正で点検することになる．キャプションの内容と本文の対応，キャプションの表記についてもよく点検する．

図版が引用の場合は，キャプションに続けて出典などを注記することになる．出典は正しく表示されているか，その表示の形式は，表組や本文の文献の表記と合致しているか，を点検して整理・統一する必要がある．

⑷ **図版と写真原稿の点検と扱い方**　写真原稿では，その原稿が印刷原稿として使用できる適性があるかどうかを点検する．どちらが上かなど正しい向きも確認しておく必要がある．また，写真原稿では絵柄の一部をトリミング(不要部分をカットすること)して使用することも多い．

図版原稿は，そのまま画像データとして使用できるか，あらたにグラフィックソフトなどを使用した作業が必要かを判断する．著者がラフに描いた手書きの原稿などで描き直す必要のあるものは，原稿指定の段階で仕上がり寸法などを決めてデザイナーなどに発注することになる．

図版内に文字の入るものは，本文との整合性の確認が必要である．とくに図版は本文原稿とは別の時期に作成されることが多く，術語などでの送り仮名や片仮名表記で不統一が発生しやすいので注意する．表組と同じく，単位，数値なども統一をはかる．

表・年表・年譜の整理

〈表組の整理〉

(1) **表組の原稿作成**　表組の組版作業は本文と同時のこともあるが，別進行となることが多い．そこで，表組原稿は本文原稿とは別の用紙にし，表組原稿と本文原稿の該当箇所それぞれに対応番号をつける．同時に付箋をつけておくと，本文を確認するときなどに便利である．表組と本文の組版が同時進行のときは，本文原稿の該当箇所の前に挿入して原稿をとじる．

(2) **原稿の点検**　本文の記述と表組の内容が対応しているか，矛盾がないかを点検する．新しい表組の追加や差替えを著者に依頼するケースもおこりうるからである．表組原稿のデータ(数値など)が引用の場合は，出典の記述や表記法が本文や図版の文献表記と合致しているか確認し，統一する．

表組には表番号とキャプションや注記がつくことが多い．キャプションは表の内容を正確にあらわしているかも検討する．注記では，内容とともに文献表記，約物の使用法などの形式を統一する．出典も確認する．キャプションや注記に出てくる術語が本文と異なっていないか点検する．

表番号は決められた形式で整理統一する．キャプションは横組になることが多く，表番号は縦組の本でもアラビア数字をよく用いる．章ごとにつけるときは章番号と表番号を中黒や二分ダーシでつなぐことが多い．

例　表5·3　表5–3

表番号は点数が少ないときは1冊通してつけることもある．つけない場合もある．

本文と表組それぞれの用語・単位・数値などが整合しているか点検し(縦組本文のなかに横組の表組が入るときは，数字や単位記号の表記は異なることもある)，本文中の表番号も確認する．

表内の数値で，合計や構成比など計算できる数値は必ず計算する．計算の結果，数値が違っているようであれば，著者に確認をする．百分比などでは四捨五入のために必ずしも100%にならないこともある．数字の位取りや単位も一定の方針で整理する．

(3) **項目とケイの整理**　表組には分類などを示す項目名が入る．また，ケイも用いられる．これらは，原稿指定とも関連した事項であるが，1冊の本では統一した形態に整理する．原稿が書き下ろし原稿ばかりでなく，雑誌に掲載されたものや引用などであると，項目内がさまざまな形態になっているので注意する．

また，ケイをどの程度使用するか，横ケイのみか，縦ケイも使うか，その種類や太さなどを検討し，整理する．

〈年表の整理〉

年表は，著名な歴史上の事件を，年代順に記載した表であり，検索に便利なように，年代・年号を基礎に，諸事件を略記するのが通常の形式である．政治・経済・社会・文化の全般を対象とした総合年表と，各分野別に，専門的につくられる特殊年表とがある．単独の書籍として編集する場合と，書籍の巻末に付録としてつく年表とがある．

(1) **分類項目のたて方**　項目の分類をどのように行うかを決める．

〈分類項目のたて方の例〉

1. 世界史年表

西暦—西洋史(政治・経済・社会・文化)—東洋史(政治・経済・社会・文化)

2. 日本史年表

西暦—年号・干支—天皇—政治権力者—政治・経済・社会・文化—世界史

3. 日本文学史年表

西暦—年月—文学作品(詩歌・小説・戯曲・評論・随筆・その他)—文化・社会

4. 日本資本主義年表

西暦・年号—月日—国際情勢—政治・経済—国民の動き

5. 社会運動年表

世紀・年代・年号—月日—社会主義運動・参考事項—労働組合運動・労働争議—農民組合運動・小作争議

年表の目的や分量によって，あらたな項目を加えたり，合併したり，省略したりすればよい．年代だけでなくできるだけ月日を入れるようにすることが望ましい．

⑵ **組方形式の決定**　項目のたて方とにらみ合わせて，文字の大きさ，縦組にするか横組にするか，また1ページ単位で項目をまとめるか見開き単位にするか，などの点について十分に検討して決定する．必要なら原稿用紙も，組方見本の字詰に合ったものをつくるようにする．

⑶ **分量と収載内容の決定**　予定ページ数からおよその分量を割り出し，各項目に収載する内容の範囲と基準を決定する．各事項においても，その重要度に応じて，説明分量や記述の方針を決めておく．

⑷ **年代の不統一の問題**　ある事件や事項についての年代が，文献によって異なっていることが案外多い．たとえば文学作品でも，脱稿の時・出版の時・筆写の時などがあり，また法令についても，制定の時・公布の時・実施の時などがある．これらを厳密に確定して，どれか1つに統一して年代を示すことは，望ましいことではあるが，不可能に近いことである．また，わが国の年代では明治5年12月2日以前の太陰暦をどのように扱うかという問題もある．このような場合に，どのような表示のしかたをするか，また重要事件でも年代不明という場合もあり，これをどう処理するか，あらかじめ方針を決めておく必要がある．

⑸ **関連項目の調整**　原稿の執筆が進むにつれて，各項目(たとえば，政治・経済・社会・文化)に関連する事項が出てきたり，事項の拾い方や説明に粗密が生じたりするような問題が出てくる．年表は，小項目主義の辞典のようなものであるから，これらの点をうまく調整することが，内容をよくするための重要な仕事となる．

⑹ **書き入れ原稿の整理**　書き入れが行われて完成原稿となる．これには清書を必要とするものも多いので，すみやかにパソコンの表計算ソフトなどを使って，清書をする．この際，記述形式についての整理も同時に行うとよい．

⑺ **凡例の作成**　編集の意図，各項目のたて方，収録する内容や事項の選定方針，記述形式など，読者に知らせておきたいことは，あらかじめ箇条書きにしておき，それらを参考にして凡例を作成する．年表類では記事のなかで細かい説明はつけられない．最初に詳細な凡例をつけておくことが，読者への親切であるといえよう．

〈年譜の整理〉

年譜とは，ある個人の履歴を年代の順に記した記録で，伝記や個人全集の末尾につけることが多い．一般に記載事項は年表に比べて簡単であり，

西暦—年号—年齢—月日・事項

というような記述形式をとっているものが多い．記載内容はその人物によって違い，その人物を浮彫りにするような事柄を掲げているのが普通である．

また，歴史上の人物については，

年次(西暦・年号・干支)—年齢—月日・事項・身分関係—家族関係—一般事項

などの項目に分けて記載することがある．

記載事項については丹念に調べて確かめ，年月日や記事についての間違いをなくすようにすべきである．

索引の作り方

索引は，学術書や専門書だけでなく，一般書においても必要度を考慮し，できるだけつけるようにする．本文が縦組の本では索引も縦組にすることもあるが，今日では横組とし，ページ数にはアラビア数字を，ページ数の区切りにはコンマを使用している索引が多い．

索引には，事項索引，用語索引(総用語索引)，人名索引(日本人名索引・西洋人名索引など)，地名索引，書名(書目)索引，漢字についての索引(音訓索引／部首索引／総画索引／難読漢字索引など)，条文索引などがある．ここでは主に事項索引の作成方法を述べる．

(1) **索引の作成手順** 次のようになる．

1. 索引項目の抽出
2. 一定の方針に従って配列

①カードを使う

②パソコンを使う

③本文データを加工しておいて索引を自動作成する

3. 親子項目や関連項目などの整理

＊索引の抽出から整理まで，すべて著者にまかせることもあるが，項目の抽出のみを著者にしてもらい，それ以後の作業は編集者が行うことが多い．項目の抽出は，通常，初校または再校の校正刷で行う．

(2) **五十音順配列の原則** ‘現代仮名遣い’の五十音順で決定できないときは，以下の方針で順序を決定する．

1. 清音，濁音，半濁音の配列については，①語句を全部清音に直して並べる方法と，②清音→濁音→半濁音の順に並べる方法の，２つの方式がある．

例 ①パイカ　②ハイフン
　倍ドリ　ハイライト版
　ハイフン　倍ドリ
　ハイライト版　パイカ

2. 音引(ー)は，①音引を母音に直した位置に配列する方法と，②音引を無視した位置に配列する方法の，２つの方式がある．

例 ①ガーター → ガアタア
　スーパー → スウパア
　スクリーン → スクリイン
②ガーター → ガタ
　スクリーン → スクリン
　スーパー → スパ

3. 同音異字のときは，片仮名→平仮名→漢字の順にする．漢字は頭文字の画数順にする．

例 カイ　かい　甲斐　貝　解

4. 音については，清音→濁音→半濁音の順にする．

例 ほんぶ　ほんぷ　ぼんぷ　ポンプ

5. 拗促音や片仮名の小書きの仮名は，それぞれ直音の次に置く．

例 さつき　さっき
　しよう　しょう
　ふあん　ファン

6. ヴ濁点の場合にも，①ウの項目に置く方法と，②バビベボに直した位置に置く方法の，２つの方式がある．

例 ①ヴァイオリン → ウァイオリン
②ヴァイオリン → バイオリン
　ヴィーナス → ビーナス
　ヴェトナム → ベトナム
　ヴォリューム → ボリューム

＊項目数の多い索引では，これらの配列について凡例で説明しておくとよい．

(3) **電話帳式の配列** 電話帳で採用されている方式で，人名索引など同一の姓の人名を集めることができる利点がある．原則は次のとおりである．

1. 頭文字の五十音順に並べる．

2. 頭文字が同音のときは，アルファベット→片仮名→平仮名→漢字の順にする．

例　AERA
　　アサヒ芸能
　　朝日新聞

3. 頭文字が片仮名・平仮名の場合は，頭文字の清音→濁音→半濁音の順にまとめる．

4. 音引は，音引を母音に直した位置に置く（音引を無視して配列する方法もある）．

例1　パーレン
　　ハイフン
　　パラルビ

例2　ハイフン
　　パラルビ
　　パーレン

5. 頭文字が同音漢字の場合は，画数の少ないほうから並べる．旧字体は新字体の次に並べる．

例　才→西→斉→齊→斎→齋→歳

6. 頭文字の漢字の音数の少ない順に並べる．

例　可（か）→家（か）→貝（かい）→画（かく）

7. 第1音の同音同漢字はまとめる．

例　安倍能成
　　阿倍仲麻呂
　　阿部公房
　　阿部次郎

8. 頭文字が同字で第1音が同じときは，字数の少ないほうから並べる．

例　羽→羽根

⑷　**索引の整理**　配列された索引原稿は，必ず点検と整理作業を行ってから印刷所に入稿する．

1. 配列の点検　配列は正しいか，読みに間違いはないか点検する．

2. 同一項目および親子項目の整理　複数のページに出てくる同一項目は1つにまとめ，該当ページをページ順に並べる．子項目の親項目と同一部分は，2倍ダーシなどに置き換える．

3. 参照項目の整理　索引として採用しなかった別表記や略語，関連項目などは，見よ項目（送り項目）や参照項目（をも見よ項目）として矢印で導くようにする．

例　ゲラ刷　→校正刷
　　ポイント　157, 168→級数

4. ページ表記の統一　ページ数は一般に，その該当ページ数だけを記載する．内容が数ページにわたっている場合は，ページ数を示す数字をすべて表記する方式と，省略して表記する方式があるので，どちらかに統一する．なお，省略する場合，100以下のページ数は省略しないやり方もある．範囲を示す約物は，横組の索引では二分ダーシを用いる．

例		
	8–11	8–11
	15–18	15–18 または 15–8
	99–102	99–102
	103–105	103–5
	156–159	156–9
	179–182	179–82

f.（following page）や ff.（following pages）の略語を用いる方法もある．たとえば，205 f. とあれば，205ページと次のページにでてくることを意味し，205 ff. とあれば，205ページと次のページ以降にでてくることを示す．

5. 見出しの作成　配列に従って見出しを作成する．項目数が少ないときは，あ・か・さ・…（または，あ行・か行・さ行・…）とすることもある．

索引全体の見出しは，‘索引’とすることが多いが，内容別に分かれているときは，‘事項索引’‘人名索引’などとする．見出しの後に，索引の性格・内容や配列についての注記を凡例として掲げることもある．

デジタル原稿の整理

原稿は現在，原稿用紙を使用して手書きで書かれることは少なく，出版物の構成要素である文字と画像(写真と図版)を，原稿段階からパソコンを使って作成し，電子化・デジタル化した状態で出版物の製作過程で利用することが多い．このデジタルデータを利用した製作過程では，一般に後工程ほどデータの修正に時間がかかる．できるだけ早い段階，原稿執筆や原稿整理の際に，データの修正をすませることが肝要である．

〈文字原稿のデータの利用〉

著者や編集者がパソコンを使用して作成した文字原稿(以下，電子データという)は，一般に，印刷所の組版用データとして利用できる．あらたに印刷所で文字を入力する必要がなく，印刷の進行も速くなる．また，出版社の校正作業もいくらか合理化される．

しかし，電子データは組版作業に利用できるデータに変換する必要があり，その際にデータの内容が一部変わってしまうことがある．電子データの文字が組版用の文字に1対1の対応で正しく変換されなかったり(たとえば漢字の字体)，約物などで，ワープロソフトで全角と半角のものを混用すると，組版用の文字として不都合が生じたりする．記号などでは，別の文字に変わってしまう例もある．さらに，パソコンで入力できない文字の処理(外字処理という)も行わなければならない．著者や編集者が作成した電子データ原稿を組版用のデータとして使用するには，余分なデータや適当でないデータを含んでいる場合もあり，注意が必要である．表組などでも，ケイや項目の揃え方がよく問題になる．

(1) **電子データの利用方法**　著者の作成した電子データの利用の方法としては，

1. 著者の作成したデータをそのまま印刷所に渡して，組版作業に利用する．
2. 編集者のパソコンなどにデータを変換して取り込み，整理してから印刷所に渡し，組版作業に利用する．
3. 編集者のパソコンなどにデータを変換して取り込み，整理してから，出版社でDTP(Desktop Publishing)ソフトを使って組版作業を行い，PDF形式(PDFファイルは，受け手側のコンピュータの機種や環境にかかわりなく，DTPソフトで組まれた文書や画像を表示することができるので，データの受け渡しに広く使われている)で保存して，それを印刷所に渡して印刷する．

などの方法が考えられる．

(2) **著者のデータをそのまま印刷所に渡す場合**　この場合は，著者から記録メディア，もしくはインターネットなどを利用してデータを入手し，プリントアウトした原稿(ハードコピー)も入手する．このハードコピーで原稿の編集・整理を行う(この作業は手書き原稿とほぼ同じである)．

このときに，プリントアウトした原稿と電子データの内容は同じである必要がある．違いがあった場合，どちらが正しいかわからないからである．

原稿整理で修正がでた場合は，赤字をプリントアウトした原稿に記入して印刷所で文字データを修正してもらう．

なお，パソコンで入力できないために，パソコンの作字機能で作成した文字やパソコンの機種独自の文字(機種依存文字)は，著者にお願いして使わないようにしてもらう．変換できなかったり，別の文字に変換されてしまうことがあるからである．

⑶ **出版社でデータを変換して原稿整理する場合**　著者のデータをそのまま印刷所に渡すのではなく，いったん出版社で扱えるデータに変換して，原稿整理作業で原稿の修正があった場合は，出版社内でデータを直してから印刷所に渡す方法である．データの修正をどこまで行うかについては，次のようないくつかの方法がとられている．

①文章の字句の直しのみ行う

②字句だけではなく，欧文(全角か半角か等の修正)やその他の細部のデータの形式も整えていく

③さらに，組方の指定のためのタグ(目印)を入れていく

といった方法である．③の方法は印刷所の組版システムに精通していないとむずかしい点があり，だれもができる方法ではない．

出版社側でデータを修正してから印刷所に渡すときは，内容や表記の整理だけではなく，以下のような事項が問題となるので，出版社側でできるだけデータの整備をしておくことが望ましい．(出版社でデータの修正を行わないときは印刷所で修正することになる．当然，校正でも，こうした細部のデータにかかわる事項も点検していく必要がある．)

1. 電子データで印刷所で使用できるデータは，文字・約物・記号等のデータとスペース(空白)，改行コードのデータなどである．それ以外は余分なデータであり，印刷所で削除しなければならないので，入力しないようにする．余分のデータとしては，字詰，行数，文字の大きさ，書体などの組版情報，その他，拡大文字，アンダーラインなどの文字飾り，ルビ，添字，ケイなどがある．

しかし，画面上やハードコピー上では，著者のハードコピーの字詰，行数に揃えておくか，または仕上りの字詰・行数に揃えておくと便利である．もし，そのために字詰・行数の組版情報の入力をしたとしても，データを保存する際にテキスト形式にすることですべて削除できることが多い．

2. 段落ごとの改行マークは必ず入れる．段落の区切りは文章表現上も大切なことであるが，組版処理でも重要である．コンピュータ組版では，一般に改行マークで区切られた文字データを段落と定義し，段落単位で組方を処理していくことが多く，改行マークは重要な役割を果たしている．逆に，改行マークを入れないで，行末をあけたまま次の行を入力すると，印刷所で変換したとき1行の字詰が変わるため，1つの段落のなかで，前の文章—空白—後の文章の形になって，段落の最終行の行末にあった余分なスペース(空白)が行の途中にきてしまうことがある．

また逆に，段落のなかでは1行ごとの改行マークは入れてはならない．

3. 数字や欧字・欧文のコンマ・ピリオドなどの約物類，パーレンなどの括弧類の全角・半角の使い分けは厳密に行っておく．検索・置換機能や文字種の変換機能を用いてどちらかに統一することができるワープロソフトも多い．欧文組のコンマ，ピリオド，コロン，セミコロンの後ろは，ベタ組としないで語間スペースを入れる組方のときは，半角スペースを入れておく．半角スペースは組版システムでは一般に欧文語間スペース(原則として三分スペース)に変換される．

また，半角の片仮名は，パソコンで簡単に入力できることが多いが，使用しないようにする．

4. 余分なスペースも削除する．引用等で数行を字下ゲにして組む場合，行頭にスペース(空白)を入れて字下ゲする処理はしない．印刷所の組版段階での細かい調整で字詰が変化してしまい，その結果として字

語が修正されると文中にスペース(空白)が移動してしまうからである．字下ゲしないで入力し，ハードコピーに字下ゲを指定するか，スペースを使用しないでパソコンの字下ゲ(インデント)機能を利用するようにする．

5. JIS漢字コードで規定されていないワープロ固有の文字は使用しないで，ハードコピーに書き込んで印刷所で入力してもらう．これらの文字はデータ変換の際に別の文字に変わってしまう危険があるからである．できる限り，JIS漢字コードの範囲のデータのみを入力する．

こうした注意事項は著者が原稿を作成する場合も同じである．著者に説明し，できるだけ協力してもらうことが望ましい．

(4) **電子データ原稿の原稿整理**　原稿がパソコンを使用して作成されたからといって，原稿整理の作業内容に手書きの原稿と大きな違いがあるわけではない．以下では，とくに電子データ原稿の場合に起こりがちな点について触れる．

1. パソコンでは，仮名またはローマ字で入力し漢字に変換するので，同音・同訓異義語の誤植になることが多い．また，平仮名や片仮名ばかりつづく部分でも，よく入力間違いが起こるので注意する．

意義—異議—異義　対象—対照—対称
追求—追及—追究
固い—硬い—堅い　影像—映像　人工—人口　促成—速成
校正—構成—厚生
符号—符合　野性—野生
変える—代える—替える　閉まる—締まる—絞まる
写す—映す　断つ—絶つ—裁つ
あろうような—あるような　なろうともする—なろうとする
またかということ—またということ
ものとはならなかった—ものとならなかった
きみとぼくとでは—きみとぼくとは
こととなる—ことになる
ソルジェニーツィン—ソルジェニーツェン
イヴォ・アンドリッチ—イヴォ・アンドリアッチ
カプシチンスキ—カプチンスキ　(いずれも作家の名前)

2. 紛らわしい文字や記号が混用される例も多い．とくに，著者の電子データ原稿では，記号や約物などで正確な使い分けをしていないこともあるので注意する．

この場合，間違って使用している記号や約物などがほかの用途には使用されておらず，かつ印刷所で一括して訂正できるものであれば，原稿整理で総括的な指定(まとめて最初に指示すること)をして印刷所で直してもらう．たとえば，横組にする本で，句読点が原稿では点(、)・丸(。)であっても，印刷所で一括してコンマ(，)・ピリオド(．)に修正できることが多い．印刷所でどんなことが可能かあらかじめ確認しておくとよい．なお，点とコンマ，丸とピリオドが原稿で混用されている例もある．

紛らわしい文字には以下のようなものがある．

1(数字のいち)，l(エルの小文字)，I(アイの大文字)
X(エックスの大文字)，x(エックスの小文字)，Χ(ギリシャ字のカイ)，×(掛ける)
O(オーの大文字)，o(オーの小文字)，0(数字のゼロ)，〇(漢数字のゼロ)，○(記号の白丸)，◯(合成用丸)
〈 〉(やま括弧)，< >(不等号)
《 》(二重やま括弧)，≪ ≫(数学記号)
…(三点リーダー)，‥(二点リーダー)，・(中黒)
ー(音引)，—(全角ダーシ)，−(マイナ

ス)，-(ハイフン)，一(漢数字のいち)，
｜(縦線)，—(細線素片)
＝(二重ダーシ)，＝(イコール)

横組でよく使用される二分ダーシ(–)，二分二重ダーシ(=)，二重ハイフン(=)も上記の記号類と紛らわしい．

3. パソコンでは，文字を入力する際のコードとして，1バイトと2バイトがある．1バイトの文字は半角文字と一般にいわれ，2バイトは全角文字である．欧字，数字，一部の約物などには，半角と全角の文字がある．欧字の半角と全角は，一般に印刷所の組版データにそのまま変換すると，半角は固有の字幅を持った(プロポーショナル)欧文文字に，全角は縦組用の全角欧文文字に変換される．これらを使い分けるときは，どこを欧文文字にし，どの部分を全角にするかをプリントアウトした原稿に指示するか，正しい文字にデータを修正する．縦組では，一般に，1字1字縦向きに組むときは全角文字，欧文の単語などで，横向きにする場合は半角の欧文文字を使用する．横組ではすべて欧文文字を使用する．アラビア数字についても同様のことがいえる．

コンマ，ピリオド，コロン，セミコロン，疑問符，感嘆符や括弧類にも全角と半角で上記と同じ問題がある．これらも印刷所と相談して，一括処理か個別処理かを確認して，必要な指示をする．

4. ルビは，ワープロソフトで入力してあっても印刷所で再度入力しなおすことがある．データに入力してあれば，プリントアウトした原稿に注意マークをつける．入力していない場合は，赤字で指示する．

5. JIS漢字コードにない字(JIS外字)はワープロソフトで入力できないことがあるので，その場合はプリントアウトした原稿に赤字で手書きする．

6. 行末での欧文の分綴のためのハイフンが原稿に入っていたら赤字でトルとしておく．組版のときは自動的にハイフンを入れ直すので，電子データとしては不要になる．

7. 漢字の字体は，データ変換するとそのまま使用されるので，新字体にすべき部分に旧字体が紛れ込んでいる場合は，正しい文字のデータに直しておくか，赤字で修正する．旧字体に直すケースでは，電子データでは文字データとして修正できない例もある．このときは赤字で指示して印刷所で直してもらう．また，電子データでは漢字の字体についても問題が発生することが多い．

⑸ **原稿作成・校正支援機能を利用した整理**　パソコンのワープロソフトにはさまざまな原稿作成や校正を支援する機能が付属している．これらの機能はソフトごとに異なるので，すべてのパソコンで可能とはならないが，利用すると作業が合理的に進められることがある．以下，簡単にその機能を説明する．

1. 原稿のデータを表示する機能　原稿の全体の総文字数，行数，段落数，平均の段落の字数，平均の文長(句点で区切られた文の字数)などが表示できる．これらにより原稿の量的状態を把握できる．予定した本文の組方の字詰にすれば，表示された行数から予定ページも，かなり正確に算定できる(約物や欧字などの組方が電子データと印刷所のコンピュータ組版とでは，わずかな差異がでることがあるので，完全に同じにはならない)．

2. 検索・置換機能　検索と置換は原稿を整理するうえで大変便利な機能である．あることばを検索し，別のことばへの書き換え(置換)が行える．このときに，置換するかしないかを1つ1つ画面に表示して個別に判断していく方法と全データを一括して置換してしまう方法を選択できる．

検索・置換では，通常1つのことばごと

に処理していくが，複数のことばを1つのことばに置換したり，複数の用字・用語の整理・統一リストを作成して，複数のことばを一括して置換することが可能なソフトもある．さらに，正規表現といって，ある文字列のパターンを一般的な形で表現して検索させ，これを別の正規表現の文字列に置換させる機能をもっているソフトなどもある．たとえば，小文字のアルファベットのaからzの26文字を大文字のAからZの26文字に置換するといったことも可能である．

3. 文字種の変換機能　欧字，数字，記号などについて半角と全角，欧字の大文字と小文字を一括して置換する機能である．単語の先頭のみ大文字に置換することができるソフトも多い．

4. 表現チェック機能　英文のスペルをチェックする機能は早くから使用されていたが，日本語の表現のチェックを行えるソフトもある．どんなことをチェックするかはソフトで異なるが，以下のような事項をチェックしていく．

①内蔵辞書にないことばをチェックし，誤植の可能性を指摘する．

②読みやすさの評価では，平均文長，平均句読点間隔，漢字使用率などを表示する．

③同音語をチェックし，表示して，同音・同訓文字の誤りを点検させる機能．

④括弧の対応では，片方しかない括弧の文章を指摘する．

⑤送り仮名のチェックでは，送り仮名の使い方の本則・例外以外の部分，つまり許容を含む別の表記を指摘する．

⑥漢字使用制限のチェックでは，常用漢字や学年別配当表等で指定した範囲外の漢字をチェックする．

⑦文体の不統一をチェックする機能．

⑧その他，くどい文章，あいまいな否定文，指示詞を含む文章，などをチェックする機能をもったソフトもある．

これらの機能は，画面に該当する文章とその箇所を表示し，修正するかどうかは，操作する人の判断による形式のものが多い．

その他，目次作成機能，索引作成機能，参照先のマークをつける機能，箇条書きの形式を自動的に作成する機能，連番をつける機能，注を対応させる機能，文章の修正記録を保存する機能などを持ったものもある．こうした機能を生かして，原稿作成や整理を合理的に進めていくことも考えられる．しかし，最終的には人間の目で確認し，判断していくことが必要である．

(6) 目印(タグ)で書式を指示する方法

イタリック体などの書式指定，見出しなどの組方指定，ルビ(振り仮名)の指示などは，ハードコピーに手書きする方法(パソコンの書式指定で指示できる場合もある)以外に，目印(タグ)をつける方法がある．

1. 目印(タグ)は，印刷所で変換して組版の書式指定に利用できる場合がある．そこで，データ交換先の印刷所と相談して行うようにする．

2. 目印(タグ)には，〈strong〉のように綴りで指示する方法と，★や◎のように本文中で用いていない記号を用いる方法がある．後者のほうが簡単である．いずれの方法をとるにしても，指示の記号を単語登録して入力すると便利である．

3. “JIS X 4052 日本語文書の組版指定交換形式”では，タグ付けによる組版指定方式と特殊記号の組合せによる組版指定方式の2つの方式を規定しているが，前述のように，組版システムに精通していないと指定はむずかしい．

〈画像データの整理〉

現在のDTPソフトを利用した組版では，文字組版と写真・図版の組版を同時進行で行うとともに，カラーデータを駆使したカラー印刷用の組版も行っている．したがって，著者から受領した写真・図版がアナログのままで，デジタルの電子データになっていない場合は，デジタルの画像データにする必要がある．

⑴　**図版原稿**　受領した原稿が著者のラフスケッチや指示のみであったり，そのまま印刷するには体裁が整っていない原稿などのときは，グラフィックソフトを使って，パソコン上で画像データを作成する．

グラフィックソフトでの作成は，基本的には原寸(印刷原稿の寸法と仕上りの寸法が同じ)で作成することが多い．図版の大きさを決めたうえでデザイナーや外部の専門業者に依頼する．文字の大きさや線の太さなどが不統一にならないように注意する．

ワープロソフト(Word など)や表計算ソフト(Excel など)でも図形やグラフは作成できるが，品質の高い印刷物作成用のデータとしては基本的に利用できないと考えたほうがよい．著者の原稿がそれらのデータの場合は新規に作成しなおす．

図版の形式がグラフのときは，著者からは手書きの原稿か，表計算ソフトでの数値を受領することが多い．表計算ソフトでグラフに使う数値を完成させ，そのデータをグラフィックソフトに読みこませ，グラフ作成機能でつくる．円グラフ，棒グラフ，折れ線グラフなどの，どのようなグラフにするか，著者の希望を確認する．

作成した画像データは，必ずプリントアウトしてハードコピーで点検と確認をする．

手書きのイラストなどのアナログ原稿は，スキャナ(画像入力装置)で読み取って，画像データに変換する．イラストレーターによる手書きのイラストは，原図が傷つかないようにし，読み取りは印刷所に依頼したほうが安心である．

また，使用できる著者作成の画像データでも，図版サイズの大きさを変更したり，文字に誤植があり修正を要することもある．著者が直すのか，著者からデータを入手して出版社で修正するかを相談して処理する．

その他，画像の内容についての整理の注意点は，アナログ原稿の場合と同じである(⇒ 22 ページ)．

⑵　**写真原稿**　デジタルカメラで撮影した画像は，その画像データをそのまま利用することができる．印刷に適した画像解像度を持っているか確認する．解像度が低すぎると，粗い画像になってしまう．なお，デジタルカメラでの撮影は，一般にカラー写真である．白黒写真で使用する場合には，調子の甘いメリハリのない原稿になることもあるので注意する．

紙焼きの写真原稿やポジフィルムは，スキャナで読み取って電子データに変換する．一般に印刷所にデジタル化の処理を依頼したほうが品質のよいものになる．ただし，雑誌などに掲載された写真は，印刷原稿としては不適切なので，元の写真を入手する．

⑶　**コンピュータの画像処理**　電子データ化された画像には，大きく分けて，ビットマップ画像とベクトル画像の 2 種類がある．ビットマップ画像は，縦横に細かく区切って分割した正方形(この最小単位をピクセル，画素などという)が，それぞれに色と濃淡の情報を持つ画像である．一定面積内のピクセルが大きければ画像は粗く，小さければ画像は滑らかになる．ピクセルをどのように区切るかの値は画像解像度と呼ばれ，解像度の数値が大きいほど画像の精度はあがる．デジタルカメラで撮影した写真やスキャナで取り込んだ画像などは，この状態であり，印刷用の画像データは，印刷に適した画像解像度を持っていることが必要である．

ベクトル画像は，点と点を結んだ線による情報で構成され，画像の精度は解像度に左右されない．グラフィックソフトで作成された画像である．

約物の種類と使い方

(1) **くぎり符号**

。　句点，マル．文の終わりの終止符．

、　読点，テン．文の意味の切れ目，並列の語句の区切り，漢数字の位取り．

.　ピリオド，フルストップ．横組・欧文の終止符，欧文略記の省略符，小数点．

,　コンマ．横組の読点，数字の位取り．

・　中黒，中点，中ポツ．並列の語句の区切り，縦組で日付・時刻を略す場合，漢数字の小数点，外国の人名の姓名の区切り．

:　コロン．文の意味の切れ目の表示．

;　セミコロン．文の意味の切れ目の表示．

＊コンマ→セミコロン→コロン→ピリオドの順で，切れ目の比重が大きくなる．

'　アポストロフィ．欧文で単語の一部を省略する場合，所有格を表す場合，場所を表す場合など．

？　疑問符．疑問や質問の気持ちをはっきりだした文の最後に．

！　感嘆符．驚き，命令，呼びかけなどの気持ちをはっきりだそうとする文の最後に．

／　斜線，スラッシュ．並列の語句の区切り，とくに引用文で改行を示す場合．

＼　逆斜線，バックスラッシュ

⁇　二つ耳　　‼　雨だれ二つ

⁈　ダブルだれ

(2) **括弧類**

「　」かぎ，かぎ括弧．会話文，強調したい，注意を引きたい語句，引用文をくくる場合，論文名をくくる場合．

『　』二重かぎ．「　」のなかでかぎを用いる場合，書名・雑誌名をくくる場合．

＊「　」『　』には，「　」『　』の小かぎを用意している印刷所もあるので，「　」のなかにはこの小かぎを用いる方法もある．

‘　’　コーテーションマーク．横組・欧文でかぎに替わるもの．

“　”　ダブルコーテーションマーク．横組・欧文でかぎに替わるもの．縦書き用は〝〟，これはちょんちょんと呼ばれている．強調したい語句のくくり記号として．

（　）パーレン，括弧，丸括弧．語句などの説明をおぎなう補足説明に．小見出しの番号をくくる場合．

【　】すみつきパーレン，太キッコー

〔　〕キッコー，亀甲．縦組で引用文中に引用者の補足説明をつける場合．横組ではブラケットを使用する．

［　］ブラケット，角括弧，大括弧．横組，特に数式・化学式ではキッコーを用いずにブラケットを使用する．

｛　｝ブレース，波括弧，中括弧

〈　〉山がた，山括弧．強調したい語句をくくる場合，引用文のくくり記号として，ルビのついた語句の傍点のかわりとして．

《　》二重山がた

⦅　⦆二重パーレン，二重括弧

〘　〙二重キッコー

«　»　ギュメ．フランス語で引用に使用(二重山がたとは別もの)．

(3) **つなぎ符号**

-　ハイフン，連字符．欧文の文節を示したり，単語の連結に用いる．

—　全角ダーシ．縦組で数，時間や月日の範囲，場所の経過を示す場合．

＝　二重ダーシ，双ケイ，双柱，平行．

｜　縦線

⌇～　波形，波ダッシュ

…　三点リーダー．言い切らない文末に．

‥ 二点リーダー
- 太ハイフン
– 二分ダーシ．横組で数や時間などの範囲を示す場合．複合語の連結．
—— 二倍ダーシ．パーレンと同じように文中に語句や文をさしはさむときに．
= 二分二重ダーシ

(4) **しるし物**

° デグリー．角度・経緯度・温度．
′ ワンダッシュ，プライム．角度・経緯度などの分，導関数の表示，フィート．
″ ツーダッシュ．角度・経緯度などの秒，導関数の表示，インチ．
＊ アステリスク，スター
⁑ ダブルアステ
⁂ アステリズム
† ダガー，短剣符
‡ ダブルダガー，二重短剣符
§ セクション，章標
¶ パラグラフ，段標
‖ パラレル，並行符，双柱
ナンバー，番号符
& アンパサンド
♂ オス
♀ メス
※ 米印
• ビュレット，項目印
◦ 白ビュレット，白項目印
★ 黒星，黒スター
☆ 白星，白スター
○ 丸印，白丸
● 黒丸
◎ 二重丸
△ 白三角
▲ 黒三角
◇ ひし形
◆ 黒ひし形
□ 白四角，四角
■ 黒四角
▽ 逆(白)三角
▼ 逆黒三角
〓 げた記号
♯ シャープ
♭ フラット
♪ 音符
〒 郵便記号
→ 矢印
⇨ 白ぬき太矢，白矢
↔ 両矢印
〽 歌印，歌記号
❶ 白ぬき数字
① 丸中数字，丸付き数字
㋑ 丸中片仮名
(1)(イ)(一) パーレン付き
一二三 二分平数字
◯ 大きな丸
〆 しめ
◉ 蛇の目
⊙ 丸中黒
○ 太丸

(5) **アクセント**

á アキュート，揚音符
à グレーブ，抑音符
â サーカムフレックス，抑揚音符
ä ディエレシス，分音符
ã ティルド，ウェーブ
ă ショート，短音符
ā ロング，長音符
ç スィディラ，S字音符号
pʻ 気音符

(6) **薬量・商用記号**

℃ セ氏度記号
%(％) パーセント，百分比
‰(‰) パーミル，千分比
Å オングストローム
$ ドル
¢ セント
£ ポンド(英)
€ ユーロ(EU)
¥ エン，円
@ アットマーク，について，丸エー
© コピーライト，丸シー，著作権表示
® 登録商標
✓ 引合せ済み印
™ 商標記号
℀ アカウント，勘定
℅ ケアオブ，気付

(7) **漢文用返り点および圏点(傍点)**

一二三　上中下　甲乙丙丁　天地人

、 圏点，傍点． 強調したい語句の横(横組では‘・’を上)に打つ．‘・◦’といったものも使用される．

ローマ字・ギリシャ字・ロシア字一覧

大立は大文字立体，大イタは大文字イタリック体，小立は小文字立体，小イタは小文字イタリック体，大ゴチは大文字サンセリフ体，小ゴチは小文字サンセリフ体をそれぞれ意味する．ロシア字のイークラトコイエを除き，読み方が2行のものは，2通りの読みのあるものである．なお，ロシア字は正確にはキリル文字であるが，ここでは慣用に従った．

1. ローマ字

大立	大イタ	小立	小イタ
A	*A*	a	*a*
B	*B*	b	*b*
C	*C*	c	*c*
D	*D*	d	*d*
E	*E*	e	*e*
F	*F*	f	*f*
G	*G*	g	*g*
H	*H*	h	*h*
I	*I*	i	*i*
J	*J*	j	*j*
K	*K*	k	*k*
L	*L*	l	*l*
M	*M*	m	*m*
N	*N*	n	*n*
O	*O*	o	*o*
P	*P*	p	*p*
Q	*Q*	q	*q*
R	*R*	r	*r*
S	*S*	s	*s*
T	*T*	t	*t*
U	*U*	u	*u*
V	*V*	v	*v*
W	*W*	w	*w*
X	*X*	x	*x*
Y	*Y*	y	*y*
Z	*Z*	z	*z*

2. ギリシャ字

大立	大イタ	大ゴチ	小立	小イタ	小ゴチ	読み方
Α	*Α*	Α	α	*α*	α	アルファ
Β	*Β*	Β	β	*β*	β ϐ	ベータ
Γ	*Γ*	Γ	γ	*γ*	γ	ガンマ
Δ	*Δ*	Δ	δ	*δ*	δ	デルタ
Ε	*Ε*	Ε	ε ϵ	*ε ϵ*	ε ϵ	エプシロン イプシロン
Ζ	*Ζ*	Ζ	ζ	*ζ*	ζ	ゼータ
Η	*Η*	Η	η	*η*	η	エータ イータ
Θ	*Θ*	Θ	θ ϑ	*θ ϑ*	θ ϑ	シータ テータ
Ι	*Ι*	Ι	ι	*ι*	ι	イオタ
Κ	*Κ*	Κ	ϰ κ	*κ*	κ	カッパ
Λ	*Λ*	Λ	λ	*λ*	λ	ラムダ
Μ	*Μ*	Μ	μ	*μ*	μ	ミュー
Ν	*Ν*	Ν	ν	*ν*	ν	ニュー
Ξ	*Ξ*	Ξ	ξ	*ξ*	ξ	クシー グザイ
Ο	*Ο*	Ο	ο	*ο*	ο	オミクロン
Π	*Π*	Π	π ϖ	*π ϖ*	π	ピー パイ
Ρ	*Ρ*	Ρ	ρ ϱ	*ρ ϱ*	ρ	ロー
Σ	*Σ*	Σ	σ ς	*σ ς*	σ ς	シグマ
Τ	*Τ*	Τ	τ	*τ*	τ	タウ
ϒ	*Υ*	ϒ	υ	*υ*	υ	イプシロン ウプシロン
Φ	*Φ*	Φ	φ ϕ	*φ ϕ*	φ ϕ	フィー ファイ
Χ	*Χ*	Χ	χ	*χ*	χ	キー カイ
Ψ	*Ψ*	Ψ	ψ	*ψ*	ψ	プシー プサイ
Ω	*Ω*	Ω	ω	*ω*	ω	オメガ

3. ロシア字

大立	大イタ	小立	小イタ	読み方
А	*А*	а	*а*	アー
Б	*Б*	б	*б*	ベー
В	*В*	в	*в*	ヴェー
Г	*Г*	г	*г*	ゲー
Д	*Д*	д	*д*	デー
Е	*Е*	е	*е*	イェー
Ё	*Ё*	ё	*ё*	ヨー
Ж	*Ж*	ж	*ж*	ジェー
З	*З*	з	*з*	ゼー
И	*И*	и	*и*	イー
Й	*Й*	й	*й*	イークラトコイエ
К	*К*	к	*к*	カー
Л	*Л*	л	*л*	エリ
М	*М*	м	*м*	エム
Н	*Н*	н	*н*	エン
О	*О*	о	*о*	オー
П	*П*	п	*п*	ペー
Р	*Р*	р	*р*	エル
С	*С*	с	*с*	エス
Т	*Т*	т	*т*	テー
У	*У*	у	*у*	ウー
Ф	*Ф*	ф	*ф*	エフ
Х	*Х*	х	*х*	ハー
Ц	*Ц*	ц	*ц*	ツェー
Ч	*Ч*	ч	*ч*	チェー
Ш	*Ш*	ш	*ш*	シャー
Щ	*Щ*	щ	*щ*	シチャー
Ъ	*Ъ*	ъ	*ъ*	イェル
Ы	*Ы*	ы	*ы*	イェルィウィ
Ь	*Ь*	ь	*ь*	イェリ
Э	*Э*	э	*э*	エー
Ю	*Ю*	ю	*ю*	ユー
Я	*Я*	я	*я*	ヤー

【編集部注】 接頭語のマイクロμ（ミュー）はJIS Z 8000-1の“量及び単位—第1部：一般”では立体であり，円周率π（パイ）も，JIS Z 8000-2の“数学記号”では立体である．従来はギリシャ字の小文字にはイタリック体しかない組版システムが多く，イタリック体で組まれることが多かった．今後は小文字の立体も整備され，増分記号Δなども含め，これらの語は立体で組まれることになろう．

数学記号

この数学記号は，“ISO R 31”，“JIS Z 8000-2”，“数学小辞典”(共立出版)，“数学辞典”(岩波書店)のなかから，使用頻度の高いと思われるものを選んで収録した．大部分が全角であるが，＊印はその限りでない．

記　号	読　　み	用　　例	説　　明
＋	プラス	$a+b$	a と b とを加える
－	マイナス	$a-b$	a から b を引く
×，・*	掛ける	$a\times b$，$a\cdot b$	a に b を掛ける．ab とも書く
÷，/*	割る	$a\div b$，a/b	a を b で割る
：*	比	$a:b$	a の b に対する比
∴，∵	ゆえに，なぜならば		
＝	等号，イコール	$a=b$	a と b とは等しい
≠	等号否定	$a\neq b$	a と b とは等しくない
≒	近似的に等しい	$a\fallingdotseq b$	a と b とは近似的に等しい
≡	合同	$a\equiv b$	a と b とは合同である
≢	合同否定	$a\not\equiv b$	a と b とは合同でない
≈		$a\approx b$	a と b とはほとんど等しい
＞	不等号(より大)	$a>b$	a は b より大きい
＜	不等号(より小)	$a<b$	a は b より小さい
≫，≪	極めて大きい，極めて小さい	$a\gg b$，$a\ll b$	a は b に比べて極めて大きい，小さい
≧	大きいか，等しい	$a\geqq b$	a は b より大きいか，等しい
≦	小さいか，等しい	$a\leqq b$	a は b より小さいか，等しい
≷	大きいか，小さい	$a\gtrless b$	a は b より大きいか，小さい
⋛	大きいか，等しいか，小さい	$a\gtreqqless b$	a は b より大きいか，等しいか，小さい
△	3 角形	△ABC	3 角形 ABC
▱	平行 4 辺形	▱ABCD	平行 4 辺形 ABCD
⌒*	弧	$\overset{\frown}{\mathrm{AB}}$	弧 AB
√‾*	根号	$\sqrt{a}$，$\sqrt{a+b}$	a の平方根，$a+b$ の平方根
!*	階乗，ファクトリアル	$n!$	$n!=n(n-1)(n-2)\cdots\cdots 2\cdot 1$
!!		$n!!$	奇数又は偶数だけを n まで掛け合わす
±	複号	$a\pm b$	$a+b$ または $a-b$
∓	複号	$a\mp b$	$a-b$ または $a+b$
→，⇒	準同形，含意	$A\rightarrow B$	A ならば B
¬，┐	否定	$\neg A$	A でない
↔，⇔	同等，同値	$A\leftrightarrow B$	A と B は同等
⊼	射影的関係	$M\barwedge M'$	M，M' は射影的関係にある
⩞	配景的関係	$M\doublebarwedge M'$	M，M' は配景的関係にある
∥*	平行	AB∥CD	AB と CD とは平行
∦	平行の否定	AB∦CD	AB と CD とは平行でない
⊥	垂直	AB⊥CD	AB と CD とは直交する
∠	角	∠ABC	AB と BC とがつくる角
‾*	線分	$\overline{\mathrm{AB}}$	線分 AB
∫*	積分，インテグラル	$\int_a^b x^2\mathrm{d}x$	x^2 の a から b までの定積分
Σ	直和，シグマ	$\sum_{i=1}^{n}x_i$	$\sum_{i=1}^{n}x_i=x_1+x_2+\cdots+x_n$
Π	直積，パイ	$\prod_{i=1}^{n}x_i$	$\prod_{i=1}^{n}x_i=x_1x_2\cdots x_n$

記　号	読　　み	用　　例	説　　明
$\forall$	すべての(普通限定子)	$\forall xF(x)$	すべての x について $F(x)$ である
$\exists$	存在する(存在限定子)	$\exists xF(x)$	$F(x)$ である x が存在する
$\bigcup$, $\cup$	集合和	$\bigcup A$	A の集合和(合併集合)
$\bigcap$, $\cap$	集合積	$\bigcap A$	A の集合積(共通部分)
$\cup$	cup 積	$A\cup B$	A と B のカップ積
$\cap$	cap 積	$A\cap B$	A と B のキャップ積
ϕ*	空集合	$A=\phi$	A は空集合
$\vert\ \vert$*	絶対値	$\vert z\vert$	複素数 z の絶対値
[ ]*	ガウスの記号	$[x]$	x を超えない最大整数
$\sim$	同位の無限大(小)	$f(x)\sim g(x)$	$f(x)$ は $g(x)$ に漸近的に等しい
$\vert$*	約数	$a\vert b$	b は a で整除される
$\nmid$*	約数の否定	$a\nmid b$	b は a で整除されない
$\Vert$*		$p^a\Vert b$	p^a は b の約数であるが p^{a+1} は b の約数でない
$\vee$	論理和	$A\vee B$	A または B
$\wedge$	論理積	$A\wedge B$	A かつ B
$\vert\ \ \vert$*	行列式	$\vert a_{ij}\vert$	第 i 行第 j 列の要素が a_{ij} である行列式
∞	無限大	$+\infty$, $-\infty$	$+$ の方向の無限大, $-$ の方向の無限大
$\propto$	比例	$x\propto y$	x は y に比例する
$\backsim$	相似	△ABC∽△DEF	△ABC は △DEF に相似である
$\in$	要素, 元	$a\in A$	a は集合 A の要素. a は集合 A に属する
$\notin$	要素の否定, 元の否定	$a\notin b$	a は集合 A の要素でない. a は集合 A に属さない
$\subset$, $\supset$	部分集合または真部分集合	$B\subset A$	B は A の部分集合
$\subseteq$, $\supseteq$	部分集合	$B\subseteq A$, $B\supseteq A$	B は A の部分集合, A は B の部分集合
$\not\subset$, $\not\subseteq$	部分集合の否定	$B\not\subset A$	B は A の部分集合でない
$\supsetneqq$, $\subsetneqq$	真部分集合	$B\subsetneqq A$	B は A の真部分集合
$\oplus$	直和	$Q_1\oplus Q_2$	Q_1 と Q_2 の直和
$\otimes\bigotimes$	テンソル積	$E^{(1)}\otimes\cdots\otimes E^{(k)}=\bigotimes_{\lambda=1}^{k}E^{(\lambda)}$	$E^{(\lambda)}$ のテンソル積
(,)*	内積	$(\boldsymbol{a}, \boldsymbol{b})$	ベクトル $\boldsymbol{a}$, $\boldsymbol{b}$ の内積
[,]*	外積	$[\boldsymbol{a}, \boldsymbol{b}]$	ベクトル $\boldsymbol{a}$, $\boldsymbol{b}$ の外積
$*$	たたみこみ	$\Phi_1 * \Phi_2$	Φ_1 と Φ_2 のたたみこみ
$\downarrow$, $\searrow$	単調減少収束	$x\downarrow a$, $x\searrow a$	変数 x が減少しながら a に収束する
$\uparrow$, $\nearrow$	単調増大収束	$x\uparrow a$, $x\nearrow a$	変数 x が増加しながら a に収束する
$\rightarrow$	収束, 極限	$x\rightarrow a$	変数 x が a に収束する
[,]*	閉区間	$[a, b]$	$\{x\vert a\leqq x\leqq b\}$
(,)*	開区間	(a, b)	$\{x\vert a<x<b\}$
[,)*	右半開区間	$[a, b)$	$\{x\vert a\leqq x<b\}$
(,]*	左半開区間	$(a, b]$	$\{x\vert a<x\leqq b\}$
{ }*	数列	$\{a_n\}$	数列 $a_1, a_2, a_3, \cdots, a_n$
{ | }*	集合	$\{x\vert P(x)\}$	条件 $P(x)$ を満たす x 全体の集合
$\cong$	同形	$G_1\cong G_2$	G_1 と G_2 は同形である
$\sim$	準同形	$G_1\sim G_2$	G_1 と G_2 とは準同形である
$\simeq$	ホモトープ	$f_0\simeq f_1$	f_0 は f_1 にホモトープ(連続変形可能)である
$\approx$	同相	$X\approx Y$	X と Y とは同相

単位記号とその組方

国際度量衡委員会が推奨し，日本の計量法の基礎になっている国際単位系(SI)では，7個の基本単位およびそれらを組み合わせて代数的に導かれる組立単位，10の整数乗倍を示す接頭語が定められている．ここでは主に国際単位系の組方を解説する．(表では記号の前に5をつけて示す．)

基本単位

用　例	名　　称	量
5 m	メートル	長さ
5 kg	キログラム	質量
5 s	秒	時間
5 A	アンペア	電流
5 K	ケルビン	熱力学温度
5 mol	モル	物質量
5 cd	カンデラ	光度

(1)　**単位記号**は立体の欧字を使用し，途中で分割しない．省略符のピリオドもつけない．単位記号の大部分は小文字であるが，固有名詞に由来する名称をもつものでは，第1番目の文字だけを大文字にする．

例　N(ニュートン)　Pa(パスカル)

(2)　**10の整数乗倍を示す接頭語**は，次にくるmやgなどとベタ組にする．行末にきても2行に分割してはいけない．

例　km(＝10^3m)　mm(＝10^{-3}m)

(3)　**組立単位で2つ以上の記号の積で表す場合**は，中黒(二分)を入れるか四分アキにする(ベタ組にする組方もある)．

例　N･m　N m　Nm(ニュートンメートル，力のモーメントの単位)

m^2，cm^3のように指数も使用する．

(4)　**組立単位でほかの単位で除して表す場合**は，一般に斜線(三分物または二分物)を用いるか，中黒(二分)とマイナスの指数の形式にする．

10の整数乗倍を示す接頭語

接頭語の名称	乗数	記　号
デカ(deca)	×10	da
ヘクト(hecto)	$\times10^{2}$	h
キロ(kilo)	$\times10^{3}$	k
メガ(mega)	$\times10^{6}$	M
ギガ(giga)	$\times10^{9}$	G
テラ(tera)	$\times10^{12}$	T
ペタ(peta)	$\times10^{15}$	P
エクサ(exa)	$\times10^{18}$	E
ゼタ(zetta)	$\times10^{21}$	Z
ヨタ(yotta)	$\times10^{24}$	Y
ロナ(ronna)	$\times10^{27}$	R
クエタ(quetta)	$\times10^{30}$	Q
デシ(deci)	$\times10^{-1}$	d
センチ(centi)	$\times10^{-2}$	c
ミリ(milli)	$\times10^{-3}$	m
マイクロ(micro)	$\times10^{-6}$	μ
ナノ(nano)	$\times10^{-9}$	n
ピコ(pico)	$\times10^{-12}$	p
フェムト(femto)	$\times10^{-15}$	f
アト(atto)	$\times10^{-18}$	a
ゼプト(zepto)	$\times10^{-21}$	z
ヨクト(yocto)	$\times10^{-24}$	y
ロント(ronto)	$\times10^{-27}$	r
クエクト(quecto)	$\times10^{-30}$	q

単一の接頭語があるときは，2重に接頭語を用いてはいけない．

例　kg/m^3　kg･m^{-3}(キログラム毎立方メートル，密度の単位)

なお，あいまいさを避けるために，斜線の後に除算または乗算の記号がつくときは括弧をつける．

例　W/(m^2･K)（ワット毎平方メートル毎ケルビン，熱伝導率の単位)

(5)　**アラビア数字および数量を表すイタリック体欧字と単位記号との間**は四分あけて組む．アラビア数字およびイタリック体欧字の前の和文，単位記号の後の和文との間も四分あける．

例　は 50 km の　は *d* km の

組立単位の例 1
（基本単位から出発してあらわされるもの）

用　例	名　　称	量
5 m^2	平方メートル	面積
5 m^3	立方メートル	体積
5 m/s	メートル毎秒(秒速)	速さ
5 m/s^2	メートル毎秒毎秒	加速度
5 m^{-1}	毎メートル	波数
5 kg/m^3	キログラム毎立方メートル	密度
5 rad/s	ラジアン毎秒	角速度
5 rad/s^2	ラジアン毎秒毎秒	角加速度
5 m^2/s	平方メートル毎秒	動粘度
5 A/m	アンペア毎メートル	磁界の強さ
5 m^3/kg	立方メートル毎キログラム	比体積
5 cd/m^2	カンデラ毎平方メートル	輝度
5 s^{-1}	毎秒	回転速度，振動数
5 mol/m^3	モル毎立方メートル	モル濃度

組立単位の例 2（固有の名称をもつもの）

用　例	名　　称	量
5 rad	ラジアン(m/m)	平面角
5 sr	ステラジアン(m^2/m^2)	立体角
5 Hz	ヘルツ(s^{-1})	周波数，振動数
5 N	ニュートン($kg·m/s^2$)	力，重量
5 Pa	パスカル(N/m^2)	圧力，応力
5 J	ジュール(N·m)	仕事，エネルギー，熱量
5 W	ワット(J/s)	工率，仕事率，動力，電力
5 C	クーロン(A·s)	電荷，電気量
5 V	ボルト(W/A)	電圧，電位差，電位，起電力
5 F	ファラド(C/V)	静電容量，キャパシタンス
5 Ω	オーム(V/A)	電気抵抗
5 S	ジーメンス($Ω^{-1}$)	コンダクタンス
5 Wb	ウェーバ(V·s)	磁束
5 T	テスラ(Wb/m^2)	磁束密度
5 H	ヘンリー(Wb/A)	インダクタンス
5 ℃	セルシウス度(K)	セルシウス温度
5 lm	ルーメン(cd·sr)	光束
5 lx	ルクス(lm/m^2)	照度
5 kat	カタール(mol/s)	酸素活性

組立単位の例 3（人の健康保護の観点から認められた固有の名称をもつもの）

用　例	名　　称	量
5 Bq	ベクレル(s^{-1})	(放射性核種の)放射能
5 Gy	グレイ(J/kg)	吸収線量
5 Sv	シーベルト(J/kg)	線量当量光度

は 10^7 m の

⑹　**温度**はK(ケルビン)だけでなく℃(セ氏温度)も国際単位系と併用してよいことになっている．なお，国際単位系の絶対温度の単位Kには°をつけない．

⑺　**時間の単位**は国際単位系ではsであるが，min, hも併用できる．さらに秒，分，時の和文表記の単位(例：1時間25分38秒)を国際単位系と併用することもある．

⑻　**角度，経緯度の単位**も，度(°)分(′)秒(″)の単位を国際単位系と併用してよい．1度を国際単位系のradで表すと次のようになる．

1° ＝1直角/90＝(π/180)rad
　＝0.0174533 rad

角度，経緯度の度(°)分(′)秒(″)は肩ツキの記号なので，アラビア数字とベタ組にする．

例　は 35° 38′ 6″ に

また角度，経緯度は度(°)分(′)秒(″)のかわりに，度，分，秒も併用することがある．

⑼　**体積の単位**ではリットル(l, L)が国際単位系と併用できる．l(エル)と数字の1が見分けにくいため，大文字Lの使用も認められている．

⑽　**面積の単位**ではa(アール)がよく用いられている．これには 10^2 を示すhと組み合わせたha(ヘクタール)も使用されている．このように，国際単位系以外の単位でも10の整数乗倍を示す接頭語が使われている．

例　5 kl　5 kL　5 ha

SI 単位と併用される単位

量	単位の名称	記 号	定　　義
時　　間	分	min	1 min＝60 s
	時	h	1 h＝60 min
	日	d	1 d＝24 h
平 面 角	度	°	1°＝(π/180) rad
	分	′	1′＝(1/60)°
	秒	″	1″＝(1/60)′
体　　積	リットル	l, L*	1 l＝1 dm^3
質　　量	トン	t	1 t＝10^3 kg

＊ リットルの l と L の記号は同等である．いずれか 1 つを抹消できないか検討することになっている．

特殊な分野に限り SI 単位と併用してよい単位

量	単位の名称	記 号	定　　義
エネルギー	電　子 ボルト	eV	1 電子ボルトは，真空中において 1 ボルトの電位差を横切ることによって電子が得る運動エネルギー． (近似的に) 1 eV＝1.602 189 2×10^{-19} J
原子質量	原子質量 単　　位	u	1 原子質量単位は，核種 ^{12}C の 1 つの原子の質量の 1/12 に等しい． (近似的に) 1 u＝1.660 565 5×10^{-27} kg
	天文単位*	AU	(天文体系の定義) 1 AU＝ 149 597 5×10^6 m
長　　さ	パーセク*	pc	1 パーセクは，1 天文単位が 1 秒の角を張る距離． (近似的に) 1 pc＝206 265 AU ＝30 857×10^{12} m
液体の圧力	バール**	bar	1 bar＝10^5 Pa

＊ 国際度量衡委員会では，これらの単位を併用する単位として認めていない．
＊＊ 国際度量衡委員会では，この単位を SI と暫定的に併用する単位としている．

(11) **円**(￥)，**ドル**(＄)，**ポンド**(￡)などは全角物の記号化した印刷文字である(単位記号というよりは，省略記号または商用記号といえる)．数字の前に置かれるので，前置省略記号とも呼ばれている．次にくるアラビア数字とベタ組にする．記号の前は一般にベタ組である．

例　￥300　＄280　￡20

(12) **パーセント**(％)，**パーミル**(‰)，**セント**(￠)などの単位記号は，立体欧字ではなく，全角物の記号化した印刷文字(これらも単位記号というよりは，省略記号または商用記号といえる)で，これらは数字の後に置かれるので，後置省略記号とも呼ばれている．前のアラビア数字との間はベタで組む．

例　は 25％に　は 390‰に　20￠

なお，パーセント(％)とパーミル(‰)は，次にくる和文との間はベタ組が一般的であるが，和文との間を四分アキとする組方もある．

例　は 25％ に　は 390‰ に

前置省略記号，後置省略記号のいずれも，アラビア数字との間では 2 行に分割しないが，パーセント(％)，パーミル(‰)などは許容している組方もある．

(13) 単位を欧字で表さないで，片仮名で表すときに，小さい文字で 2 行に組むか，またはそのようにあらかじめ準備されている文字を使うことがある．

例　5 キロメートル　3.3 平方メートル　100 ヘクタール

国際単位系とともに暫定的に維持される単位

名　　称	記 号	SI 単位による値
海里		1 海里＝1 852 m
ノット		1 ノット＝1 海里毎時 ＝(1 852/3 600) m/s
オングストローム	Å	1 Å＝0.1 nm＝10^{-10} m
アール	a	1 a＝1 dam^2＝10^2 m^2
ヘクタール	ha	1 ha＝1 hm^2＝10^4 m^2
バーン	b	1 b＝100 fm^2＝10^{-28} m^2
バール	bar	1 bar＝0.1 MPa＝10^5 Pa
ガル	Gal	1 Gal＝1 cm/s^2＝10^{-2} m/s^2
キュリー	Ci	1 Ci＝3.7×10^{10} Bq
レントゲン	R	1 R＝2.58×10^{-4} C/kg
ラド	rad	1 rad＝1 cGy＝10^{-2} Gy
レム	rem	1 rem＝1 cSv＝10^{-2} Sv

単位換算表

●長さの単位換算

	尺	間	メートル	キロメートル	インチ	フィート	ヤード	マイル
1 尺	1	0.166666	0.30303	0.000303	11.9305	0.994211	0.331403	0.000188
1 間	6	1	1.81818	0.001818	71.5832	5.96527	1.98842	0.001129
1 メートル	3.3	0.55	1	0.001	39.3701	3.28084	1.09361	0.000621
1キロメートル	3300	550	1000	1	39370	3280.8	1093.6	0.621371
1 インチ	0.083818	0.013969	0.0254	0.000025	1	0.08333	0.27777	0.000015
1 フィート	1.00582	0.167637	0.3048	0.0003	12	1	0.33333	0.000189
1 ヤード	3.01746	0.50291	0.9144	0.000914	36	3	1	0.000568
1 マイル	5310.8	885.123	1609.344	1.609344	63360	5280	1760	1

＊1尺＝10寸　1町＝60間　1里＝36町　1海里＝1852メートル

●面積の単位換算

	平方尺	坪	平方メートル	アール	平方キロメートル	平方フィート	エーカー	平方マイル
1 平方尺	1	0.027777	0.091827	0.000918	—	0.988457	0.000022	—
1 坪	36	1	3.30578	0.033058	0.000003	35.5844	0.000816	0.000001
1平方メートル	10.89	0.3025	1	0.01	0.000001	10.7639	0.000247	—
1 アール	1089	30.25	100	1	0.0001	1076.4	0.02471	0.000038
1平方キロメートル	—	302500	1000000	10000	1	—	247.11	0.3861
1平方フィート	1.01171	0.028102	0.09290	0.000928	—	1	0.00002	—
1 エーカー	44070	1224.17	4046.86	40.4686	0.004047	43560	1	0.001562
1 平方マイル	—	783443	—	25899.9	2.58999	—	640	1

＊1畝＝30坪　1反(段)＝10畝　1町＝10反(段)　1ヘクタール＝100アール

●容積の単位換算

	合	升	石	立方メートル	リットル	立方インチ	立方フィート	ガロン
1 合	1	0.1	0.001	0.00018	0.18039	11.0087	0.00637	0.047654
1 升	10	1	0.01	0.001803	1.8039	110.087	0.06370	0.47654
1 石	1000	100	1	0.18039	180.39	11008.7	6.37077	47.654
1立方メートル	5543.52	554.352	5.54352	1	1000	61023	35.3147	264.172
1 リットル	5.54352	0.55435	0.005543	0.001	1	61.0236	0.0353	0.264172
1 立方インチ	0.090837	0.009083	0.000091	0.000016	0.016387	1	0.000578	0.0043
1立方フィート	156.966	15.6966	0.156966	0.028317	28.3168	1728	1	7.48
1 ガロン(米)	20.9846	2.09846	0.02098	0.003785	3.78541	231	0.134	1

＊1石＝10斗　1斗＝10升　1合＝10勺　1リットル＝1000立方センチメートル＝1000シーシー

●重さの単位換算

	匁	貫	斤	グラム	キログラム	オンス	ポンド	米トン
1 匁	1	0.001	0.00625	3.75	0.00375	0.132277	0.008267	0.000004
1 貫	1000	1	6.25	3750	3.75	132.277	8.26732	0.004133
1 斤	160	0.16	1	600	0.6	21.1641	1.32277	0.000661
1 グラム	0.266666	0.000266	0.001666	1	0.001	0.035274	0.002205	0.000001
1 キログラム	266.666	0.266666	1.66666	1000	1	35.2740	2.20462	0.001102
1 オンス	7.55984	0.007559	0.047249	28.3495	0.028349	1	0.0625	0.000031
1 ポンド	120.958	0.120958	0.755988	453.592	0.453592	16	1	0.0005
1 米トン	241916	241.916	1511.97	907185	907.185	32000	2000	1

＊宝石1カラット＝0.2グラム(200ミリグラム)

数字の表記法

数字表記は，年月日，数の幅，不確定数など，表記法での問題点も多い．原稿ではまちまちになっている場合も多いので，見やすさ，読みやすさを主眼に整理する．以下は一応の基準であるので，著者の使用例・使用方針をなるべく尊重して整理する．

〈縦書き〉

①原則として漢数字を使用し，単位語はすべての単位語を使用する，②原則として漢数字を使用し，単位語は万・億・兆などの4桁ごとの単位語のみを使用する，③原則としてアラビア数字を使用し，単位語は万・億・兆などの4桁ごとの単位語を使用する，の3つの方針がある．

(1) 漢数字を主に使用する方針の場合

1. すべての単位語(十・百・千・万・億など)を使用する方針(十〔トンボジュウ〕方式)と，万・億・兆などの4桁ごとの単位語のみを使用する方針(一〇〔イチマル〕方式)があるので，基本的な方針を決める．

・すべての単位語を使用する例(十方式)

一二百三十四万五千六百七十八円

・4桁ごとの単位語のみ使用する例(一〇方式)

一二三四万五六七八円

本文での数字の列記や，表・図版などでは，すべての単位語を使用せず，3桁ごとに位取りを入れる表記にすることもある．

一二、三四五、六七八円

単位語を使用して表記するときには，原則として位取りを入れない．

2. 万・億・兆などの4桁ごとの単位語のみを使用する方針(一〇方式)の場合でも，2桁の数字に限って十を入れる(十方式)折衷式の方針もある．

平成二十三年十月二十五日

五十六歳　十八枚　七十回

3. 西暦，電話番号，銀行口座番号，振替口座番号，部屋番号，自動車のナンバープレート，列車番号などは，単位語と位取りを入れないで表記する．

4. 単位語を使用する方針の場合でも，数値の意識が強い緯度・経度，角度，標高，パーセント，統計の数値，身長・体重・血圧などでは，単位語を省くことが多い．

東経一三〇度四〇分三五秒

三〇・五度　五七・三%

身長一七五センチ、体重六九キロ

5. 逆に，百・千の単位語を省く場合でも，キリのよい数値では単位語を付ける方針もある．ただし，キリのよい数値には単位語を付ける方針の場合でも，3桁，4桁の数字で1以上の数値を2つ以上含むときは，単位語を入れない．

五〇〇〇円→五千円　五五〇〇円

6. 次のような言葉は，漢数字を主に使用する方針の場合でも，アラビア数字で表記する．

2Bの鉛筆　A5判　4の字固め

7. 次のような言葉は，漢数字を主に使用する方針の場合でも，慣用や漢数字と重なって紛らわしいときなどではアラビア数字を使用する場合がある．

1分13秒(大会新)　8三振

のぞみ227号　国道20号線

9ポ四分アキ　第2四半期

(2) アラビア数字を主に使用する方針の場合

1. アラビア数字を主に使用する方針の場合，2桁は次の例のように縦中横(たてちゅうよこ)にする．3桁以上は，一般に1桁ごとに縦に並べる．

2012年10月25日

56歳　1個　13枚　３５０回

2. 日時，数量，順序などを表す語を音読みする場合には，アラビア数字を使用する．

25日午前8時30分　5万円　20人

42・195キロメートル　第1回

日時，数量，順序などを表す語を訓読みする場合には，アラビア数字を使用する方針と，漢数字を使用する方針があるので，基本的な方針を決める．

1つ、2つ、…9つ　1月　1人

一つ、二つ、…九つ　一月　一人

3. 一般に1万以上の数値には，万・億・兆などの単位語を使用する．ただし，3桁ごとに位取りを入れる方式もある．

２３４万５６７８円　１００億人

２、３４５、６７８円

4. 前項の‘漢数字を主に使用する方針の場合’の3-6項は，アラビア数字を主に使用する方針の場合も適用する．

(3) 表記方針にかかわらず，一定の数詞表記とするもの

1. 熟語や成句，固有名詞や慣用が固定している語は，そのまま使用する．

五十歩百歩　五・一五事件　十二単衣　十七条の憲法　二百十日　百発百中　十三夜　江戸八百八町

2. 領収書や契約書などで他の数字との混同を避けるためなどの特別の場合を除いて，壱・弐・参・拾などの大字（だいじ）と呼ばれる漢字は使わない．

(4) 数の幅を示す場合

1. 数の幅を示す場合は，桁の省略を行わないことを原則とし，全角ダーシ(—)または波形(～)でつなぐ．

三八〇—四〇〇円

１３０万～１５０万円

五十万—六十万トン（五、六十万トンと表記することもある。）

六七—六八％

2. ただし，西暦である期間を表す場合には，千の位および百の位の異なる場合や，間違うおそれのある場合のほかは，下2桁のみを示す方法もある．

一九四五—四八年

小林多喜二（一九〇三—三三）

(5) 不確定数を示すもの

1. 数値を決めがたいものや，ばくぜんとした数は，原則として単位語を用いる．

数人　数十人　数百メートル　幾百年　六十余人　何千年　三十数万　十四、五歳　七、八百人

（一桁の位は二十四五人、十四五日のように読点を省くやり方もある。）

2. 一定の基準の前後を表すもの

・表示された数値を含めないで，小さい数値を表す　二〇歳未満　千円未満

・表示された数値を含め，小さい数値を表す　二〇歳以下　二〇歳まで　一〇人内　二十歳前　三〇日以前

・表示された数値を含めないで大きい数値を表す　二〇歳を超え　千日を超える

・表示された数値を含め大きい数値を表す　二〇歳以上　三〇日以後　三〇日から

3. 期間の経過を表すもの

満三年　三カ年　三周年　一〇日ぶり（まるまる三年、まるまる一〇日を示す）

あしかけ三年　三年越し　三年がかり　三年目　三年来　三回忌（起算の年を含んで三年）

〔参考〕 縦組の数詞表記の一例

以下に，一〇方式の折衷形の数詞表記として，一般的に行われることの多い数詞表記を，参考までに掲げる．

1. 本文中に使用する数字は漢数字を使うことを原則とし，特別な場合以外には，壱，弐，参，拾などは使用しない．

2. 単位語は4桁ごとの単位語を使用する．

八億七六五四万三二一〇円

3. 千万，百万，千，百などの位で終わっている数字は，単位語を使用する．

八千万円　八百万円　八千円

4. 3桁，4桁の数字で，1以上の数値が2つ以上あるときは，単位語を入れない．

八七六五円　二五〇〇円　六五三円

5. 2桁の数字には，十を入れる．

二十五円　十二月二十五日

6. 熟語，慣用の決まった語は，そのまま使用する．

五十歩百歩　五・一五事件

〈横書き〉

(1) **横組では原則としてアラビア数字を使用する**．次のような事項を検討し，一定の方針で整理する．

1. 位取り　位取りの扱いには，次の4つの方式がある．

・4桁ごとに万・億・兆・…の単位語を入れる．

2152　11億9988万2255

・3桁ごとにコンマを入れる．

2,152　1,199,882,255

・3桁ごとに四分あける．

2 152　1 199 882 255　3.141 592 6

・位取りを入れない．

1998年　2005年　03-3263-5892

一般書では4桁ごとに万・億・兆・…とする方式が，とくに大きい数を扱うときはわかりやすくてよい．このときは位取りのコンマは入れない．また，万・億・兆以外の単位語の十・百・千は入れない．

2. 訓読みの数字　訓読みの数字でも，“1つ，2つ，3つ”などを含め，すべてアラビア数字を使用する方法と，数の意味が強い2日，2人などは除き，“一つ，二つ，三つ”とする表記法とがある．

3. 順序数　1, 2, 3, …, n と進むような数(順序数)も一般にアラビア数字を使用する．漢数字を使用する方針もある．

第1次，第2次　(第一次，第二次)

1番目，2番目，3番目

第1に，第2に

4. 数の幅　起点と終点の幅を表記する場合は，12-15ページ，1895-1970のように二分ダーシを用いベタ組にする．西暦年数の場合で，3桁目以上が同じときは，1930-69のように，終点のほうは省略して後ろ2桁とする．ページ数は，省略しない全数表記と，100未満では省略しないで100以上では省略する方針がある．

5. 不確定数の表記　4, 5人などのように数の幅を示す表記は，次のようにする．

・1桁の数の幅　4, 5人　2, 3日
四五人，二三日のようにコンマなしの漢数字の表記もある．

・2桁以上の数の幅　　二三百人　十五六世紀

・概略の数　漢数字表記とする．
数十円，百余人，数百キログラム，何十円，百数十個，十数パーセント
(数10円，100余人とはしない．500円余りはよいが500余円とはしない．)

6. 化合物の名称　化合物の名称に出てくる数字は漢数字で表す．

一酸化炭素，二硫酸，四酸化三鉄

ただし，2,4-Dのように，有機化合物で基の付く位置を示す数字のところは，アラビア数字を四分コンマで区切って使う．

7. 熟語　熟語，成句，固有名詞に出てくる数字は漢数字を用いる．

一定　均一　一致　一義的　二分アキ　三途の川　遮二無二　四六判　三三九度　嘘八百

8. 両様の表記　アラビア数字，漢数字の両方が用いられるものとして，次のような例がある．

1点，一点　1つ，一つ

2通り，二通り　3角形，三角形

西暦・和暦対照表

西暦	和暦	干支	西暦	和暦	干支	西暦	和暦	干支	西暦	和暦	干支
1868*	慶応4 明治1	戊辰	1908*	41	戊申	1948*	23	戊子	1988*	63	戊辰
1869	2	己巳	1909	42	己酉	1949	24	己丑	1989	昭和64 平成1	己巳
1870	3	庚午	1910	43	庚戌	1950	25	庚寅	1990	2	庚午
1871	4	辛未	1911	44	辛亥	1951	26	辛卯	1991	3	辛未
1872*	5	壬申	1912*	明治45 大正1	壬子	1952*	27	壬辰	1992*	4	壬申
1873	6	癸酉	1913	2	癸丑	1953	28	癸巳	1993	5	癸酉
1874	7	甲戌	1914	3	甲寅	1954	29	甲午	1994	6	甲戌
1875	8	乙亥	1915	4	乙卯	1955	30	乙未	1995	7	乙亥
1876*	9	丙子	1916*	5	丙辰	1956*	31	丙申	1996*	8	丙子
1877	10	丁丑	1917	6	丁巳	1957	32	丁酉	1997	9	丁丑
1878	11	戊寅	1918	7	戊午	1958	33	戊戌	1998	10	戊寅
1879	12	己卯	1919	8	己未	1959	34	己亥	1999	11	己卯
1880*	13	庚辰	1920*	9	庚申	1960*	35	庚子	2000*	12	庚辰
1881	14	辛巳	1921	10	辛酉	1961	36	辛丑	2001	13	辛巳
1882	15	壬午	1922	11	壬戌	1962	37	壬寅	2002	14	壬午
1883	16	癸未	1923	12	癸亥	1963	38	癸卯	2003	15	癸未
1884*	17	甲申	1924*	13	甲子	1964*	39	甲辰	2004*	16	甲申
1885	18	乙酉	1925	14	乙丑	1965	40	乙巳	2005	17	乙酉
1886	19	丙戌	1926	大正15 昭和1	丙寅	1966	41	丙午	2006	18	丙戌
1887	20	丁亥	1927	2	丁卯	1967	42	丁未	2007	19	丁亥
1888*	21	戊子	1928*	3	戊辰	1968*	43	戊申	2008*	20	戊子
1889	22	己丑	1929	4	己巳	1969	44	己酉	2009	21	己丑
1890	23	庚寅	1930	5	庚午	1970	45	庚戌	2010	22	庚寅
1891	24	辛卯	1931	6	辛未	1971	46	辛亥	2011	23	辛卯
1892*	25	壬辰	1932*	7	壬申	1972*	47	壬子	2012*	24	壬辰
1893	26	癸巳	1933	8	癸酉	1973	48	癸丑	2013	25	癸巳
1894	27	甲午	1934	9	甲戌	1974	49	甲寅	2014	26	甲午
1895	28	乙未	1935	10	乙亥	1975	50	乙卯	2015	27	乙未
1896*	29	丙申	1936*	11	丙子	1976*	51	丙辰	2016*	28	丙申
1897	30	丁酉	1937	12	丁丑	1977	52	丁巳	2017	29	丁酉
1898	31	戊戌	1938	13	戊寅	1978	53	戊午	2018	30	戊戌
1899	32	己亥	1939	14	己卯	1979	54	己未	2019	平成31 令和1	己亥
1900	33	庚子	1940*	15	庚辰	1980*	55	庚申	2020*	2	庚子
1901	34	辛丑	1941	16	辛巳	1981	56	辛酉	2021	3	辛丑
1902	35	壬寅	1942	17	壬午	1982	57	壬戌	2022	4	壬寅
1903	36	癸卯	1943	18	癸未	1983	58	癸亥	2023	5	癸卯
1904*	37	甲辰	1944*	19	甲申	1984*	59	甲子	2024*	6	甲辰
1905	38	乙巳	1945	20	乙酉	1985	60	乙丑	2025	7	乙巳
1906	39	丙午	1946	21	丙戌	1986	61	丙寅	2026	8	丙午
1907	40	丁未	1947	22	丁亥	1987	62	丁卯	2027	9	丁未

(1) *印はうるう年を示す.

(2) 太陽暦の採用は，太陰暦の明治5年12月3日を太陽暦の明治6年1月1日にしたときから.

(3) 明治1年は9月8日より，大正1年は7月30日より，昭和1年は12月25日より，平成1年は1月8日より，令和1年は5月1日より.

(4) 干支．十干である甲(きのえ)，乙(きのと)，丙(ひのえ)，丁(ひのと)，戊(つちのえ)，己(つちのと)，庚(かのえ)，辛(かのと)，壬(みずのえ)，癸(みずのと)に，十二支の子(ね)，丑(うし)，寅(とら)，卯(う)，辰(たつ)，巳(み)，午(うま)，未(ひつじ)，申(さる)，酉(とり)，戌(いぬ)，亥(い)を順に組み合わせていく.

年号・西暦対照表

本表は，五十音順に配列し，最初の漢字が同じものはまとめてある．（　）内は時代を示す．

ア

安永	1772—1781	(江戸)
安元	1175—1177	(平安)
安政	1854—1860	(江戸)
安貞	1227—1229	(鎌倉)
安和	968—970	(平安)

エ

永延	987—989	(平安)
永観	983—985	(平安)
永久	1113—1118	(平安)
永享	1429—1441	(室町)
永治	1141—1142	(平安)
永正	1504—1521	(室町)
永承	1046—1053	(平安)
永祚	989—990	(平安)
永長	1096—1097	(平安)
永徳	1381—1384	(北朝)
永仁	1293—1299	(鎌倉)
永保	1081—1084	(平安)
永万	1165—1166	(平安)
永暦	1160—1161	(平安)
永禄	1558—1570	(室町)
永和	1375—1379	(北朝)
延応	1239—1240	(鎌倉)
延喜	901—923	(平安)
延久	1069—1074	(平安)
延享	1744—1748	(江戸)
延慶	1308—1311	(鎌倉)
延元	1336—1340	(南朝)
延長	923—931	(平安)
延徳	1489—1492	(室町)
延文	1356—1361	(北朝)
延宝	1673—1681	(江戸)
延暦	782—806	(平安)

オ

応安	1368—1375	(北朝)
応永	1394—1428	(室町)
応長	1311—1312	(鎌倉)
応徳	1084—1087	(平安)
応仁	1467—1469	(室町)
応保	1161—1163	(平安)
応和	961—964	(平安)

カ

嘉永	1848—1854	(江戸)
嘉応	1169—1171	(平安)
嘉吉	1441—1444	(室町)
嘉慶	1387—1389	(北朝)
嘉元	1303—1306	(鎌倉)
嘉祥	848—851	(平安)
嘉承	1106—1108	(平安)
嘉禎	1235—1238	(鎌倉)
嘉保	1094—1096	(平安)
嘉暦	1326—1329	(鎌倉)
嘉禄	1225—1227	(鎌倉)
寛永	1624—1644	(江戸)
寛延	1748—1751	(江戸)
寛喜	1229—1232	(鎌倉)
寛元	1243—1247	(鎌倉)
寛弘	1004—1012	(平安)
寛治	1087—1094	(平安)
寛正	1460—1466	(室町)
寛政	1789—1801	(江戸)
寛徳	1044—1046	(平安)
寛和	985—987	(平安)
寛仁	1017—1021	(平安)
寛平	889—898	(平安)
寛文	1661—1673	(江戸)
寛保	1741—1744	(江戸)
観応	1350—1352	(北朝)
元慶	877—885	(平安)

キ

久安	1145—1151	(平安)
久寿	1154—1156	(平安)
享徳	1452—1455	(室町)
享保	1716—1736	(江戸)
享禄	1528—1532	(室町)
享和	1801—1804	(江戸)

ケ

慶安	1648—1652	(江戸)
慶雲	704—708	(飛鳥)
慶応	1865—1868	(江戸)
慶長	1596—1615	(江戸)
建永	1206—1207	(鎌倉)
建久	1190—1199	(鎌倉)
建治	1275—1278	(鎌倉)
建長	1249—1256	(鎌倉)
建徳	1370—1372	(南朝)
建仁	1201—1204	(鎌倉)
建保	1213—1219	(鎌倉)
建武	1334—1338	(南北朝)
建暦	1211—1213	(鎌倉)
乾元	1302—1303	(鎌倉)
元永	1118—1120	(平安)
元応	1319—1321	(鎌倉)
元亀	1570—1573	(室町)
元久	1204—1206	(鎌倉)
元弘	1331—1334	(南朝)
元亨	1321—1324	(鎌倉)
元治	1864—1865	(江戸)
元中	1384—1392	(南朝)
元徳	1329—1332	(北朝)
元和	1615—1624	(江戸)
元仁	1224—1225	(鎌倉)
元文	1736—1741	(江戸)
元暦	1184—1185	(平安)
元禄	1688—1704	(江戸)

(元慶→ガンギョウ)

コ

弘安	1278—1288	(鎌倉)
弘化	1844—1848	(江戸)
弘治	1555—1558	(室町)
弘長	1261—1264	(鎌倉)
弘仁	810—824	(平安)
弘和	1381—1384	(南朝)
康安	1361—1362	(北朝)
康永	1342—1345	(北朝)
康応	1389—1390	(北朝)
康元	1256—1257	(鎌倉)
康治	1142—1144	(平安)
康正	1455—1457	(室町)
康平	1058—1065	(平安)
康保	964—968	(平安)
康暦	1379—1381	(北朝)
康和	1099—1104	(平安)
興国	1340—1346	(南朝)

サ

斉衡	854—857	(平安)

シ

至徳 1384—1387 (北朝)
治安 1021—1024 (平安)
治承 1177—1181 (平安)
治暦 1065—1069 (平安)
朱鳥 686 (飛鳥)
寿永 1182—1185 (平安)
正安 1299—1302 (鎌倉)
正応 1288—1293 (鎌倉)
正嘉 1257—1259 (鎌倉)
正慶 1332—1334 (北朝)
正元 1259—1260 (鎌倉)
正治 1199—1201 (鎌倉)
正中 1324—1326 (鎌倉)
正長 1428—1429 (室町)
正徳 1711—1716 (江戸)
正平 1346—1370 (南朝)
正保 1644—1648 (江戸)
正暦 990—995 (平安)
正和 1312—1317 (鎌倉)
昌泰 898—901 (平安)
承安 1171—1175 (平安)
承応 1652—1655 (江戸)
承久 1219—1222 (鎌倉)
承元 1207—1211 (鎌倉)
承徳 1097—1099 (平安)
承平 931—938 (平安)
承保 1074—1077 (平安)
承暦 1077—1081 (平安)
承和 834—848 (平安)
貞永 1232—1233 (鎌倉)
貞応 1222—1224 (鎌倉)
貞観 859—877 (平安)
貞享 1684—1688 (江戸)
貞元 976—978 (平安)
貞治 1362—1368 (北朝)
貞和 1345—1350 (北朝)
神亀 724—729 (奈良)
神護景雲 767—770 (奈良)

タ

大永 1521—1528 (室町)
大化 645—650 (飛鳥)
大治 1126—1131 (平安)
大同 806—810 (奈良)
大宝 701—704 (飛鳥)

チ

(治→ジ)
長寛 1163—1165 (平安)
長久 1040—1044 (平安)
長享 1487—1489 (室町)
長元 1028—1037 (平安)
長承 1132—1135 (平安)
長治 1104—1106 (平安)
長徳 995—999 (平安)
長保 999—1004 (平安)
長暦 1037—1040 (平安)
長禄 1457—1460 (室町)
長和 1012—1017 (平安)

テ

(貞→ジョウ)
天安 857—859 (平安)
天永 1110—1113 (平安)
天延 973—976 (平安)
天応 781—782 (奈良)
天喜 1053—1058 (平安)
天慶 938—947 (平安)
天元 978—983 (平安)
天治 1124—1126 (平安)
天授 1375—1381 (南朝)
天正 1573—1592 (安土桃山)
天承 1131—1132 (平安)
天長 824—834 (平安)
天徳 957—961 (平安)
天和 1681—1684 (江戸)
天仁 1108—1110 (平安)
天平 729—749 (奈良)
天平感宝 749 (奈良)
天平勝宝 749—757 (奈良)
天平神護 765—767 (奈良)
天平宝字 757—765 (奈良)
天福 1233—1234 (鎌倉)
天文 1532—1555 (室町)
天保 1830—1844 (江戸)
天明 1781—1789 (江戸)
天養 1144—1145 (平安)
天暦 947—957 (平安)
天禄 970—973 (平安)

ト

徳治 1306—1308 (鎌倉)

ニ

仁安 1166—1169 (平安)
仁治 1240—1243 (鎌倉)
仁寿 851—854 (平安)
仁和 885—889 (平安)
仁平 1151—1154 (平安)

ハ

白雉 650—654 (飛鳥)

フ

文安 1444—1449 (室町)
文永 1264—1275 (鎌倉)
文応 1260—1261 (鎌倉)
文化 1804—1818 (江戸)
文亀 1501—1504 (室町)
文久 1861—1864 (江戸)
文治 1185—1190 (平安)
文正 1466—1467 (室町)
文政 1818—1830 (江戸)
文中 1372—1375 (南朝)
文和 1352—1356 (北朝)
文保 1317—1319 (鎌倉)
文明 1469—1487 (室町)
文暦 1234—1235 (鎌倉)
文禄 1592—1596 (安土桃山)

ヘ

平治 1159—1160 (平安)

ホ

保安 1120—1124 (平安)
保延 1135—1141 (平安)
保元 1156—1159 (平安)
宝永 1704—1711 (江戸)
宝亀 770—781 (奈良)
宝治 1247—1249 (鎌倉)
宝徳 1449—1452 (室町)
宝暦 1751—1764 (江戸)

マ

万延 1860—1861 (江戸)
万治 1658—1661 (江戸)
万寿 1024—1028 (平安)

メ

明応 1492—1501 (室町)
明徳 1390—1394 (北朝)
明暦 1655—1658 (江戸)
明和 1764—1772 (江戸)

ヨ

養老 717—724 (奈良)
養和 1181—1182 (平安)

リ

暦応 1338—1342 (北朝)
暦仁 1238—1239 (鎌倉)

レ

(暦→リャク)
霊亀 715—717 (奈良)

ワ

和銅 708—715 (奈良)

雑誌創刊の業務

雑誌の創刊にあたっては，各種の業務があるが，その要点を製作面を主に掲げる．

⑴ **創刊雑誌の企画の要点**としては，次のような事項がある．

1. どのような内容の雑誌か(編集方針)
2. 読者対象
3. 刊行形態(隔月刊，月刊，隔週刊，週刊など)
4. 判型，造本仕様，基本とするページ数(建(たて)ページ)
5. 誌名
6. 販売の方法と市場の調査
7. 類似した雑誌の調査
8. 編集長および編集スタッフ
9. 収支予算

⑵ **編集長および編集スタッフ**を決定し，実務作業に入ることになる．

⑶ **誌名とロゴ(ロゴタイプ)**を決定し，同時に特許庁に商標登録の申請をする．あわせて，表紙のデザインを決定する．

⑷ **判型，建ページ，製本様式**を雑誌の性格とあわせて決める．建ページとは，雑誌本文の基本とするページ数のことであり，16ページまたは8ページの倍数にする．

⑸ **本文の組体裁**を決める(⇨ 110ページ)．記事の内容に応じて，いくつかの組体裁を決めておくことが多い．

⑹ **レイアウト用紙(割付用紙)の作製**を本文組体裁の決定とあわせて行う．割付用紙(⇨ 112ページ)は見開き2ページ単位で作製し，印刷・製本様式や組方を考慮して作製する．文字組を主にしたものと，写真を主にしたものとで異なる．レイアウトしやすく工夫する．

⑺ **進行予定表・台割表(台割進行表)**も作製する．編集・製作の進行に必要になる(⇨ 49ページ)．なお，レビュー用紙(⇨ 112ページ)は，ラフ・レイアウト用にも，台割表がわりにも使用できる．

⑻ 必要があれば**見本誌**を1号(または2号)発行する．創刊号以前のテスト版であり，事前の調査を行うことができる．読者の反応，販売予測，広告入稿予定，編集スタッフの数と仕事量，経費などの確認ができる．

⑼ **印刷所・製本所の決定と原価計算**を行う．印刷所・製本所に見積りを依頼し，材料代や原稿料などから原価計算を行い，予定部数のもとでの採算計算を行う．

(10) **製作のスケジュール**を作成する．発売日を決め，同時に発売日より逆算して，書店への配本日，取次店への搬入日，製本期間，刷了日，用紙納入日，校了日，校正期間，入稿日，原稿締切日などのスケジュールをたてる．

この表は，印刷所・製本所とも相談した上で決定する．この日程表は製版方式別にたてるからである．雑誌は発売日を厳守しなければならないので，特にこの日程表の作成とその管理は重要である．

(11) **販売計画をたて，取次店に口座**を開き，取引を開始する交渉を行う．

(12) **宣伝の計画**をたて，宣伝活動を行う．広告代理店を利用して広告掲載(出広)の依頼をすることが多い．

(13) **広告料金表**の作成と広告集め．これも手数料を支払い，広告代理店に依頼して集めて貰うことが多い．

(14) **第3種郵便物の申請**を行う(⇨ 204ページ)．国会図書館へISSN(International Standard Serial Number；国際標準逐次刊行物番号)の取得申請をする．

雑誌の台割進行表

台割進行表は，表紙・目次・口絵・本文など，その雑誌を構成する全ページについての，編集および製作上の予定と進行状況を示すものである．雑誌の発行形態，内容，出版社の方針で項目は変わるが，下の例は主な項目を含む一般的な様式である．

年　　月　　号　　　　　　　　台割進行表

頁	折	用紙	版式	テーマ	枚数	執筆者	担当者	写真図版	締切	入稿	初校		再校		色校		校了	広告		
											出	戻	出	戻	出	戻		スポンサー	スペース	入稿
表I																				
II																				
III																				
IV																				
目次I																				
II																				
III																				
IV																				
本文1																				
2																				
3																				
4																				
5																				
6																				
7																				
8																				
9																				
10																				
11																				
12																				
13																				
14																				
15																				
16																				
17																				
18																				
19																				
20																				
21																				
22																				
23																				
24																				
25																				
26																				
27																				
28																				
29																				
30																				
31																				
32																				
33																				
34																				
35																				

欧文出版物の体裁

〈内容順序〉

⑴　**オックスフォード・ルールの例**　*The Oxford Guide to Style*, Oxford University Press, 2002による．

〈前付〉

1. 前扉(改丁)
2. 口絵(本扉対向に入れる)
3. 本扉(改丁)
4. 扉裏(刊記——発行者名・住所，発行日，再版・増刷，著作権の表示，ISBN，その他)
5. 献辞(改ページ)
6. 序文(著者以外の序文，改丁)
7. はしがき(改丁)
8. 謝辞(改ページ)
9. 目次(改丁)
10. 法令・引用等の一覧(改ページ)
11. 図版目次(改ページ)
12. 表目次(改ページ)
13. 略語表(改ページ)
14. 貢献者の一覧(改ページ)
15. 題辞(epigraph，改ページ)
16. 序論(改丁)
17. その他

〈本文〉

18. 本文

〈後付〉

19. 後注
20. 付録
21. 文献・参考書目
22. 語彙
23. 索引
24. 刊記(colophon)

⑵　**シカゴ・ルールの例**　*The Chicago Manual of Style*, 14th ed., The University of Chicago Press, 1993, p. 5.

以下の行頭数字はページ番号(ノンブル)である．本文は横組なので，右ページが表ページ(ノンブルは奇数)，左ページが裏ページとなる(ノンブルは偶数)．

〈前付〉

p. i　前扉(メインタイトルのみ)

p. ii　(前扉裏)シリーズタイトル，執筆者一覧，口絵など．または白ページ

p. iii　本扉

p. iv　(本扉裏)著作権者名の表示(©)，出版社の代理店，版次，印刷地，ISBN(国際標準図書番号)，CIP(Cataloguing-in-Publication. 欧米の主要国では，自国の議会図書館に一定の書式で書誌データを作成してもらうシステムがあり，1971年から書誌的要素として印刷されている)など．

p. v　献辞(または題辞(epigraph)，ほかの著作や書物からの引用などが多い)

p. vi　白ページ

p. vまたはp. vii　目次

以下は改丁，改ページのどちらでもよい．

図版目次

表目次

はしがき(著者以外の人によるもの)

はしがき

謝辞(はしがきに含まれないとき)

序論(本文に含まれないとき)

略語または年表

〈本文〉

p. 1　本文の最初のページ(序論か第1章)

または

p. 1　中扉(2回目の前扉か第1部のタイトル)

p. 2　白ページ

p. 3　本文の最初のページ

〈後付〉

以下は改丁，改ページのどちらでもよい．

付録(補遺)

注

用語解説

参考文献一覧

執筆者(の一覧)

索引

〈欧文の組方〉

⑴ **A5判の組方例**

1. 学術専門書：本文10ポ，版の左右12ポ25倍×天地12ポ39倍，行間2ポ．

2. 内容程度の高いもの：本文11ポ，版の左右12ポ24.75倍×天地12ポ38倍，行間2-3ポ．

3. 初級的なもの：本文12ポ，版の左右12ポ25倍×天地12ポ38倍，行間4ポ．

＊版幅が12ポの倍数になっているのは，欧文ではパイカ(12ポ)が版幅をはかる標準になっているからである．

⑵ **語間のアキ** 語間は原則として三分アキであるといわれてきたが，最近はややつめ気味となっており，オックスフォード・ルールでは通常10ポ以上は四分(25%)となっている．

行末は揃えるのが原則であるが，ラグ組といって語間を一定にし，行末は揃えない組方も行われている．

行末を揃えるには，語間で調整する．あけて調整する場合は二分(または二分四分)までとし，できれば三分を四分(四分が標準の場合は八分(12%))につめる方向で調整する．さらに，行の終わりに長い綴りの語がくる場合はその語をシラブルで区切って調整する(⇨56ページ)．

⑶ **行間のアキ** 行間は，本文に使用した文字の3分の1程度とするのが望ましいとされている．本文が9-10ポならば3ポアキ，12ポならば4ポアキくらいとする．デッセンダー，アッセンダーの大きい書体では，行間をベタ組とすることもある．

⑷ **ウイドウとオーファン** ウイドウは，段落の最終行が，短い単語や分綴で分けられた単語の後半部だけのような短い行になることで，避けるべきとされている．とくにこの行がページの1行目や段組の1行目にくることは避ける．また，段落の最初の行がページまたは段の末尾にくること(オーファン)も避けるという考え方もある．

⑸ **カーニング** たとえば，AとWが隣り合うと，その字間がほかと比べて空いて見える．この隣り合う文字の間隔が一定に見えるように，字間をつめる処理をカーニングと呼んでいる．

⑹ **柱とノンブル** 柱は，本文と同じポイントで組み，本文の上部中央に入れるのが普通の形である．スモールキャピタルやイタリック体などにして，変化のある組方が行われている．柱と本文とのアキは，本文に使用した文字の全角くらいのものが多い．ノンブルは小口に入れるのが普通の形である．使用する文字も和文と比べると比較的大きく，本文と同じくらいである．

前付のノンブルにはローマ数字の小文字(i, ii, iii, iv, …)を用い，本文ページのノンブルにはアラビア数字を用いる．タイトルの入っているページには，柱もノンブルも入れないのが欧文組版の慣習である．

⑺ **印刷面と余白**(マージン) 判型紙面に対して，文字面は，原則的にいえば相似形にするのがよい．

欧文の刷り位置についてウィリアム・モリスが紹介した説によれば，ノド：天：小口：地の余白の関係は，1：1.2：1.44：1.73，*Glossary of the Book* によれば，ノド：天：小口：地の関係は，1：1.5：2：3あるいは3以上となっている．このマージンの取り方も，判型紙面に対する文字面の割合によって，また印刷される刷色によってちがってくるので，必ずしもこれが決定的なものでない．

⑻　**見出し**　本文の編・章・節が改ページになる場合には，見出しを5行ないし7行ドリで組む．これらの見出しは，中央組み（センタードスタイル）にするのが基本的な組方である．左または右寄せにして組む場合もある．次のようなものがある．

①ドロップ・ライン　②ピラミッド
（階段形）　（逆ピラミッド）

□□□□□□　□□□□□□□
　□□□□□□　　□□□□□
　　□□□□□□　　□□□

③トラピゾイド　④レクタングル
（台形）　（長方形）

　　□□□　□□□□□□□
　□□□□□　□□□□□□□
□□□□□□□　□□□□□□□

⑤ハンギング・インデンション
（張出し形）

□□□□□□□
　□□□□□□
　□□□□□□

見出し項目の段階的な分け方は，頭につける文字および符号によって区分する．

I. □□□□　編にあたる
　A. □□□□　章にあたる
　　1. □□□□　節にあたる
　　　a. □□□□　項にあたる
　　　　(1) □□□□　目にあたる
　　　　　(a) □□□□

I., II., …のローマ数字の大文字を付した見出し項目からは改丁とし，A., B., …の大文字を付した見出し項目からは改ページとする場合が多い．また，理工学書などではポイントシステムといって，数字を並べて項目を区分しているものもある．

1. 1. □□□□　2. 1. 3. □□□□
（第1章第1節）（第2章第1節第3項）

⑼　**イニシャル組**　編や章の初めに，飾り文字や大きな文字を3-4行分にわたって組み込む形式である．

(10)　**インデント**（字下ガリ）　段落の先頭行の字下ガリは，行の長さによって次のような基準が定められている．

行の長さ	下ガリ
・12ポ×20倍まで	全角下ガリ
・12ポ×20-25倍まで	全角半下ガリ
・12ポ×25-30倍まで	2倍下ガリ
・12ポ×30-40倍まで	3倍下がり

(11)　**脚注**　本文中の語句と脚注との照合は，普通上ツキ数字（ほかに＊なども用いる）で表示し，脚注に使用する文字は本文より2ポくらい小さくする．本文と脚注との区別は，ケイを挿入する方法と間隔を少し空ける方法とがある．ケイを入れる場合は短いもの（本文1行の1/4くらい）を使う．脚注がそのページに入りきらなくて次のページにはみ出すときには，次のページの注の前に挿入する．

(12)　**文献・参考書目**　著者名・書名・巻数・発行地・発行所・発行年・ページ数の順序で組むが，さらに価格などを添えることもある．著者名には大文字と小文字かスモールキャピタルを用い，次にコロンかコンマを入れて書名を組むが，書名はイタリック体とするのが従来の形である．しかし，最近ではすべてローマン体とする形式もある（⇒18ページ）．

(13)　**異書体の混用**　2種以上の欧文文字を使う場合には，同一ファミリーのなかから選ぶ．一般に文中の語句を強調する場合は，イタリック体を用いるが，強調すべき語句が少数の場合にはスモールキャピタルを用いることもある．ボールド体はできるだけ避けたほうが無難である．

別系書体は原則として混用しないのが安全であるが，どうしても混用の必要が生じた場合には，次のような点に注意する．

1. イタリック体は，かならず母体であるローマン体とのみ併用する．

2. コンデンスとエキスパンドは原則として混用しない.

3. オールドスタイル系書体とモダンフェース系書体とは混用しない.

4. コントラストの強い書体は，モダンフェース系書体と混用するのがよい.

5. エジプシャン系書体とタイプライター書体とは別のものなので混用を避ける.

6. コパープレートやスクリプト体は，ほかの書体とは混用しない.

7. 同一系書体でも，時代感覚の異なるものは混用しない.

欧文書体は国ごとに歴史があり，伝統をもっているので，出版物の内容によっては，こうした点も考慮して選定する必要がある.

〈記号類の使い方〉

⑴ **ピリオド**(.) フルストップともいう. 文の終止および文や語を省略した場合などに用いる. 終止符としてのピリオドの次のアキは，全角または二分とする組方もあったが，現在では，語間(標準は三分または四分)と同じアキに組むものが多い.

略字を示すピリオドの前はベタ組，後は普通の語間と同じである. U.S.A. のように略字がつづくときはベタ組にする(USA のように，ピリオドを使用しない例も多い).

語を省略する場合はピリオドを 3 つ打つ. ピリオドの間は語間のアキと同じにする. 省略符で文が終わる場合や完結した文の終わりには，ピリオドは 4 つ打つ. この場合，完結していない文のときでも最初のピリオドの前はベタ組にする.

⑵ **コンマ**(,) 休止符および名詞の前に形容詞が 2 つ以上くる場合，2 つ以上の語句がならんだときの and の前，または文中に挿入する語句の前後などに用いる. また数字の 3 桁ごとの区切り(ベタ組)に使うが，年号や電話番号などには入れないのが普通である. コンマの後のアキは，原則として普通の語間と同じでよい.

⑶ **コロン**(:) 文中において，文章を転換する場合やさらに文章をうけ，続けるような場合に用いる. コロンやセミコロンは，書体にもよるが，三分か四分くらいである. コロンの前はベタ組にし，後は語間のアキと同じにする.

⑷ **セミコロン**(;) コロンの半分という意味であり，コンマよりは強い区分をする場合に用いる. アキについては，コロンと同じ扱いである.

⑸ **インタロゲーション**(疑問符)(?) 疑問文の後または文中に不明なところや疑問のあるところの後につける. 前はベタ組，後はピリオドと同じ扱いである.

⑹ **エクスクラメーション**(感嘆符)(!) 感嘆文の後やとくに強調したい文章の後につける記号である. 前はベタ組，後はピリオドと同じ扱いである.

⑺ **アポストロフィ**(') 単語の一部を省略する場合，たとえば，I am → I'm，it is → it's，1997 →'97，will not → won't，所有をあらわす場合，たとえば，Caxton's edition などに用いる. 一般に前後をベタ組にする.

⑻ **コーテーション**(引用符)('…') 引用文または会話などに使用する. コーテーションには，シングル('…')とダブル("…")がある. 内側はベタ組，外側は語間のアキと同じにする.

英米におけるダブルとシングルの使い分け方は，次のとおりである.

アメリカ式 "□ '□ "□" □' □"

イギリス式 '□ "□ '□' □" □'

引用文中の最後のピリオド，疑問符，感嘆符などは，それが引用文に属しているならば引用符の内側につける. 意味によって引用符のなかに入ったり外側に出たりすることになる. しかし，米語圏では，コンマとピリオドはどんな場合でも引用符の内側に入れる方式も行われている.

(9) **全角ダーシ**(—) ダッシュともいう. 挿入語句の前後にパーレンと同じ用法で用いる場合, 文章の中途で思想または構文を中断あるいは転換する場合などに用いる. 英語ではダーシの左右をベタ組とするが, ドイツ語では前後に四分, フランス語の場合には前後に二分, 両端を空けて組むのが普通である. コロンとダーシを :— のように併用して用いる場合もある.

(10) **二分ダーシ**(–) 二分ダーシ(ダッシュ)は何々から何々までという場合に用いる. 英語の場合は, 前後はベタで組む.

16–17 世紀, iii–v, 1969–70 年

(11) **ハイフン**(-) 行末で語を分割するために用い, 四分か三分物が普通である. 語の分割はシラブル(音節)による. また, 複合語の区切り記号としても用いる.

(12) **ブラケット**([ ]) 文中の説明の正確を期する場合や, 翻訳などで訳者や編者が文章をつけ加える場合, 単語のスペルの誤りを訂正する場合などに用いる.

(13) **パーレン**( ) 主として挿入語句を表示するときや補足的説明をするときに用いる. ブラケットやパーレンの内側はベタ, 外側は語間のアキと同じである.

〈大文字と小文字, イタリック体〉

(1) **大文字の用法** 通常の文章は, 書き出しの１字目は大文字にしているが, それ以外は小文字を使用し, 特定の部分にのみ大文字を使用する. 大文字を使用することは, その語を強調することにもなる.

文中の文字でも１字目を大文字にするものがある. たとえば, ドイツ語では名詞の最初の１字目は大文字にする. 英語では特定名, 固有名詞の最初の１字目は大文字にしている. その他, 見出し, 柱, 章の初めの言葉などにも大文字を使用する. ここでは, 英語の場合で, 一般に最初の１字目を大文字にする例を掲げる.

1. 地質学上の年代, 歴史的な事件などの名称.

Iron Age　　Second World War

2. 地名, 都市名, 山, 川, 谷など, それらが地名の一部をなしているときは大文字にし, 一般的な意味での川とか山の意味のときは小文字にする.

New England　　Tennessee River

3. 氏名の前につける称号や肩書.

Duke of Wellington

4. 協会, 学会, その他の団体, 一般会社などの固有名詞.

the Royal Academy of Arts
Bank of America

5. 曜日, 月名, 祝祭日.

Sunday　　May
Christmas Eve　　New Year's Day

6. 法令, 条例, 条約, 宣言など.

the Declaration of Independence

7. 商品名.

Coca-Cola　　Camel

8. 船や航空機などの名称.

the Catty Sark　　a Mini Cooper

9. 擬人化された抽象名詞.

Nature　　Time

10. 音楽の作品名.

Beethoven's String Quartet, op. 59

11. 人や言語に関連した形容詞と動詞.

Austrian　　French

12. 固有名詞から生じた単語.

Christian　　Homeric

(2) **スモールキャピタルの用法** スモールキャピタルは, イタリック体よりもさらに強調する目的で使用するが, 見出し, 柱, 章の初めの語句, 図版の説明などにも用いる. また, 西暦, 紀元前の略語(AD, BC)や午前, 午後を示す略語(A.M., P.M., 小文字の a.m., p.m. も使用する)などにも使用する. なお, 西暦, 紀元前の略語は A.D., B.C. のようにピリオドを入れる組方もある.

⑶ **イタリック体**　イタリック体は，書物の標題，定期刊行物の標題，外来語などに使用する．また，特定の語句を目立たせるためにも使用する（和文の文中の語句をゴシック体にする用法と似ている）．ラテン語から派生した略語もイタリック体にしているものがある．生物学の分類における属名と種名もイタリック体を使用する．

オックスフォード・ルールでは，次のようなタイトルや名称にはイタリック体を使用する，としている．

本，新聞・雑誌などの定期刊行物，映画・演劇・テレビ・ラジオ・CDなど，長編の詩，絵画・彫刻作品，歌劇・交響曲などのタイトル．

船，列車，航空機，宇宙船などの名称．

〈数字の表記〉

アラビア数字で表記する，ローマ数字で表記する，ninetyのように綴りで表記する（spell out）などの方法がある．アラビア数字にするか，語で表記するかはむずかしいところであるが，ある程度定まっている．

ローマ数字は普通，和文の使用法と同じように，王の世代，書籍の巻数などに大文字を使用し，書籍の前付のノンブルなどにローマ数字の小文字を使用する．

Henry VIII

The Origins of the World War II, 15-20.

Henry VIIIのような場合，VIIIは行末で分割してはならない．また，完全な綴りで表記するときは，Henry the VIIIthよりもHenry the Eighthとしたほうがよい．

アラビア数字は，一般に純粋に数値を示す場合に用いる．叙述的な内容の場合は100以下の数は語で表記する．また，概数や序数も普通，語で表記する．

次のような数字表記の注意点がある．

1. 同一書籍のなかでは，ベースライン上に並ぶ数字（lining figures）と，ベースライン上に並ばない数字（non-lining figures）を混用しない．

2. 数字が4桁以上になる場合でも，年号，ページ数，詩の行数や数学に使う数字は位取りのコンマをつけない．

3. 小数点のある数字の場合は，0を省略して .14とはしないで0.14とする．

4. 年代で紀元前を表示する場合は，

163-121 B.C.

のようにし，数字は省略しない．B.C.も1語として取り扱う．しかし，紀元後の年代の場合はできるだけ少ない数字を使用する．1985-1992の場合は，1985-92としてよい．ただし，2世紀にまたがる場合は，1789-801のように3桁だけをくり返すことは避けて，必ず1789-1801のようにする．

5. 日付の表示に斜線を使うことがある．この場合は，イギリスでは15/8/2002のように日，月，年数の順にするが，アメリカでは8/15/2002のように月，日，年数の順にしている．省略しない表記では一般に年，日はアラビア数字，月は語で表記する．

15 August 2002

6. 時間（時刻）を表示するときは，

11.25 a.m.　11:25 p.m.

のようにピリオドまたはコロンを挿入する．

a.m., p.m.は一般には小文字であるが，アメリカではスモールキャピタルにしているものもある．

7. アラビア数字，ローマ数字で連続した数を表示する場合は，二分ダーシを用い，前後をベタ組とする．

VIII-IX　183-94　285-314

引用ページの表示では，8ページと9ページとにあるときはpp. 8, 9とし，2ページに連続しているときはpp. 8-9とする．8ページ以後その付近に何回も出てくる場合はpp. 8 ff.とする．8ページと次のページに記載があるときはpp. 8 f.となる．f.はfollowing pageの略である．ff.はその複数である．

シラブルの切り方

欧文組では，語間のアキを均一にするために，行末で語を分割し，一部を次行に送らなければならないことがある．この語の分割には音節(syllable)にもとづく規則(syllabication, 分綴法，分節法)があり，それに準拠しなければならない．

シラブルの切り方は，言語により，また解釈によって異なるので，辞書にあたって確かめることが大切である．1冊の本では1冊の辞典に限って援用しないと規則性を欠くことになる．

英語の場合の一般的規則

1. 1音節の語はなるべく分けない．2つの音節の語も短いものはできるだけ分けない．

dog　through　straight

into　untill

2. 固有名詞や日付，省略符(')の所では分けない．固有名詞は許容することもある．

3. 敬称，称号などと次にくる名前は分けない．

4. 人名は，イニシャルと人名は分けられるが，イニシャルは分けない．

D. H.-Laurence は可

D.-H. Laurence は不可

5. 語源がはっきりしているものは，構成要素の部分で分ける．

atmo-sphere　bio-graphy　tele-phone

6. 語源が不明確なものは，発音に従って分ける．

syl-la-ble　pos-si-bil-i-ty

＊一般に2つ続いた子音の間で分ける．

impor-tance　prob-lem

＊子音が1つの時は，子音の前で分ける．

ana-lyse　pri-mary

＊子音が2つ続いても，1つの音として発音するものは分けない．

de-scend　fea-ther　laugh-able

7. 接頭辞，接尾辞は，1つの音節をなすのでその部分で分けられる．

con-, dis-, im-, in-, pre-, re-, un-

-ful, -ing, -less, -ly, -ment, -ness, -tion

＊接尾辞自体は分けられない．

＊接尾辞の -ism, -ist, -istic はこの部分で分けるが，以下は例外である．

neo-togism　criti-cism

＊接尾辞の -logy, -logist はこの部分で分けるが，以下は例外である．

zoolo-gist

8. 現在分詞は -ing から分ける．

carry-ing　divid-ing

しかし，次の語やこれに似た語は -ing からは分けない．

chuck-ling　puz-zling

9. 語の意味が変わるような語の分割はしてはいけない．

re-adjust は可　　read-just は不可

re-appear は可　　reap-pear は不可

exact-ing は可　　ex-acting は不可

10. ハイフンを含む語は，なるべくそのハイフンのところで分ける．2つ目のハイフンを加えることはしない．

counter-clockwise は可

counter-clock-wise とはしない．

11. 複合語は，それぞれの語間で分ける．

railway-man は可

rail-wayman は不可

12. l.(line), ll.(lines), p., pp. などの略記号と次にくる数字は分けない．

13. 節や項の終わりの語は分けない．

14. 2ページにわたって語を分けてはいけない．また，3行以上連続して語を分けてはいけない．

原稿指定

造本設計チェックリスト

原稿指定・造本の作業に入る前に，どのような本にするかを頭の中で描き上げるのが造本設計である．良い本とは，その本の内容と目的にそって造本されることであり，その意味で造本設計は原稿整理を終えた原稿の内容と形態を正確に把握することが第一のステップである．これにより，製作の個々の要素を選択し，判断することとなる．

原稿の内容・分量によって，判型・組体裁が想定され，内容・刊行意図に規制されて，判型・組体裁が修正・決定され，予定頁数が試算できる．さらに，刊行意図や原稿内容から，印刷方式，装本，用紙材料，製作費と予価，進行予定等を考えていく．

進行計画(刊行プランとして，およその日程を以下の作業工程を目安にたてる)

1	原稿受領	月	日
2	原稿指定	月	日
3	入稿	月	日
4	初校出校	月	日
5	初校戻し	月	日
6	再校出校	月	日
7	再校戻し	月	日
8	責了	月	日
9	製版校正(青焼き校正)責了	月	日
10	刷了	月	日
11	製本完了	月	日
12	納品	月	日

(⇨ 168 ページ)

原稿の種類と内容

●文字原稿

①枚数　　字詰×　　枚

(内訳)　序文　　枚　目次　　枚
　　　　本文　　枚　後付　　枚

②原稿の状態

手書き・印刷物・パソコン(FD)

浄書の必要(有・無)

＊FDなどのデジタルデータの作成ソフト，メディア，フォーマットなど

③漢字の字体(新字体・旧字体)

④仮名遣い(新かな・旧かな)

⑤引用文(有・無，旧字体・旧かな)

⑥注記の形態(　　　　)

⑦ルビの形態(　　　　)

⑧欧文組(　　　　)

⑨数式・化学式(　　　　)

⑩特殊表記(俳句・短歌・漢文・他　　　　)

⑪参考文献(和文・欧文　　　　枚)

⑫年譜・年表(　　　　枚)

⑬索引(　　　　枚)

●表組原稿

1 頁大　　点　1/2 頁大　　点

1/3 頁大　　点　1/4 頁大　　点

＊デジタルデータの作成ソフト，メディア，フォーマットなど

●図版原稿

① 1 頁大　　点　1/2 頁大　　点

1/3 頁大　　点　1/4 頁大　　点

②線画　　点　網伏せ　　点

ハイライト　　点

③版下作成　　点

＊デジタルデータの作成ソフト，メディア，フォーマットなど

●写真原稿

① 1 頁大　　点　1/2 頁大　　点

1/3 頁大　　点　1/4 頁大　　点

②モノクロ紙焼　　点

カラープリント　　点

モノクロネガ　　点

カラーポジ　　点

＊デジタルデータの作成ソフト，メディア，フォーマットなど

●絵画原稿

① 1 頁大　　点　1/2 頁大　　点

1/3 頁大　　点　1/4 頁大　　点

②撮影　　点

造本設計チェックリスト

<table>
<tr><td>書　　名</td><td></td><td>発行予定日</td><td>年　　月　　日</td><td>予定部数</td><td>部</td></tr>
<tr><td>判　　型</td><td colspan="5">A　　判・B　　判・菊判・四六判・その他　　　　mm×　　　　mm</td></tr>
<tr><td>本　　文
組 体 裁</td><td colspan="5">1. 組方　　縦組・横組
2. 本文書体　　　　　　本文中欧字書体　　　　　　本文中数字書体
3. 基本版面　　　ポイント・級　　　字×　　　行(行間　　　・行送り　　　)
段組(段間　　　　)
4. 柱(両柱・片柱)　書体　　　　　　　　ポイント・級　　天・地(小口・中央)
5. ノンブル　　書体　　　　　　　　　ポイント・級　　天・地(小口・中央)</td></tr>
<tr><td>付　　物</td><td colspan="5">1. 本扉　　別紙・共紙　　　版式(　　　　　　)　　　C
2. 口絵　　別紙・　　頁　　版式(　　　　　　)　　　C
3. カバー　　版式(　　　　　　)　　　C
4. その他(　　　　　　)　　　頁　　版式(　　　　　　)　　　C</td></tr>
<tr><td>予定頁数</td><td colspan="5">総頁数　　　頁（前付　　　頁・本文　　　頁・後付　　　頁）別紙別刷　　　頁</td></tr>
<tr><td>印　　刷</td><td colspan="5">1. 組版　　コンピュータ組版(　　　　　　)・活版・その他(　　　　　　)
2. 製版　　凸版(　　　　　)・オフセット(　　　　　)・グラビア(　　　　　)
3. 印刷　　凸版・オフセット・グラビア・その他(　　　　　　)</td></tr>
<tr><td>装　　本</td><td colspan="5">1. 本製本
①背　　丸背・角背
②とじ　　糸とじ・あじろ
③表紙　　厚表紙・薄表紙　　ボール　　　号
クロス装・布装・紙装
箔押・印刷版式(　　　　　　)　　C
2. 仮製本
①仕立て　くるみ・くるみ口糊・がんだれ・おかしわ継表紙・中とじ
②とじ　　糸とじ・無線とじ(あじろ・カット)・平とじ
③文字　　箔押・印刷版式(　　　　　　)　　C
3. フランス装・南京
4. 函　　貼函・機械函・型抜き函　印刷版式(　　　　　　)　　C
5. カバー　印刷版式(　　　　　　)　　C　　ＰＰ貼・ニス引き・無
6. 装幀者</td></tr>
<tr><td>用紙材料</td><td colspan="5">1. 本文用紙　　　　　　　T・Y　　　kg　　　R
2. 口絵　　　　　　　　T・Y　　　kg
3. 本扉　　　　　　　　T・Y　　　kg</td></tr>
<tr><td>付　　物</td><td colspan="5">読者カード(要・不要)　　売上カード(要・不要)　　帯(要・不要)</td></tr>
<tr><td>発 注 先</td><td colspan="5">1. 組版会社　　　　　　4. 製本会社
2. 製版会社　　　　　　5. 製函会社
3. 印刷会社　　　　　　6. 付物印刷</td></tr>
<tr><td>予　　価</td><td>円</td><td>進行予定</td><td colspan="3">脱稿／　　　入稿／　　　校了</td></tr>
</table>

組方原則と調整

組方原則は出版社によっては定式化している社もあるが，多くはこれまでの習慣なり，印刷所の慣行に従っているのが現状である．そこには，慣行上の通則がまったくないわけではなく，おおよその共通性が確認できる．ここでは，最も標準的と思われる事項をまとめてみた．

なお，組方原則は，縦組と横組とでは，いくらか差があるが，共通している事項も多い．縦組・横組を同時に取り上げ，異なっている事項は注記した．

〈行頭・行末のきまり〉

⑴ **文章の書き出し(改行の初め)**は全角下ガリとする．

＊特殊な場合(たとえば，古典物や改行2字下ガリの引用文など)は，行頭から組むこともある．ただし，この場合は，前行が行末まで組まれているときには改行の区別がつかないので，前行の行末に余白をとるか，1行増やすなどの調整を必要とする．

＊横組では，改行の初め(段落の第1行目)は字下げをするが，見出しの直後の文章の書き出しは字下げしないという組方も例外的に行われている．

⑵ **改行で前行の会話や引用文を，‘と，の，が，も’などで受ける場合**は，行頭から組む(改行されていても，文章(段落)は切れていないとみてよい)．その場合，前行が行末まで組まれているときは，前項のただし書に準じて調整するとよい場合もある．

＊全角下ガリに組むやり方もあるが，それなりに統一されていれば許容してよい．文芸作品などでは，画一的に扱わず，なるべく原稿を尊重したほうがよい．

＊横組で左右中央の式などを，改行で‘のように’‘の式で’などで受けるときも同様に行頭から組む．また，式の誘導などで‘ゆえに’‘従って’‘この式で’などの言葉を用いて次々に改行するときも行頭から組む(改行されていても文章は切れていないと見るからである)．

⑶ **改行の初め(および折り返し)の行頭に起こしの括弧類がくる場合**は，次の方式がある．

①全角下ガリに組む．折り返しの行頭に括弧類がくる場合は天ツキ(二分ドリベタ組)に組み，端数の二分はなんらかの調整を行う．(折り返しの行頭の括弧類を二分下ガリとする方式もある．)

②二分下ガリで組む．折り返しの行頭に括弧類がくる場合は天ツキ(二分ドリベタ組)に組み，端数の二分はなんらかの調整を行う．

③全角二分下ガリに組む．折り返しの行頭に括弧類がくる場合は二分下ガリに組む．

＊改行の初めの行頭は，段落の最初の行頭，文章の書き出しの行頭である．これに対して，折り返しの行頭とは，段落の2行目以下の行頭のことである．

⑷ **句読点や記号類(中黒や疑問符・感嘆符など)，受けの括弧類，レ点以外の漢文の返り点**を，行頭に組んではならない．

＊中黒については，行頭にくることを許容する方式もある．

＊拗音・促音や音引(長音)が行頭にくることは，禁止する方式もあるが，許容している例が多い．

＊くり返し符号(々，ゝ，ゞなど)が行頭にくるときは，次の方式がある．

①もとの字を重ねる．(ただし，古典物などで特に原文の表記を生かす必要のあるときなど，また，地名・人名など固有名詞

の場合はこの限りではない.）

②行頭禁止とし，前の行を調整して１字追い出すか，くり返し符号を追い込む.

③行頭にくることは許容し，そのまま行頭に組む.

＊句読点が行頭にくるのを避けるには，次の方法がある.

①前行の行末にはみ出させる‘**ブラ下ゲ組**’にする．ただし，句読点以外は絶対にブラ下ゲ組にしない．‘ブラ下ゲ組’を２段組や３段組にも適用することは差し支えない．ただし，漢数字の位取りを示す二分ドリの読点や，概数を示す二分ドリの読点は，ブラ下ゲ組にはしない.

②いずれかの調整方法により，前行に句読点を送るか，前行より１字句読点の前にもってくる.

＊行頭に句読点などを組むことを禁止するこれらの規則を行頭禁則，その調整処理を禁則処理（行頭禁則処理）という．また，行頭禁則となる文字・約物を行頭禁則文字とよんでいる.

⑸　**２倍のダーシ（ダーシュ）やリーダー**は，なるべく次の行にまたがらないようにする．ただし，リーダーはやむを得ない場合は許容する.

＊２行にまたがらないように調整処理する文字は，分離禁止文字とよんでいる.

⑹　**起こしの括弧類および漢文の返り点のレ点**は行末に組んではならない.

＊レ点については，下の漢字につけると考え，行頭許容，行末禁止とする．これに対して，上の漢字につけるという考え方もあり，この場合の組方は，行末許容，行頭禁止となる.

＊行末に起こしの括弧類を組むことを禁止するこれらの規則を行末禁則，その調整処理を禁則処理（行末禁則処理）という．また，行末禁則となる文字・約物を行末禁則文字とよんでいる.

〈句読点・括弧類・記号類のアキ〉

⑺　**句点の後**は，二分アキとする．**読点の後**は，原則として二分アキとする．句読点の前はベタ組とする.

＊句点，読点の字幅は二分としている．後述の括弧類も同様に字幅を二分としている.

＊縦組で概数や数字の３桁ごとの区切りとして読点を使用する場合は，体裁上からベタ組（二分ドリ）とする．（全角ドリとする組方もある.）

例　二、三八　　一二、三〇〇円

＊縦組の句読点は一般に丸（°）と点（´）が使用されている．横組では，①コンマ（，）とピリオド（．），②コンマ（，）と丸（。），③点（、）と丸（。）を使用するという３方式がある．横組では文中に式や欧文が挿入され，これらの終わりにはピリオドを用いることになり，②や③方式では，丸とピリオドとが混在することになる．こうした場合は，①のコンマ・ピリオド方式が望ましい.

＊横組で，‘W. E. グラッドストーン’のように省略符としてピリオドを使用するときは，ピリオドとその前の文字との間はベタ組とし，ピリオドは二分ドリベタ組とする．なお，‘W. E. Gladstone’のような欧文の場合は，四分ピリオドの後は欧文の語間のアキと同じ三分アキとしている.

＊横組の場合で，アラビア数字（算用数字）の小数点としてピリオドを使用するときは，四分物を使用しベタ組とする.

例　0.3514

アラビア数字の３桁ごとの区切りにコンマを使用するときは，四分物を使用しベタ組とする．なお，この場合に，コンマを使用しないで字間を空ける組方もある．その空ける量は四分アキとする.

例　123,456,789　　123 456 789

なお，表などでは小数点のピリオドおよ

び3桁ごとの区切りコンマを二分ドリとする組方を許容している例もある.

＊横組の場合で，次の例のように欧字やアラビア数字を並列し，その区切りとしてコンマを使用する場合は，コンマとその前の文字との間はベタ組とし，コンマは二分ドリベタ組とする.

例　a, b, c, …　　1, 2, 3, …

⑻　**括弧類の前後**は，二分アキを原則とする．括弧類の内側はベタ組とする.

＊ただし，行頭にきた起こしの括弧類の組方は⑶項による.

＊括弧類のなかでも，特にパーレン（およびキッコウ，山括弧）は，その前後をベタ組とする組方もある.

＊横組で数式や化学式に用いるパーレンやブラケットなどは，すべて二分ドリベタ組とする.

⑼　**コーテーションマークを用いる場合**は以下のような組方にする.

①シングルコーテーションマークは四分物を用い，原則として，起こしのコーテーションマークの前と受けのコーテーションマークの後は四分アキとする（二分四分アキにし全角ドリとする組方もある）．起こしのコーテーションマークの後と受けのコーテーションマークの前はベタ組とする.

②ダブルコーテーションマークは二分物（またはシングルコーテーションマークを2つベタ組で並べる）を用い，原則として，起こしのコーテーションマークの前と受けのコーテーションマークの後は四分アキとする（二分アキにし全角ドリとする組方もある）．起こしのコーテーションマークの後と受けのコーテーションマークの前はベタ組とする.

＊横組では，カギを使用しないで，コーテーションマークを用いることも多い.

⑽　**中黒**は，全角ドリを原則とする.

＊縦組において小数点として使用する中黒は，体裁上から二分ドリとする（全角ドリとする組方もある）.

＊外国の地名や人名で中黒を用いないで空けるときは，二分アキとし，ダーシを用いるときは，二分物ベタ組か，その前後四分アキ組（全角ドリになる）にする.

＊横組の数式や化学式に用いる中黒は，すべて二分ドリとする.

⑾　**疑問符・感嘆符**は全角ドリとし，句点の役割をかねる場合は，疑問符・感嘆符の後は，原則として全角アキとする.

＊横組では，疑問符・感嘆符に二分物を使用し，後を二分アキとする組方もある.

＊文脈の関係で？や！の後を空けると不自然になるときは，前後を四分アキか，またはベタ組とする.

⑿　**句読点と括弧類等が連続した場合**の組方は以下による.

①句読点の後に起こしの括弧類が続くときは，原則として二分アキとする（句読点と括弧類を合わせて全角二分ドリ）.

例　とする。「この

②句読点の後に受けの括弧類が続くときは，ベタ組とし，受けの括弧類の後は原則として二分アキとする（句読点と括弧類を合わせて全角二分ドリ）.

例　とする。」この

③受けの括弧類の後に句読点が続くときは，ベタ組とし，句読点の後は原則として二分アキとする（受けの括弧類と句読点を合わせて全角二分ドリ）.

例　とする」。この

＊①から③の約物の連続した場合に，以下に示したように二分アキにしたいところを全角アキにしたり，ベタ組にしたいところを二分アキにする例が雑誌などでは見掛けるが，体裁がよくないので避けたほうがよい.

例　とする。　「この
　　とする。　」この

とする」。この

＊次の例のように受けの括弧類の前に句読点がつく場合，文章が続くときは，なるべく句読点ははぶいたほうがよいが，文章が切れるときは，つけたほうがよい．ただし，最近はどんな場合にも，最後の句読点をはぶく方式もかなり行われている．

例

義務教育は、これを無償とする」といっている。

義務教育は、これを無償とする。」さらに、これについては……

義務教育は、これを無償とする」。さらに、これについては……

⒀ **括弧類等が連続した場合**の組方は以下による．

①受けの括弧類の後に起こしの括弧類が続くときは，原則として二分アキとする（括弧類を合わせて全角二分ドリ）．

例 とする」「この

＊受けのカギと起こしのパーレンを次の例のように用いるときは，ベタ組とすることもある．

例 『人間の権利』（一九五一年）で

②受けの括弧類の後に受けの括弧類が続くとき，または起こしの括弧類の後に起こしの括弧類が続くときは，ベタ組とし，括弧類の外側の前と後は原則として二分アキとする．

例 いる（『校正入門』）が、

＊①と②の組方については，以下に示したように二分アキにしたいところを全角アキにしたり，ベタ組にしたいところを二分アキにする例が雑誌などでは見掛けるが，体裁がよくないので避けたほうがよい．

例 とする」　「この

いる（　『校正入門』　）が、

＊カギの中にさらにカギを用いる場合は，小カギを用いることがある．この場合は，いちいち指定しておくことが必要である．

例 「『浮雲』について」

「谷崎潤一郎「細雪」連載開始」

⒁ **受けの括弧類の後に中黒が続く場合**，中黒の後に起こしの括弧類が続く場合は，中黒を全角ドリとし，括弧類は二分ドリの形にする．

例 「編集」・「校正」

⒂ **受けの括弧類の後に疑問符や感嘆符が続く場合**は，二分アキとする．ただし，四分アキとする組方もある．

⒃ **受けの括弧類の後にリーダーやダーシが続く場合**は，二分アキとする．

⒄ **疑問符や感嘆符の後にリーダーやダーシが続く場合**は，ベタ組とする．ただし，四分アキとする組方もある．

⒅ **疑問符や感嘆符の後に受けの括弧類が続く場合**は，ベタ組とする．句点の役割をかねる疑問符や感嘆符の後に起こしの括弧類が続く場合は，全角アキとする．

〈拗音・促音・音引の組方〉

⒆ **拗音・促音**など小書きの仮名の字面は，縦組では，全角の中に天地中央，右寄りの位置に，横組では左右中央，下寄りの位置にデザインされている．音引は縦組用と横組用では字形が異なる．縦組では縦組用を，横組では横組用を用いる．

＊これらについては⑷項でふれたように行頭禁止とする組方もあるが，許容する例が多くなっている．

＊拗音・促音など小書きの仮名や音引は，コンピュータ組版では縦組または横組と指示すると，それぞれの文字が自動的に組まれる．

〈本文中で文字を小さくした場合の組方〉

⒇ **本文中で括弧内の文字などを小さくした場合**は，縦組ではセンター揃えとする．右寄せとする組方もある．

横組では，体裁上から下寄せとする組方を原則とするが，センター揃えとする組方もある．

〈見出しの組方〉

(21) **縦組にあっては，奇数ページの終わりに見出しだけがくるときは**，その行ドリ分は空けておき，次のページに組む(行ドリが不足する場合も同様である)．ただし，数字だけの小見出しの場合は許容してもよい．

＊段組の場合の段末の見出しも，追い出して次段に組む．

＊偶数ページの終わりに見出しがくる場合は，許容する．ただし，見出しが大・中・小といくつか並んでいるときに，見出しが偶数ページの終わりや2段組，3段組の上・中・下段で割れることは避ける．

(22) **横組にあっては，見出しだけが，ページの最終行にくるときは**，その行ドリ分は空けておき，次のページに組む(奇数・偶数ページとも)．

ただし，小見出しの後に本文を続ける同行見出しは，縦組・横組ともに，この限りではない．

(23) **ページの冒頭に1,2字だけ本文が組まれ，次に見出し等がきて改丁・改ページとなるような場合**には，なるべく前ページに追い込むか，前ページから何字かもってくるようにする．

〈柱とノンブルの組方〉

(24) **柱を掲げる場合**は，奇数ページのみに入れる‘片柱方式’と，奇数ページに小さい見出し，偶数ページに大きな見出しを掲げる‘両柱方式’とがある．

＊柱を省略できるページとしては次のようなケースが考えられる．これはもっぱら体裁上の理由からである．

・中扉および半扉

・裁ち切り写真や図版が柱にかかる場合

・写真や図版・表が天に入る場合(柱が天に組まれる場合)

・改丁・改ページで見出しが入る場合

(25) **ノンブル**は原則として全ページにつける．ただし本扉と裏白の扉裏にはつけない．また，口絵には本文としてのノンブルをつけないのが普通である．

＊ノンブルは，目次，序文等の前付にも原則としてつけるが，前付と本文とを通してつける方法(通しノンブル)と，前付と本文をそれぞれ1起こしとする方法(別ノンブル)がある． 別ノンブルのときは，本文との混同を避けるために，前付のノンブルは，一般に本文とはタイプを変えて，小文字のローマ数字とすることが多い．

＊ノンブルを省略できるページとしては次のようなケースが考えられる．これはもっぱら体裁上の理由からである．

・中扉および半扉

・版面一杯の図版を入れた場合

・横組で，ノンブルを天に組み，改丁・改ページで見出しが入った場合(この場合はできるだけ省略しないことが望ましい)

〈図版・表などの組方〉

(26) **図版や表を本文に組み込むときは**，図版や表の天地左右と本文とのアキは，本文の文字の全角または全角半くらいは空けるようにする．

(27) **図版のキャプション(ネーム)と図版とのアキは**，キャプションに使用した文字の全角くらい空ける(表は2/3くらい)．キャプションが2行や3行になる場合は，キャプションの行間はなるべく狭くする(使用文字の二分ないし四分)．

(28) **図版や表などを挿入した残りのスペースに本文を組み込む方針のときでも**，縦組の場合は1行の字数がB6判では10字以下，A5判では13字以下のときは，本文を組み込まずに空けておくほうがよい．横組の場合は14字以下のときは，本文を組み込まずに空けておくほうがよい．また，縦組では左または右(横組では上または下)に1行だけ本文を組むことも避ける．

＊横組では，図版や表の左右に本文を組

み込まないで空けておき，図版や表を左右中央に組むという組方が行われている(なお，この場合は，図版や表はページの天か地または中ほどに置くことになるが，中ほどに置くときは，段落の間に置くようにする)．また，本文を組み込むときは，奇数ページ，偶数ページともに図版や表を版面の右側に置くという組方も行われている．

⑵⑼ **1ページ大の図版や表が入る場合**は，なるべく奇数ページに入れる．縦横の長さの関係で，図版や表を横向きにして掲げる場合は，奇数ページの場合にはノド寄りを図表の天(小口寄りを図表の地)，偶数ページの場合には小口寄りを図表の天(ノド寄りを図表の地)にする．いずれの場合も柱をはずしたほうが見やすい．

〈注と引用文の組方〉

⑶⑽ **注や引用文を別行にして，文字を小さくし，字下ゲして組んだ場合**には，これらの注や引用文の地(縦組)または右(横組)は本文版面と揃え，半端は天(縦組)または左(横組)にとるようにする．この場合の行間は，文字の大きさとのバランスをとり，本文より狭めることになる．

＊別行にして挿入する引用文(ふつう2字下ガリにする)が，括弧類で始まる場合，および折り返しの行頭に括弧類がくる場合の扱いは，すべて⑶項②に準ずると体裁がよい．ただし詩歌の引用文で〽(歌記号)などが初めにつく場合は，それだけ上げ，詩歌の各行の行頭が揃うようにする．

また，俳句・川柳や短歌が何首も並ぶ場合には，①字詰を決めて上・下を揃える組方(字間は均等アキ)，②字間を二分アキまたは四分アキとする組方，③ベタ組にする組方がある．本文の字詰や体裁によって決める．

⑶⑴ **文字を小さくした別行の注や引用文を本文中に組み込む場合**は，原則として，本文の次にくる注や引用文との間の行間，注や引用文の次にくる本文との間の行間は，いずれも本文行間と同じにする．ただし，版幅に半端が出た場合には，注や引用文の後にくる本文との間にとるようにする．注や引用文がページ末にくる場合には，半端は注や引用文の前にくる本文との間にとるようにする．

⑶⑵ **横組で脚注にする場合**は，本文と脚注との間に表ケイを入れる．本文と表ケイとのアキは本文行間より狭くしない．版幅の半端は本文と表ケイとの間にとる．

＊表ケイを入れない組方もあるが，この場合は本文と脚注の間は，本文行間より広めにしておく．

⑶⑶ **本文中の注番号**は，行間に組む方法と，本文の字間に縦組では右寄せに，横組では上ツキにして組む方法とがある．

＊縦組では行間に組む方法，横組では上ツキにして組む方法がよく行われている．

⑶⑷ **割注**は2行の長さがなるべく同じ長さになるようにする．

割注が本文の次の行にわたる場合は，縦組にあっては，前の行の行末の右行，左行，次行の行頭の右行，左行の順に組む．ただし，古典物などで原文の形式を尊重するような場合では，前の行末の右行，次の行頭の右行，前の行末の左行，次の行頭の左行とする組方もある．

〈欧字・欧文・数字・数式の組方〉

⑶⑸ **欧文の語間**は，書体や文字サイズにもよるが三分アキまたは四分アキとする．ただし，行頭および行末では空けない．

⑶⑹ **本文中に欧文や欧文の単語，欧字，アラビア数字(算用数字)，数式等が入る場合**には，和文とのアキは四分アキとする．また，アラビア数字は，2行にまたがらないようにする．欧文の単語や，数式は2行になるべくまたがらないようにする．

＊⑶⑹項については，縦組にあっては，本文中に横向きに組む場合である．縦組で全

角数字や全角欧字を縦向きに組む場合はベタ組にする.

＊横組にしたアラビア数字と欧字の単位記号との間は四分アキとする. なお, %・‰の前のアラビア数字との間はベタ組, %・‰の後はベタ組または四分アキとする. ¥・$などの全角物の省略記号と次にくるアラビア数字との間はベタ組にする.

＊単位記号の組方は, 別掲の'単位記号とその組方'(⇒38ページ)を参照.

＊欧字・数字等が以下のような位置にきた場合および組合せとなった場合には, 次のように処理する.

・行頭および行末では空けないでベタ組にする.

・句読点および受けの括弧類の後に欧字や数字等が続く場合は, 句読点および括弧類と欧字や数字等とのアキは二分アキとする.

・起こしの括弧類の後に欧字・数字等が続く場合, 欧字・数字等の後に受けの括弧類が続く場合はベタ組とする.

＊調整のために欧文の単語を2行に割る場合は, シラブル(音節)にもとづいて切り, 行末にハイフンをつける(⇒56ページ).

＊欧文の語間を三分アキとする場合, 単語が連続した欧文では, 和文とのアキを二分アキとする組方もある.

＊和文のなかに用いるアラビア数字の字幅(セット)は一般に二分であるが, 書体によっては必ずしも二分とはならない. 欧字は文字によって字幅(セット)が異なる.

(37) **横組で数式や化学式を別行に組むとき**は, 原則として左右中央に組む. 式番号があるときは式番号の幅は無視する.

＊この場合に, 式が折り返しになったときは, 折り返しの行頭は原則として1字下ガリまたは2字下ガリとする.

＊数式・化学式は別掲の'数式の組方・化学式の組方'(⇒74, 75ページ)を参照.

〈調整の方式〉

(38) **約物の連続や行頭・行末の禁止事項等の処理のための半端**は行末にとらないで, なんらかの調整処理を行い, 1行の長さを指定した字詰に揃える.

調整の方法としては, 詰める調整(詰め処理, 追い込み処理)と空ける調整(延ばし処理, 追い出し処理)とがある. コンピュータ組版では, 一般に詰めて調整するよりも空けて調整するほうが優先される.

＊コンピュータ組版の調整処理は, 調整の処理順序や詰める際の限界値などの総括的な指示に従って自動処理が行われている. 校正では, 基本的な組方原則ならびに調整方針からはずれている部分がないか点検する.

(39) **詰める調整**としては, 以下の方式がある.

①欧文が横組で入っているときは, 欧文の語間を四分まで詰めて調整する.

②行末の句読点, 括弧類は全角ドリが原則であるが, 二分ドリに変更する.

③括弧類や読点のアキは二分アキが原則であるが, 四分アキまで詰める.

＊雑誌等ではベタ組にすることもあるが, 体裁がよくないので避ける.

＊句点を調整で詰める方式もあるが, 文章の区切りとしての役割をもつ句点を調整に使用することは避けるほうがよい.

④中黒は全角ドリが原則であるが, 二分ドリまで調整して詰める(この方式はできれば避ける).

(40) **空ける調整**としては, 以下の方式がある.

①欧文が横組で入っているときは, 欧文の語間を二分(または二分四分)まで空けて調整する.

②仮名と仮名, 仮名と漢字, 漢字と漢字の字間を均等に空ける. 句読点の後, 括弧類の前後のアキは調整には使用しない.

ルビ・漢文などの組方

ルビ(振り仮名)の組方についてはいろいろなケースが想定され，かつ，その組方も出版社の方針や印刷所の組版システムにより異なっていることも多い．しかし，そこにはおおよその共通性も確認できる．ここでは出版物において標準的と思われる組方を示した．

〈ルビのつけ方〉

(1)　**ルビのつけ方**には，漢字全部につける**総ルビ**と，一部の漢字にのみつける**パラルビ**とがある．

(2)　**パラルビにおけるルビをつける語句の選定**は，読者対象，出版物の性格などを考えて一定の基準をたて，難易にむらがないようにつける．

＊初出にのみルビをつける方針の場合には，その本全体を通しての初出，章ごとの初出，見開きページ単位での初出など，いくつかのやり方がある．

(3)　**ルビは語単位につける**ことを原則とし，熟語のうちの1字だけ，または一部だけにつけるやり方は特殊な場合を除いてなるべく避ける．

衍(えん)字　としないで　衍字(えんじ)　とする

＊熟語のうち，数字や接尾辞，普通名詞などにはルビを省く場合がある．

一文字(もんじ)　点灯(ひともし)頃　二十(はたち)位　愛媛(えひめ)県
利根(とね)川　樺(かば)色

(4)　本文が平仮名で書かれた文章の場合はルビも平仮名を，片仮名の場合はルビも片仮名を使用するのが原則である．外国の翻訳語にルビをつける場合は片仮名を使用するのが普通である．仮名遣いも本文の仮名遣いに従う．くり返し符号も本文の用例に従う．ルビに用いる拗音・促音などは，小書きの仮名を使用する組方と，使用しない組方がある．

＊ただし，編集上の見地から，本文が片仮名の場合にルビを平仮名にしたり，本文が旧仮名遣いでもルビは新仮名遣いにしたり，ルビにはくり返し符号を用いない組方も行われている．

＊ルビは文字が小さくなるので，判読の区別がつきにくいことから，かつては児童物など特殊な場合を除き小書きにはしなかったが，今日では小書きにする組方が，一般書でも行われるようになっている．

〈ルビの文字サイズ〉

(5)　**ルビ文字**は原則として本文に使用した文字の2分の1のものを用いる．

＊本文が7ポ(10級)以下の場合には，ルビが小さくなってしまうので，なるべくルビはつけないようにする．熟語の後にパーレン等でくくって読みをつける方法にする．

＊見出し等の大きな文字(12ポ(16級)以上)にルビをつける場合は，使用文字の2分の1の大きさのルビをつけると，ルビが大きく見えるので，使用文字の2分の1よりはやや小さくしたほうが体裁がよい．

児童書などで本文に12ポを使用したときは，ルビ文字に6ポを使用するのが合理的であることはいうまでもない．また，12ポ以上の見出しに2分の1以下の大きさのルビをつける場合は，本文が肩ツキ形式でも中ツキ形式のほうが体裁がよい．

＊ルビ文字には，対象の字1字にはみ出すことなく3字のルビをつけられる3字ルビ(三分ルビ)とよばれる，片方が三分でもう一方が二分の大きさのものがある．この，3字ルビは文字が小さくなるので，一般には使用しないほうがよい．(以下の解説では3字ルビの組方については省略する．)

〈平仮名ルビの組方〉

⑹　**漢字1字を対象にしてルビがつく場合**は，対象の字（親文字）の上半分につける肩ツキ方式（縦組）と中央につける中ツキ方式（縦組・横組）とがある．

肩ツキ　字（じ）　語（ご）
中ツキ　字（じ）　語（ご）　字（じ）　語（ご）

＊1冊の本では中ツキか肩ツキか，いずれかの方針で統一して組む．全体の方針が肩ツキであるのに，ある部分は不体裁だからといってそこだけ中ツキにすることは，特殊な場合を除いて採用しない．しかし，肩ツキの方針であっても片仮名ルビ，熟字訓・当て字のルビを平均につけるときは，中ツキの形式とするのが普通である．

⑺　**漢字1字にルビ2字の場合**は，対象の字に2字つける．

版（はん）　組（くみ）

⑻　**漢字1字にルビの字数が3字以上の場合**は，以下のようにする．

①肩ツキの方針の場合　ルビを下（または上）か上下にはみ出させる．その場合の前後にくる文字との関係は，次の原則による．

・ルビ1字分だけ前後の平仮名にかかってもよい．

・前後にくる別語である漢字には，原則としてかからないようにする．

・後にくる句読点や受けの括弧類，リーダーなどにはルビ1字まではかかってもよい．前にくる句読点や受けの括弧類では，句読点や受けの括弧類の後に二分アキがあれば，それにルビ1字まではかかってもよい．同様に後にくる起こしの括弧類の前に二分アキがあれば，それにルビ1字まではかかってもよい．前後にくる中黒にはルビ1字まではかかってもよい．

・前にくる起こしの括弧類，前後にくる疑問符，感嘆符にはなるべくかけないようにする．かかってもルビ二分（ルビ文字サイズの二分）までとする．

・以下のようにルビのつかない文字を挟んでルビの字余りが接近して2カ所以上ある場合，ルビが続かないようにする．

の紫（むらさき）と橙（だいだい）は　　の紫（むらさき）と橙（だいだい）は（不可）

②中ツキの方針の場合　ルビは上下に平均にはみ出させる．その場合の前後にくる文字との関係の原則は，前項と同じである．

＊ルビを前後の文字に一切かけないように字間を空ける方式や，漢字を含めて前後の文字にルビをかける限界値として，ルビ二分としている方式もある．一切かけない方式は，機械的な処理にはむいているが，全体に散漫な組方となる．

＊組版システムによっては，肩ツキ方式ではすべて下にはみ出させる方式がある．このように組版システムによってルビの処理能力に限界があったり，特別な処理は避けて，できるだけ機械的な処理にまかせたい場合もある．こうした場合は，原則をできるだけ守るとしても，実情に応じて工夫していくことも必要になる．

⑼　**ルビの字数が3字以上の場合で，はみ出した場合の例**を示す（＊以下に中ツキの組方例を横組で示す）．

・前後が仮名の場合　下または，上下にはみ出させる，ルビの字数が4字以上の場合は上下または平均にはみ出させる．5字以上の場合は，仮名にルビが1字以上かからないように仮名との間を空ける．

の砦（とりで）に　　の侍（さむらい）は　　の謀（はかりごと）を

＊中ツキの例　3字の場合以外は同じである．

の砦（とりで）に　　の侍（さむらい）は　　の謀（はかりごと）を

・ルビの字数が3字で，前が別の漢字の場合　下にはみ出させる．

その後旬（しゅん）の

＊中ツキの例　前の漢字との間は四分．この場合，右側の例のように後の仮名との間も空けたいが，特別の処理が必要になる．

その後旬の　その後旬の

・ルビの字数が3字で，後が別の漢字の場合　上にはみ出させるが，右側の例のように下にはみ出させ，下の漢字との間を二分空けてもよい．

は俄勉強　は俄勉強

＊中ツキの例　後の漢字との間は四分，この場合，右側の例のように前の仮名との間も空けたいが，特別の処理が必要になる．

は俄勉強　は俄勉強

・ルビの字数が3字で，前後に別の漢字がくる場合　下にはみ出させ，後の漢字との間を二分空ける．右側の例のように上下にはみ出させ，上下の漢字との間を四分空けてもよい．

その後俄勉強　その後俄勉強

＊中ツキの例　前後にはみ出させ，前後の漢字との間を四分空ける．

その後俄勉強

・4字のルビがつく場合で，前または後に別の漢字がくる場合　上下にはみ出させる，漢字との間を二分空ける．右側に示した例のように仮名の間も二分空けたいが，これは特別の処理が必要になる．

の冠大会　の冠大会

一匹狼が　一匹狼が

＊中ツキの例　肩ツキ方式と同じである．

の冠大会　の冠大会

一匹狼が　一匹狼が

・5字以上の場合も，前項と同様に考えて，ルビをつけていく．

(10)　**改行の初めに対象の語よりはみ出したルビがつく場合**には，改行の初めの一字目のアキにルビをかける組方とかけない組方とがある．

唇寄せて　唇寄せて

□□□□□□　□□□□□□

(11)　**ルビは行頭および行末にはみ出してはいけない．**しかし，1行目のルビは版面の外(縦組では右側，横組では上側)にはみ出してつける．

行頭および行末にくる対象の語よりはみ出したルビがつく場合には，対象の字を行頭または行末に合わせる組方と，対象の字の前(または後ろ)を空けて，ルビ文字を行頭または行末に合わせる組方とがある．

行頭

私には　私には　倅共は　倅共は

□□□　□□□　□□□　□□□

(12)　**漢字2字以上の熟語を対象にしてルビがつく場合**は，熟語としてのまとまりを示すために熟語を単位としてルビをつける．しかし，平仮名ルビは本来，漢字の読みとして，当該漢字(親文字)に付着して振られるものであるから，対象の語の音または訓にあう場合は，それぞれに即してつける．したがって，その漢字の読みを示すルビのうち少なくとも1字は必ずその漢字にかかっていなければならない．

また，前後にくる他の漢字や仮名，約物との関係，改行初めのルビ，行頭・行末の処理は，(8)から(11)項までの漢字1字にルビがつく場合と同じである．

以下に，例を示す(＊以下に中ツキの組方例を横組で示す)．

・対象の漢字の読みとして1字ずつ，または1字および2字がつく場合は，肩ツキの方針では1字のルビは対象の字の上半分につける．

字義　企画　外字

＊中ツキでは，1字のルビはそれぞれの対象の字の中央につける．

字義　企画　外字

・対象の漢字の読みとして1字および3字がつく場合は，3字のルビは別の漢字に1字かける(中ツキでも同じである)．

植字　歌集

ただし，1字ごとの漢字にルビを対応させると，中ツキでは以下の例のように組まれる場合がある．

植字（しょくじ）　歌集（かしゅう）
植字（しょくじ）　歌集（かしゅう）

・対象の漢字の字数の2倍以上のルビがつく場合は，前後の仮名にかけるか，熟語の前または後を空けるか，熟語の字間を空ける．

その後環境（かんきょう）は
は仲町（なかちょう）通り　または　は仲町（なかちょう）通り
の収穫（しゅうかく）時期　または　の収穫（しゅうかく）時期
は常駐（じょうちゅう）し　または　は常駐（じょうちゅう）し
その後漂流（ひょうりゅう）を　または　その後漂流（ひょうりゅう）を
は丘陵（きゅうりょう）地帯　または　は丘陵（きゅうりょう）地帯

＊中ツキの例

その後環境（かんきょう）は　　は仲町（なかちょう）通り
の収穫（しゅうかく）時期　　は常駐（じょうちゅう）し
その後漂流（ひょうりゅう）を　　は丘陵（きゅうりょう）地帯
その後漂流（ひょうりゅう）を　　は丘陵（きゅうりょう）地帯

(13)　**複合語や成句の場合**であっても，その語全体を1語として考え，各漢字の音または訓がその前後の漢字にルビ1字だけかかってもよい．

茅場町（かやばちょう）　蒲郡市（がまごおりし）
講和条約（こうわじょうやく）　才色兼備（さいしょくけんび）

＊その語全体を1語として考えないで，かけないようにする組方もある．

茅場町（かやばちょう）　蒲郡市（がまごおりし）
講和条約（こうわじょうやく）　才色兼備（さいしょくけんび）

＊かけないとした中ツキの例

茅場町（かやばちょう）　蒲郡市（がまごおりし）
講和条約（こうわじょうやく）　才色兼備（さいしょくけんび）

(14)　**熟字訓やあて字**などで，おのおのの漢字にルビを割り当てることができない場合は，対象の語全体に対して振り当てる(具体的な組方については(14)から(17)項までを参照)．

小豆（あずき）　五月雨（さみだれ）　合歓木（ねむ）

＊熟字訓やあて字が，ほかの語と複合する場合は，全体に平均につける組方と，熟字訓やあて字のみに平均につける組方とがある．

平均　微温湯（ぬるまゆ）　早乙女（さおとめ）　無頼漢（ならずもの）
中ツキ　微温湯（ぬるまゆ）　早乙女（さおとめ）　無頼漢（ならずもの）
肩ツキ　微温湯（ぬるまゆ）　早乙女（さおとめ）　無頼漢（ならずもの）

〈片仮名ルビの組方〉

(15)　**片仮名ルビ**は，ふつう外来語の場合に用いられ，平仮名ルビがその漢字に付着して漢字の読みを示しているのとは異なり，むしろルビ自体が独立した意味をもっていたり，原語の片仮名書きであることが多い．したがって，片仮名ルビは1つの単語として対象の語につくのであるから，対象の語全体に平均につける．

少年（ボーイ）　音楽会（コンサート）　長期興行（ロングラン）

＊中国語の片仮名ルビは，その漢字の読みであるから，対象の字に即してつけるようにする．

＊幕末以前に日本に入ってきた外国語ですでに国語化しているものは，平仮名ルビに準じて扱う．

合羽（かっぱ）　煙草（たばこ）　襦袢（じゅばん）

＊対象の語全体に平均につける組方は，対象の語全体をなんらかの方法でくくり，これに関連させてルビを入力していく．**グループルビ(対語ルビ)**とよばれている．漢字1字ごとにルビを対応させていく処理は**モノルビ(対字ルビ)**とよばれている．

(16)　**片仮名ルビ**(または**熟字訓やあて字のルビ**)**を対象の語全体に平均につける場合**は，以下のように組む．

①対象の語の長さより，ルビの文字列の長さが短い場合(対象の語に対してルビの字数が2倍以下)では，対象とする語はベタ組とし，ルビの前後と字間を空ける．前後の端のアキと字間のアキの比率を1対2とする．

費用（コスト）　音楽会（コンサート）　文芸復興期（ルネッサンス）

＊例示の‘費用’についた‘コスト’のルビでは，前後のアキはルビ文字サイズの6分の1，ルビの字間はルビ文字サイズの6分の2(3分の1)のアキになる．

＊なお，ルビの前後のアキとルビの字間のアキの比率を1対2にすると．対象の語に対してルビの字数が極端に少ないときには，ルビの前後のアキがルビ文字サイズの2字以上空くこともある．この場合は紛らわしくなることがあるので，ルビの前後のアキは，ルビ文字サイズの1倍くらいになるように調整する．

高等中学校（リセ）　または　高等中学校（リセ）

＊また，対象とする語の初めか終わりに平仮名が含まれている場合には，紛らわしさを避けるために，ルビの組方を工夫して，語とルビの長さをできるだけ揃える．

における駆け引き（ゲーム）は

②対象の語の長さより，ルビの文字列の長さが長い場合(対象の語に対してルビの字数が2倍以上)では，ルビの字間はベタ組とし，対象とする語の字間を等分に割り，その前後も空ける．対象とする語の前後のアキと字間のアキの比率を1対2とする．

■文脈（コンテキスト）■　■偽装（カムフラージュ）■

■帰属性（アイデンティティ）■

＊なお，対象とする語の初めか終わりに平仮名が含まれている場合には，紛らわしさを避けるために，語の字間を適当に割って，なるべくはみ出させないで，他の平仮名にはルビをかけないようにする．

の本通り（メインストリート）を

③前後にくる他の漢字や仮名，約物との関係，改行初めのルビ，行頭・行末の処理は，平仮名ルビと基本的に同じである．

の洗練（レファイン）を　の文脈（コンテキスト）を

の偽装（カムフラージュ）を　の加入（イニシエーション）を

＊片仮名ルビの処理は，まず対象の語とルビの配置位置が決まり，このまとまったものがある文字と文字との間に入ると考えるとよい．前後が漢字であればルビは前後の漢字にかけられないので，対象の語の前後も空く．前後の文字が仮名であればルビはそれにかかってもよいので，対象の語よりルビのはみ出しがルビ文字サイズの全角以下の場合は，対象の語の前後はベタ，ルビ文字サイズの全角以上はみ出した場合には対象の語の前後が空くことになる．

＊ただし，片仮名ルビでは前後の仮名にもできるだけかけないほうが紛らわしくない．この方針の場合は，以下のようになる．

の洗練（レファイン）を　の文脈（コンテキスト）を

の偽装（カムフラージュ）を　の加入（イニシエーション）を

④対象の語全体に平均につけるルビ(グループルビ)は，通常分割禁止となり，2行に割ることができない．したがって，ルビの対象文字が多い語が行末にきたときは無理な調整をすることになる．これを避け，グループルビを2行に分割するときは，2語に分けて別々にルビを対応させていく．文字の挿入や削除があるとやり直しとなるので，文字の移動がなくなった段階で処理したほうがよい．

(17)　片仮名ルビや熟字訓などで，対象の語全体に平均にルビをつける方法は，(16)項に掲げた以外に，次のような方式がある．

①対象の語とルビの文字列の長さを同じにし，ルビ(または対象の語)の字間を平均に割る．ルビ(または対象の語)の前後は空けない．

②対象の語もルビの字間も割らないで，どちらか長いほうをはみ出させる．中心を揃える組方と語頭(または語尾)を揃える組方が選択できる方式が多い．

〈横組のルビの留意点〉

(18)　**対象の漢字1字に平仮名のルビをつける場合**は，つけられる漢字に対し左右対称につける中ツキにする．

緯度（いど）　子午線（しごせん）

熟語につける場合も，ルビの字数が少ない場合は各漢字の音または訓に即してつける．ルビの字数が多い場合は語全体に対してもできるだけ左右対称につけるようにする．したがって，同じ熟語内の他の漢字にルビが1字(または1.5字)まではかかってもよい．

磁極(じきょく)　菖蒲田浜(しょうぶだはま)
の蒸発(じょうはつ)は　または　の蒸発(じょうはつ)は
は沖積世(ちゅうせきせい)の　または　は沖積世(ちゅうせきせい)の
は線状焦点(せんじょうしょうてん)　または　は線状焦点(せんじょうしょうてん)の

(19)　片仮名ルビまたは熟字訓などでルビが1つの単語として対象の語全体につく場合は，対象の語全体に平均につける(平均につける組方は(16)項参照)．

(20)　**対象の字や語からルビがはみ出した場合**は，(8)項による．

＊横組ではできるだけ左右対称にするのが望ましく，ルビがつく漢字または熟語の前後のアキは同じにしたほうが体裁がよい．そこで，前後にくる他の漢字にルビの二分までかかることを許容する組方もある．

漢字にルビをかけない組方
は恐竜(きょうりゅう)等　は蛹(さなぎ)共
漢字にルビの二分までかけた組方
は恐竜(きょうりゅう)等　は蛹(さなぎ)共

(21)　**ルビは行頭および行末にはみ出してはいけない．**

行頭および行末にくる対象の字よりはみ出したルビがつく場合には，対象の字の前後を空けて，ルビ文字を行頭または行末に合わせる(対象の字を行頭または行末に合わせる組方もある)．(11)項を参照．

なお，1行目のルビは版面の上側にはみ出してつける．

〈圏点(傍点)の組方〉

(22)　**圏点(傍点)類**もルビに準じて扱う．肩ツキと中ツキの組方がある．体裁からいえば，ルビが肩ツキの方針であっても圏点類は中ツキのほうがよい．

なお，句読点や括弧類などに圏点(傍点)類はつけない．

中ツキ
ので柱やノンブルなどは天小口に

肩ツキ
ので柱やノンブルなどは天小口に

＊縦組では対象の文字の右側，横組では上側につけるのが普通である．

ので柱やノンブルなどは天小口に

〈漢文の組方〉

(23)　漢文には，句読点や訓点を施さない白文(はくぶん)と句読点や訓点を施した訓点文(くんてんぶん)とがある．**白文**はベタ組または四分アキで組む．

＊訓点文には，句読点，中黒，括弧類，返り点，送り仮名，読み仮名，連続符，圏点，傍線などがつく．返り点には，1字ずつ転読するレ点，2字以上隔てて転読する一二点，さらに必ず一二点をまたいで転読する上下点や甲乙丙点，天地人点がある．

(24)　**訓点文**では，返り点は二分物を用い，送り仮名，読み仮名も本文に使用した文字の2分の1とする．読み仮名はルビの組方に，句読点・中黒・括弧類の組方は本文の組方に揃える．

＊一二点の‘一’，上下点の‘上’などとレ点が同じ位置にきた場合も一レ，上レとして二分物を用いる．

＊訓点文でも字間を二分アキとする組方もある．この場合は句読点・中黒・括弧類は二分物を用いベタ組とする組方が多い．教科書等では，漢字に12ポ以上の大きな文字を用い，字間を四分アキなどにして，返り点，送り仮名および読み仮名の文字を本文の2分の1以下とする組方も行われている．

(25)　**返り点**はベタ組にする．句読点と重なる場合はそれと並べて組む．ただし，送り仮名が多く，本文字間を空けるときは，レ点以外の返り点は，上の語につける．次行にわたるときは，次行の行頭におかず，必ず行末に組む．一レ，上レを除き，レ点は下の語につける．次行にわたるときは，行末におかず，次行の行頭に組む．

依(よ)ル二将(しょう)ノ謀(はかりごと)一ニ　　無二求レメテ生ヲ以テ害スルコト一レ仁ヲ

不及　　無所不至也

不戴天　　動地

＊レ点は他の返り点同様に上の漢字につけるという方針もあり，この場合の組方は行末許容，行頭禁止となる．

不戴天　　動地

＊句読点と同じ位置に並ぶ返り点の例としては，‘一’，‘上’，‘甲’，‘天’の四種類がある．

(26)　**送り仮名**は以下のように組む．

①漢文体の送り仮名は，一般に片仮名を用いる．送り仮名の1字目は，その字の下部にルビ全角分かける（下ツキに組む）．読み仮名がつく場合は，その後にベタ組で続ける．長い送り仮名がある場合は，返り点や句読点にかけてよく，次の語とのアキは，その送り仮名のはみ出した字数だけ空ける．

及壮年　　依時運。

割鶏焉用牛刀

＊送り仮名は，返り点，句点，読点，連続符にかけて配置する．また，送り仮名の1字まで中黒や受けの括弧にかけて配置する．ただし，読み仮名は，後の起こしの括弧にかけないようにする．

＊送り仮名の2分の1だけを漢字にかける組方もある．この場合は，次にくる漢字にルビ文字サイズの二分かかることを許容している．

＊再読文字の送り仮名は左右につける．

爲樂　當及時

②地名・人名・官職名などの‘ノ’も，上の字にルビ全角かける．

相模国　　後鳥羽院　　平城京

(27)　熟語として読むことを示すために熟語間に挿入する**連続符**（竪点）は，漢字の字間に天地左右中央の位置に二分の長さの細線を組む．返り点と連続符が重なった場合は，返り点の横に組む．連続符は次行の行頭に置かず，必ず行末に組む．

＊連続符と返り点との組み合わせが考えられる例は，一二点の‘二’以下，上下点の‘中’及び‘下’，甲乙丙点の‘乙’以下，天地人点の‘地’及び‘人’がある．

(28)　漢文の組方例

世儒學者、好信師而是古、以爲賢聖所言皆無非。專精講習、不知難問。夫賢聖下筆造文、用意詳審、尚未可謂盡得實。況倉卒吐言、安能皆是。不能皆是、時人不知難、或是而意沈難見、時人不知問。案賢聖之言、上下多相違、其文、前後多相伐者。世之學者、不能知也。（『論衡』）

〈そ の 他〉

(29)　**古典など特殊な場合**に，仮名に漢字，漢字に漢字を振ることがある（振り漢字という）．9ポ（13級）の本文に対して普通6ポ（8級ないし9級）の文字を用いる．その場合，振り漢字は本文の平仮名（または漢字）に対して平均につける．

振り漢字はパーレンを施して漢字と仮名の関係を指示するものと，漢字だけを脇に振るものとがある．

いちにいでうる（市・出・売）

いちにいでうる（(市)・(出)・(売)）

(30)　**ルビの対象とする語やルビ文字が欧字やアラビア数字の場合**がある．この場合は，欧字やアラビア数字の字間は空けないで，それぞれの固有の字幅に合わせてベタ組とする．

は現実主義者（realist）の　は支配人（manager）の

が優勝旗（champion flag）を

はrealist（リアリスト）の　はmanager（マネージャー）の

がchampion flag（チャンピオン・フラッグ）を

(31)　読み仮名を漢字の横（縦組）または上（横組）につけないで，対象の語の後にパーレンをつけ，2行にしてルビをつける方法もある．割ルビともいわれている．

背(せ)　　束(つか)　　外題(げだい)

角書(つのがき)　　冠称(かんむりしょう)

化学式の組方

化学式には，物質の成り立ちを化学記号で示す実験式，化学物質の分子の組成を表す分子式，分子内の原子の結合状態を表す構造式などがある．これらにも原則的な組方がある．

⑴　**元素記号（原子記号）**は原子の種類を表す記号で，国際的に決められている．原子記号は立体で組み，1字目は大文字，2字目は小文字にする．1字の場合はもちろん大文字である．

＊原子記号は変更されることがある．重版・改訂版にあたっては，その都度確かめる必要がある．

以下の例のように，上ツキまたは下ツキ文字を用いて，質量数（左上），原子番号（左下），イオンの電荷数（イオン価，右上），原子数（右下）を表示する．

例　$^{23}_{11}\mathrm{N}_2^{2+}$

⑵　**実験式・分子式**は，記号類を全部ベタ組にして組んでいく．これらの式には，元素記号のほかに係数の欧字や数字，下ツキの欧字や数字が用いられる．係数はその分子がいくつあるかを示し，下ツキは単分子または原子（元素）がいくつあるかを示している．係数の欧字や下ツキの欧字はイタリック体とし，ベタ組にする．これらの式に中黒（結合や遊離基を示す）を使用するときは，二分物を使用し，ベタ組とする．パーレン類の外側もベタ組にする．

$\mathrm{K_2SO_4{\cdot}Al_2(SO_4)_3{\cdot}24H_2O}$

$\mathrm{(H_2O)}_n$　　$x\mathrm{H_2O}$

化学式を折り返し，2行に分割する場合の切り方の原則は次の通りである．

①2原子分子（原子2個からなる分子）は分割しない．

NaCl，$\mathrm{CaCl_2}$ などは分割しない．

②原子団は分割しない．

$\mathrm{SO_4}$，$\mathrm{NO_3}$ などは分割しない．

③基は分割しない．

COOH，$\mathrm{C_6H_5}$ などは分割しない．

⑶　**構造式**は，分子間の各原子が結合している状態を結合手（線）で図式的に示したものである．結合手は1重結合（単結合），2重結合，3重結合をそれぞれ1本，2本，3本の線で表示する．長さと角度は決められていないので，統一して処理してあればよい．全角のときは，全角ダーシ（—）のかわりにマイナス（−），ダブルダーシ（═）のかわりにイコール（＝）が組まれていることがあるが，体裁がよくないので全角ダーシやダブルダーシにかえる．

$$\begin{array}{ccccccccc} & & \mathrm{H} & & \mathrm{H} & & & & \\ & & | & & | & & & & \\ \mathrm{H} & — & \mathrm{C} & — & \mathrm{C} & — & \mathrm{O} & — & \mathrm{H} \\ & & | & & | & & & & \\ & & \mathrm{H} & & \mathrm{H} & & & & \end{array}$$

エチルアルコール

＊構造式の1つであるベンゼン環（亀甲形）は，正六角形にする．

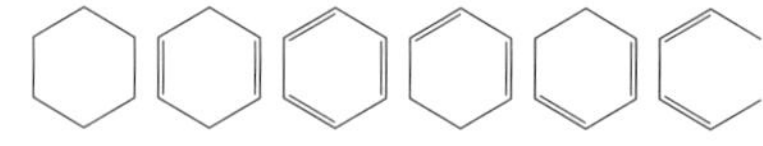

⑷　**反応式**は，原料から製品ができる過程を表した化学式で，化学方程式ともいわれる．式の左辺と右辺をつなぐのに普通矢印（→）が使用され，イコール（＝）は用いない．矢印は全角半くらいが適当であるが，2倍物も使われている．反応式には，物質名などの注記がつくことがある．これには6ポ（9Q）くらいの文字を使用し，反応式との行間はベタ組にする．

$$\underset{水}{n\mathrm{H_2O}}+\underset{炭酸ガス}{n\mathrm{CO_2}}\xrightarrow{日光}\underset{でんぷん}{\mathrm{(CH_2O)}n}+\underset{酸素}{n\mathrm{O_2}}$$

数式の組方

数式には，アラビア数字のみでなく，欧字や記号など数式特有のものが含まれてくる．これらにも一定の組方の規則があるので，基本的事項をまとめておく．

⑴ **別行立ての数式**は，原則として行の左右中央に組む．式番号がつく場合は，式番号の幅は無視して中央に組む．なお，式の終わりが文章の区切りとなるときはコンマやピリオドを入れることが多い．

⑵ **式番号**(別行立ての)は，行末より1字ないし2字上ガリ，または行頭より1字ないし2字下ガリの位置に，パーレンをつけて入れることが多い．

例　$$\mathrm{d}x=1\cdot\Delta x=\Delta x \qquad (3)$$

となり，独立変数の微分は増分に等しくなる．そこで

$$\mathrm{d}f(x)=f'(x)\,\mathrm{d}x \qquad (4)$$

⑶ **別行立ての数式の上下の行間**は，原則として本文行間の二分(2分の1)以上は空ける．これ以上狭いと見苦しいからである．しかし，あまり空けすぎると間がぬけて見えるので注意を要する．

＊通常は，これらの行間は本文行間で組んでしまい，1ページにまとめる際に半端(他のページと上下の版幅を不揃いにさせない)を，式の上下の行間で処理する．行ドリを基準として組んでいく方法もあるが，行間が広くなりすぎて体裁がよくない．

⑷ **単位記号の欧字**は立体を使用し，**数量を表す欧字**は原則としてイタリック体を使用する．ただし，'点Pから点Qまで'という場合は立体を用い，線分 PQ という場合は長さをもった量だからイタリック体を用いる．なお数式に用いる数字は，どんな場合も立体を用いるのが原則である．

円周率の π，自然対数の底(ネイピア数)のe，虚数単位のi, jなどは，一般的に定められた定数の記号として立体とする方式と，従来からの習慣でイタリック体とする方式がある．$\mathrm{d}x$(x の微分)のdや Δx(増分，差分)のΔも演算の記号として立体とする組方と従来どおりイタリック体とする組方の両様がある．

⑸ **数学記号などで，前後をベタ組とするものは**，次の場合である．

1. ＋，－，±，∓，×，÷などの前後．

2. 積を表す数字と欧字および欧字と欧字などの間．

3. 上ツキおよび下ツキ．また上ツキ，下ツキの欧字の区切りのコンマも二分ドリベタ組とする．

$$A_{y,P} \quad L_{m,n}$$

4. 積分，直和，直積の側面あるいは上下につく極限値など，また，これらに続く欧字はベタ組とする．

$$\int_0^\infty x\,\mathrm{d}x \qquad \sum_{m-1}^{\infty} x_m \qquad \prod_{n-1}^{\infty} x_n$$

＊上下につくものが長い場合，次にくる文字がそれらに割り込まないようにする．

$$\sum_{i=a+b+c}^{\infty}\!x_i \;\rightarrow\; \sum_{i=a+b+c}^{\infty}\quad x_i$$

＊積分の上限と下限は上下につける形と横につける形とがあるので，1冊の本では統一する．

$$\int_0^\infty \qquad \int\limits_0^\infty$$

本文と同じ大きさの積分記号も使用されているが，体裁はよくない．

5. ＝，≠，＜，≒などの記号の前後．

ただし，別行立ての式の場合は，体裁上これらの記号の前後を四分または二分空け

て組んでもよい．しかし，本文中に追い込んで組むときは，必ずベタ組とする．このような組方にしてよい記号には，次のようなものがある．

＝，≠，≒，～，≈，≃，≅，＜，＞，≦，≧，≪，≮，≯，∝，⊂，⊃など

⑹　**数学記号などで，前後を空けて組むもの．**

1．立体欧字記号とイタリック体欧字記号との間は四分アキとする．ただし，dx，Δx は例外で，ベタ組とする．

$\sin x \quad \log x \quad a\cos\theta$

＊ただし，間に上ツキ，下ツキ，パーレンがくる場合は，ベタ組とする．

$\sin^{-1}x \quad a^2\log(x+y) \quad \log_{10}x$

2．欧字の立体記号同士の間は四分アキとする．

$\lim \log x \quad \log \log \log \theta$

3．数字と単位記号の間は四分空ける．

100 kWh　199 m/s

⑺　**式が長くて1行におさまらないとき**には，2行に折って組むようにする．この場合には，次のようにするとよい．

1．まず＝から切って，＝が行頭にくるようにするとよい．

2．＝がない場合には，＋か－から分割して，その＋や－を行頭に置くようにする．この場合の折り返しの行頭の字下ガリは数式の1字ないし，2字下ガリとする．

＊これ以外の場所で分割してはならないわけではないが，体裁上からは上のようにするとよい．

3．最低限分割してはならない箇所としては，以下のようなものがある．

①sinなどのような立体欧字記号．

②上ツキ，下ツキだけ切り離して行頭に組まない．

③関数の表示 $f(x)$ や $g(y)$ は，f や g の後で切らない．

④アラビア数字の途中で切らない．

⑤負数の－32なども－の後で切らない．

⑻　**分数ケイ**は，全角を最短とし，それ以上は分子か分母の長い方の文字の左右一杯とする．長くても分子，分母の文字より四分以上長くしないようにする．

$$\frac{5}{8}-\frac{3}{8}+\frac{2}{8}=\frac{4}{8} \qquad \frac{d}{a+b+c}$$

また，本文行中に分数を組んだ場合は，左右の和文とのアキは四分アキとする．

⑼　**斜線を利用して分数を表記する場合**は，斜線は全角では体裁がよくないので，三分物を使用する（三分物がなければ，二分物）．斜線の前後はベタ組とする．

変形するときには数式の内容が変わらないようにする．次のような例では，パーレンをつける必要がある．

$$\frac{a+b}{c} \rightarrow (a+b)/c$$

(10)　**根号（ルート）**は二分物と全角物とがある．1冊の本では統一して使用する．この根号ケイも最短は全角とし，中身が長い場合は，それに長さを揃える．根号の前後もベタ組とする．

(11)　**上ツキ，下ツキの重なる場合**は，通常は下ツキ，上ツキの順である．ただし，意味上からその逆に組む場合もある．

$x_1{}'$　$R_{jkl}{}^{i}$　$\lambda_{n+1}{}^{m}$　$\mathrm{M^{II}{}_3}$

ずらすことにより誤解が生じる恐れがあるときは，上下揃えて組むこともある．

d_{15}^{20}　$[f(x)]_a^b$　$\mathrm{D_h^3}$　$[\alpha]_{\mathrm{D}}^{15}$

(12)　**数式における数字**は，1000以上でもコンマを用いず，3桁ごとに四分アキとする．

(13)　**数式に用いるイタリック体欧字**は，同一書体でも，2種類のタイプがあることがある．この場合混用しないように注意する．また，数学記号でも2種類以上あるものがある．これらも統一して使用する．

g g　x x　y y　k k

≒ ≑ ≓　≠ ≠ ≠　≠ ≠ ≠　≧ ⩾ ⊵ ≥

原稿指定用語

原稿指定に用いる用語は，原稿の指定者，印刷所の担当者，校正者に共通に通じるようにする．‘印刷校正記号’(JIS Z 8208)は，原稿を指定する場合にも準用する，とされている．

縦組と横組ではほぼ同じ表記が用いられるが，縦組では一部漢数字が使用されているのに対して，横組ではアラビア数字(算用数字)を使用することが多い．

ここでは，原稿指定の表記例を掲げる．

(1) **文字サイズ**　単位としては，ポイントか級を使用する．

例　7ポ，8ポ，9ポ，10ポ，12ポ
　　9Q，10Q，11Q，12Q，13Q

ポの代わりにp, pt，Qの代わりに級を用いることもある．

(2) **書体の指定**

例　ミン・ゴ・ゴチ・イタ・立体・ボールド・イタボールド

明朝体・ゴシック体で複数の書体をもっている組版システムのときは，書体名または印刷所の書体見本帳の書体コード名で正確に指示する．

1. 文字の太さ　W1(Ultra Light)…極細，W3(Light)…細，W5(Medium)…中，L(Light)…細，R(Regular)…細，M(Medium)…中，DB(Demi bold)…中太，B(Bold)…太，E(Extra bold)…特太，U(Ultra bold)…超特太

2. 書体の違い　明朝体，ゴシック体，丸ゴシック体，教科書体

3. 仮名のスタイル　N…ニュースタイル，O…オールドスタイル

4. 仮名の字面の大小　KL…大かな，KS…小かな

(3) **字間の指定**　ポ(または歯・級)で指定する方法とスペースの大きさで指定する方法とがある．

例　1ポ，2ポ，3ポ，1ポアキ，2ポアキ，3ポアキ

1H(Q)，2H(Q)，3H(Q)，1H(Q)アキ，2H(Q)アキ，3H(Q)アキ

四分，三分，二分，二分四分，全角

四分アキ，三分アキ，二分アキ，二分四分アキ，全角アキ

ベタ組(字間を空けないで文字サイズと同じ字送りで組む)にする場合は'ベタ'と指示しておく．ベタ組よりさらにつめるときは，ツメという指示をする．

例　1ポツメ，2ポツメ，3ポツメ

1H(Q)ツメ，2H(Q)ツメ，3H(Q)ツメ

全角・2倍アキなどは□・□□の記号を使用する．3倍以上は3倍・4倍・5倍などとする．

(4) **字送りの指定**　字送りを指定して，文字間隔を指定することもできる．

例　字送り8ポ，字送り9ポ

8ポオクリ，9ポオクリ，10ポオクリ

字送り12H，字送り13H

12Hオクリ，13Hオクリ

Hには歯も用いる．また，Hの代わりにQとしてもよい．

(5) **行間のアキおよび行送りの指定**　行間または行送りの大きさをポ(または歯・級)で指示する．行間なのか，行送りなのかがはっきりわかるようにする．

例　行間8ポ，行間9ポ，行間8ポアキ，行間9ポアキ

行間12 H(Q)，行間13 H(Q)，行間12 H(Q)アキ，行間13 H(Q)アキ

例　行送り17ポ，行送り18ポ

行送り25 H(Q)，行送り26 H(Q)

⑹　**判型**　判型の大きさは，規格判のときは，その規格の名称を書く．規格外の判型のときは，正確な寸法を併記する．

例　B6判，A5判，B5判

四六判(左右130 mm×天地188 mm)

菊判(左右152 mm×天地218 mm)

⑺　**版面等を指示する書き方の例**

〈縦組・ポイントの例〉

A5判、縦組。9ポ細明朝体五十二字詰(52字詰)×十七行(17行)、行間9ポ、一段組。柱―奇数ページのみ、章名、天小口(9ポ全角入り)、使用文字7ポ細明朝体、本文とのアキ10ポ。ノンブル―地小口寄り(9ポ全角入り)、使用文字8ポセンチュリーオールド、本文とのアキ10ポ。刷位置―柱・ノンブルを除き天地左右中央。

〈横組・ポイントの例〉

A5判，横組．9ポ細明朝体35字詰×28行，行間8ポ，1段組．柱―天中央(偶数ページ…章名，奇数ページ…節名)，使用文字7ポ細明朝体，本文とのアキ12ポ．ノンブル―天小口寄り(本文の小口に揃える)，使用文字7ポニュースゴシック，本文とのアキ12ポ．刷位置―天より柱・ノンブルまで17ミリ下，本文版面左右中央．

⑻　**字体や仮名遣いの指定**　定めた方針で原稿を正確に書き直したうえで，字体と仮名遣いの方針を指示しておく．

例　新字体(使用)，旧字体(使用)，新仮名遣い(使用)，旧仮名遣い(使用)

⑼　**見出しや図版のスペース**　行送り方向は，本文の何行であるか(行数，行ドリ)を指示する．これにより，ほかのページとの版幅を一定にすることができる．

例　3行・4行，3行ドリ・4行ドリ

見出しを指定した行ドリの中央に組む場合は以下のようにする．

例　3行中央・4行中央，3行ドリ中央・4行ドリ中央

表や図版のスペースの字送り方向は，9ポ20倍(9ポ20倍ドリ)，本文20倍(本文20倍ドリ)といったように指定する．

⑽　**見出しや注の字下ガリ等の指示**

・ポ(または級・歯)で指示する方法の例

9ポ下ガリ，9ポ下ゲ，9ポ下

12 Q(H)下ガリ，12 Q(H)下ゲ，12 Q(H)下

9ポ上ガリ，9ポ上ゲ，9ポ上

12 Q(H)上ガリ，12 Q(H)上ゲ，12 Q(H)上

・使用文字の倍数で指示する方法の例

9ポ3倍，9ポ3字，本文3字

12 Q(H)3倍，12 Q(H)3字，本文3字

⑾　**文字を変形する場合の指定**　どんな変形(長体・平体・斜体など)が可能か，また，それぞれの変形率の方法も確認しておくとよい．1%単位で可能なものがある．この場合は変形するほうは縦か横，さらにはその変形率を指定する．斜体にする場合は右上ガリか左上ガリかを指定する．変形率を1番(90%)，2番(80%)，3番(70%)のように番数で指示する方法もある．

⑿　**その他補足的な指示**　補足的な指示に使う文字で，訂正文字と混同しやすいものは，片仮名書きとする．

例　トル，トルツメ，トルアキ，アキ，アケル，ツメ，ツメル，ベタ，イキ，ハンパ，オモテ，ウラ，タテ，ヨコ，ヒラガナ，カタカナ，カンジ，オンビキ，ブラ下ゲ，下ゲズ，上ツキ，下ツキ

⒀　**アキや位置の指定の注意**　一般に，組版内部のアキや位置指定はポイント(または級・歯)を用いて，判型の仕上り線の天地左右からの位置指定には，ミリ指定をするとわかりやすい．

組方の基本形

書籍では組方の基本形(フォーマット)を決定し，前付・後付なども，これを基準に設計する．雑誌では段数や文字サイズを変えた複数の基本形を作成し，記事により組方を変えることも行われている．

組方の基本形については，以下の要素を検討し，決定する．

①判型(本の仕上りの大きさ)
②組方向(縦組か横組か)
③本文に使用する文字サイズと書体
④1行の字詰・字間(字送り)
⑤1ページの行数・行間(行送り)
⑥段数と段間の大きさ
(以上の②から⑥で構成する版面を**基本版面**という)
⑦柱の文字サイズ・書体・位置
⑧ノンブルの文字サイズ・書体・位置
⑨刷り位置(印刷面と余白)

⑴ **判型**　原稿の内容，分量，著者の希望なども考慮して決める．JIS の仕上り寸法または四六判，菊判の範囲で検討し，規格外の寸法(⇨ 157 ページ)は，本の内容を十分に検討してから採用するようにする．

⑵ **組方向**　一般に人文科学関係の本は縦組(右開き)，自然科学関係の本は横組(左開き)にしたものが多い．自然科学関係のものは，文中に数式や欧字・欧文が多く出てくるので，横組とするのが自然であり，便利であるからである．

⑶ **本文に使用する文字**　次のような文字サイズを参考に，読者対象を十分に考慮して決定する．

壮年者	8 ポ(12 Q)以上
満 10 歳の児童	9 ポ(13 Q)以上
満 9 歳の児童	10 ポ(14 Q)以上
満 7 歳の児童	12 ポ(18 Q)以上
満 5 歳の幼児	16 ポ(22 Q)以上

判型や段数により選択する文字サイズも違う．同じサイズでも，書体により字面の大きさや縦線・横線の太さの比率により，印象が異なる．新しい組方にする際などには，見本組を作成して検討するとよい．

⑷ **字間・行間と字詰**　本文の字間はベタ組を原則とする．行間は字詰数にもよるが，使用する文字の全角から二分くらいの間で選択する．字詰が多い場合は本文に使用する文字の全角かそれよりやや狭め，字詰が少ない場合は二分にしてもよい．

1 行の字詰は判型や段数により変わるが，縦組では多くても 50 字くらい，横組では多くても 40 字前後が限界であり，できれば 35 字くらいにとどめる．少ない場合は 15 字前後までであろう．

基本版面は，図版等を入れるスペースをとるなど特別の場合を除いて本の判型に対して相似形をなすのが自然の形であり，行間や余白の大きさから行数を決める．

判型が大きくて 1 段組では字詰が多くなる場合や，1 ページの収容字数を多くするためには段組を採用する．段間の大きさは本文の文字サイズの 2 倍を原則とする(狭めても 1.5 倍，広げる場合は 3 倍くらい)．

現行の標準的な組方を別表に掲げる(⇨ 82-85 ページ)．

⑸ **柱の掲げ方**　柱は小説など特別な場合を除いて，できるだけ入れる．

1. 両柱方式　偶数ページに大きい比重の見出し(たとえば編・章)，奇数ページに小さい比重の見出し(節・項)を掲げる．

2. 片柱方式　奇数ページのみに柱を掲げる．

3. 柱を省略する場合　体裁の上から柱

を省略する（印刷しない）ことがある．たとえば，改丁・改ページで同じページに見出しがある場合，図や表が天にきた場合など．

4. 柱の表記その他　多数の筆者の論集などでは，柱の論文名の後に筆者の姓を括弧に入れて示すと親切である．

例　日本の印刷術（田中）

掲げる柱が長く，版面の半ばをこえて体裁上見苦しくなる場合は，著者に相談し，できれば要約する．縦組の本で天や地に横組にして柱が入る場合には，体裁上，数字や句読点を横組用に直したほうがよい．

⑹　ノンブルの掲げ方

1. ノンブルは特別な場合を除いて全ページに入れる．ノンブルを掲げないページとしては，①改丁で始まる見出しの直前ページなどの白ページ．②本扉や口絵，奥付など．③図版や表がノンブルの領域までかかっているページなどがある．中扉や半扉にはノンブルをつけないのが習慣となっている．しかし，印刷においても製本においても，ノンブルは重要な役割をもつものであるから，できるだけ入れたほうがよい．

2. ノンブルは表面（おもてめん）から1ページを開始し，またノンブルは一定の位置に配置する．

3. 前付と本文のノンブルは，それらを通してつける方式（通しノンブル）と前付と本文をそれぞれ1起コシとする方法（別ノンブル）がある．別ノンブルのときは，前付と本文との混同を避けるため，一般に前付のノンブルはローマ数字の小文字を使用する．

4. 縦組の本にも横組の索引をつけるのが普通である．この場合は，縦組の通しノンブルをつけると同時に，別に索引としての逆ノンブルをつけるようにするとよい．

⑺　柱とノンブルの文字　本文の文字サイズより小さくするのが普通である．

●組方の基本形の例（基本版面＋柱＋ノンブル）

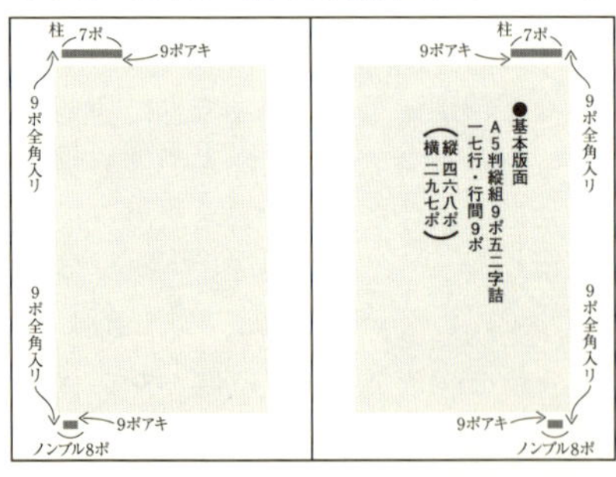

●柱とノンブルの組方③A

●柱とノンブルの組方③B

●柱とノンブルの組方①

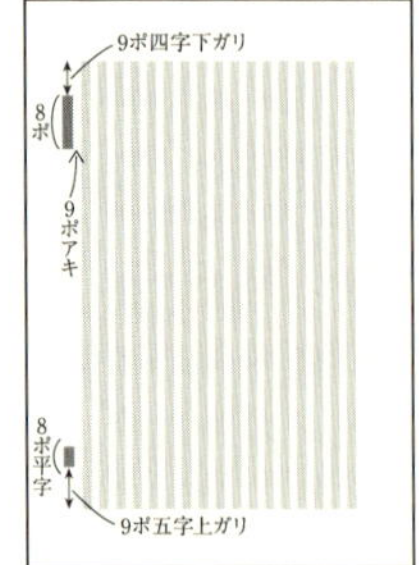

●柱とノンブルの組方②

●柱とノンブルの組方④

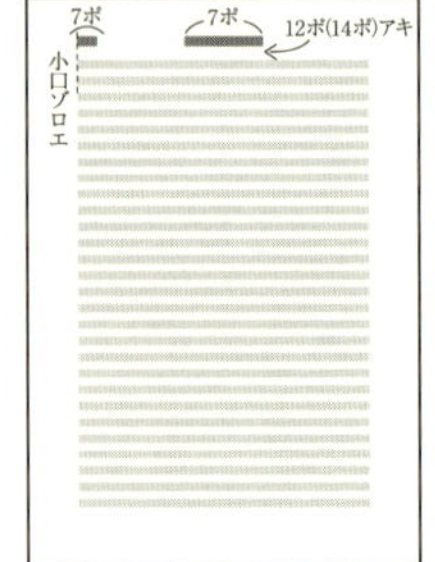

●筆者が多い場合の柱の組方

判　型	本文の文字	柱・ノンブルの文字
A5判	10ポ・9ポ	8ポ・7ポ
同	8ポ	7ポ
B6判	9ポ	7ポ
同	8ポ	7ポ
B6判以下	9ポ・8ポ	7ポ・6ポ
A5判	14級・13級	12級・11級
同	12級	10級
B6判	13級	11級・10級
同	12級	10級
B6判以下	13級・12級	10級・9級

B5判以上の大きな判型では，特にノンブルを9ポくらいにする場合がある．また，ノンブルがアラビア数字の場合は，文字サイズを柱よりもすこし大きく(柱7ポ，ノンブル8ポ，または柱10級，ノンブル11級か12級)することがある．

柱の書体は本文と同じ書体とする．

ノンブルがアラビア数字の場合には，本文中で使用している欧文書体と同タイプの数字書体を用いるのが原則であるが，ノンブルに限って別のタイプを用いてもよい．

⑻　柱・ノンブルの位置

1. 柱を天の小口寄りに横組(横柱)にして掲げ，ノンブルを地の小口寄りに掲げる(または逆に柱を地，ノンブルを天)．本文と柱・ノンブルとのアキは，本文の文字サイズかやや広くする．

2. 柱・ノンブルともに，天または地に横組(横柱)にして掲げる．ノンブルの後に柱に使用する文字の全角半または2倍あけて柱を続ける．本文と柱・ノンブルとのアキは，本文の文字サイズかやや広くする．

＊1, 2の場合は，版面の小口に柱やノンブルを揃える場合と，版面の小口から内側に，本文の文字サイズの全角入り(全角下ガリ)にする場合とがある．

3. ノンブルを天の小口に揃え，柱を天の中央に配置する．本文が横組の場合は，柱・ノンブルともに本文と同じ流れになるので，本文と柱・ノンブルとのアキをやや広くする．たとえば，本文9ポ，行間9ポの場合には，柱・ノンブルとのアキを12ポまたは14ポくらいにする．

＊1-3のノンブルは，アラビア数字を使用する．

4. 柱・ノンブルともに本文の小口(側面)に縦組で配置する(本文が縦組)．A5判本文9ポ組の場合には，柱は本文の天より4字ないし5字下ガリ，ノンブルは漢数字で地より5字ないし6字上ガリ，本文とのアキは本文行間とし，本文に使用した文字サイズの3分の2以下にはしない．

⑼　柱の字割(字アキ)　見出しの字割を基準とし，天あるいは地の小口寄りに柱を掲げる場合は詰めぎみ，横組で天の中央に柱を掲げる場合は，ある程度大きく字割をするほうがよい．たとえば，A5判なら7倍ドリ，B5判なら10倍から12倍ドリくらいを基準とする．

〈縦組における柱の字割の例〉

B5判・A5判縦組　柱は天と地の小口寄り

2字の場合……2倍四分アキ(4.25倍)
3字の場合……全角アキ(5倍)
4字の場合……二分アキ(5.5倍)
5字の場合……四分アキ(6倍)
6字以上はベタ組

B6判縦組　柱は天と地の小口寄り

2字の場合……2倍アキ(4倍)
3字の場合……二分四分アキ(4.5倍)
4字の場合……四分アキ(4.75倍)
5字以上はベタ組

(10)　刷り位置(印刷面と余白)　柱・ノンブルの位置，製本様式，版面の大きさ，本の厚さ(ページ数)，紙の厚薄と柔軟度などによる本の開き具合などを考慮して決定する．和文ものの刷り位置は原則として天地・左右中央を元に検討する．

天地(上下)を中央に見せるためには，紙面の中心点よりやや上に版面の中心点を配置することも必要になる．

判型別組方標準一覧〈ポイント単位〉

判　型	縦・横	大きさ	字　詰	行　数	段　数	行　間	柱の位置	ノンブルの位置
B 5 判	縦	10ポ	55	19	1段	10ポ	天小口	地小口
	横	9ポ	43	32	〃	9ポ	天中央	天小口
	〃	〃	23	44	2段	5ポ	〃	〃
	〃	〃	22	41	〃	6ポ	〃	〃
	〃	8ポ	25	51	〃	4ポ	〃	〃
A 5 判	縦	10ポ	46	16	1段	9ポ	天小口	地小口
	〃	9ポ	52	〃	〃	〃	〃	〃
	〃	〃	〃	17	〃	〃	〃	〃
	〃	〃	〃	18	〃	8ポ	〃	〃
	〃	〃	25	20	2段	6ポ	〃	〃
	〃	8ポ	30	24	〃	5ポ	〃	〃
	〃	〃	29	23	〃	6ポ	〃	〃
	横	9ポ	35	28	1段	8ポ	天中央	天小口
	〃	〃	〃	30	〃	7ポ	〃	〃
	〃	8ポ	40	〃	〃	8ポ	〃	〃
	〃	〃	38	33	〃	6ポ	〃	〃
四 六 判	縦	9ポ	44	15	1段	9ポ	天小口	地小口
	〃	〃	〃	16	〃	8ポ	〃	〃
	〃	〃	45	17	〃	7ポ	〃	〃
	〃	8ポ	26	22	2段	5ポ	〃	〃
B 6 判	縦	9ポ	42	14	1段	9ポ	天小口	地小口
	〃	〃	43	15	〃	〃	〃	〃
	〃	〃	〃	16	〃	8ポ	〃	〃
	〃	〃	44	17	〃	7ポ	〃	〃
	〃	8ポ	50	18	〃	〃	〃	〃
	〃	〃	〃	19	〃	6ポ	〃	〃
	〃	〃	25	20	2段	〃	〃	〃
	〃	〃	26	〃	〃	〃	〃	〃
	横	9ポ	30	23	1段	8ポ	天中央	天小口
	〃	8ポ	33	25	〃	〃	〃	〃
	〃	〃	34	27	〃	7ポ	〃	〃
B 40 取	縦	9ポ	40	14	1段	7ポ	天小口	地小口
	〃	〃	42	15	〃	6ポ	〃	〃
	〃	〃	43	16	〃	5ポ	〃	〃
	〃	8ポ	46	〃	〃	6ポ	〃	〃
	〃	〃	〃	17	〃	5ポ	〃	〃
A 6 判	縦	8ポ	41	14	1段	8ポ	天小口	天小口
	〃	〃	〃	15	〃	7ポ	〃	〃
	〃	〃	42	14	〃	8ポ	〃	〃
	〃	〃	〃	15	〃	7ポ	〃	〃
	〃	〃	43	16	〃	6ポ	〃	〃
	〃	〃	〃	18	〃	5ポ	〃	〃

400 字詰原稿用紙枚数別予想ページ数

＊予想ページ数＝400 字×原稿枚数÷字数.（四捨五入）
600 枚以上の原稿は，倍数関係を利用して計算.

1頁収容字数	200 枚	250 枚	300 枚	350 枚	400 枚	450 枚	500 枚	600 枚
1,045	77	96	115	134	153	172	191	230
1,376	58	73	87	102	116	131	145	174
2,024	40	49	59	69	79	89	99	119
1,804	44	55	67	78	89	100	111	133
2,550	31	39	47	55	63	71	78	94
736	109	136	163	190	217	245	272	326
832	96	120	144	168	192	216	240	288
884	90	113	136	158	181	204	226	271
936	85	107	128	150	171	192	214	256
1,000	80	100	120	140	160	180	200	240
1,440	56	69	83	97	111	125	139	167
1,334	60	75	90	105	120	135	150	180
980	82	102	122	143	163	184	204	245
1,050	76	95	114	133	152	171	190	229
1,200	67	83	100	117	133	150	167	200
1,254	64	80	96	112	128	144	159	191
660	121	152	182	212	242	273	303	364
704	114	142	170	199	227	256	284	341
765	105	131	157	183	209	235	261	314
1,144	70	87	105	122	140	157	175	210
588	136	170	204	238	272	306	340	408
645	124	155	186	217	248	279	310	372
688	116	145	174	203	233	262	291	349
748	107	134	160	187	214	241	267	321
900	89	111	133	156	178	200	222	267
950	84	105	126	147	168	189	211	253
1,000	80	100	120	140	160	180	200	240
1,040	77	96	115	135	154	173	192	231
690	116	145	174	203	232	261	290	348
825	97	121	145	170	194	218	242	291
918	87	109	131	153	174	196	218	261
560	143	179	214	250	286	321	357	429
630	127	159	190	222	254	286	317	381
688	116	145	174	203	233	262	291	349
736	109	136	163	190	217	245	272	326
782	102	128	153	179	205	230	256	307
574	139	174	209	244	279	314	348	418
615	130	163	195	228	260	293	325	390
588	136	170	204	238	272	306	340	408
630	127	159	190	222	254	286	317	381
688	116	145	174	203	233	262	291	349
774	103	129	155	181	207	233	258	310

判型別組方標準一覧〈級数単位〉

判型	縦・横	大きさ	字詰	行数	段数	行送り	柱の位置	ノンブルの位置
B 5 判	縦	14 Q	55	19	1 段	28 H	天小口	地小口
	横	13 Q	42	31	〃	26 H	天中央	天小口
	〃	〃	22	43	2 段	20 H	〃	〃
	〃	〃	21	39	〃	22 H	〃	〃
	〃	12 Q	23	48	〃	18 H	〃	〃
A 5 判	縦	14 Q	46	16	1 段	28 H	天小口	地小口
	〃	13 Q	51	〃	〃	26 H	〃	〃
	〃	〃	〃	17	〃	25 H	〃	〃
	〃	〃	〃	18	〃	24 H	〃	〃
	〃	〃	25	19	2 段	23 H	〃	〃
	〃	〃	〃	20	〃	22 H	〃	〃
	〃	12 Q	28	22	〃	20 H	〃	〃
	〃	〃	27	21	〃	21 H	〃	〃
	横	13 Q	34	27	1 段	25 H	天中央	天小口
	〃	〃	〃	29	〃	23 H	〃	〃
	〃	12 Q	37	28	〃	24 H	〃	〃
	〃	〃	36	31	〃	21 H	〃	〃
四六判	縦	13 Q	43	15	1 段	26 H	天小口	地小口
	〃	〃	44	16	〃	24 H	〃	〃
	〃	〃	〃	17	〃	23 H	〃	〃
	〃	12 Q	24	21	2 段	19 H	〃	〃
B 6 判	縦	13 Q	42	14	1 段	26 H	天小口	地小口
	〃	〃	〃	15	〃	25 H	〃	〃
	〃	〃	〃	16	〃	24 H	〃	〃
	〃	〃	43	17	〃	23 H	〃	〃
	〃	12 Q	47	〃	〃	〃	〃	〃
	〃	〃	〃	18	〃	22 H	〃	〃
	〃	〃	23	20	2 段	20 H	〃	〃
	〃	〃	24	〃	〃	〃	〃	〃
	横	13 Q	29	23	1 段	25 H	天中央	天小口
	〃	12 Q	31	24	〃	24 H	〃	〃
	〃	〃	32	25	〃	23 H	〃	〃
B 40 取	縦	13 Q	39	13	1 段	25 H	天小口	地小口
	〃	〃	41	15	〃	22 H	〃	〃
	〃	〃	42	16	〃	20 H	〃	〃
	〃	12 Q	44	〃	〃	〃	〃	〃
	〃	〃	45	17	〃	19 H	〃	〃
A 6 判	縦	12 Q	38	12	1 段	25 H	天小口	天小口
	〃	〃	〃	13	〃	24 H	〃	〃
	〃	〃	39	〃	〃	〃	〃	〃
	〃	〃	〃	14	〃	23 H	〃	〃
	〃	〃	40	15	〃	21 H	〃	〃

400 字詰原稿用紙枚数別予想ページ数

1頁収容字数	200 枚	250 枚	300 枚	350 枚	400 枚	450 枚	500 枚	600 枚
1,045	77	96	115	134	153	172	191	230
1,302	61	77	92	108	123	138	154	184
1,892	42	53	63	74	85	95	106	127
1,638	49	61	73	85	98	110	122	147
2,208	36	45	54	63	72	82	91	109
736	109	136	163	190	217	245	272	326
816	98	123	147	172	196	221	245	294
867	92	115	138	161	185	208	231	277
918	87	109	131	153	174	196	218	261
950	84	105	126	147	168	189	211	253
1,000	80	100	120	140	160	180	200	240
1,232	65	81	97	114	130	146	162	195
1,134	71	88	106	123	141	159	176	212
918	87	109	131	153	174	196	218	261
986	81	101	122	142	162	183	203	243
1,036	77	97	116	135	154	174	193	232
1,116	72	90	108	125	143	161	179	215
645	124	155	186	217	248	279	310	372
704	114	142	170	199	227	256	284	341
748	107	134	160	187	214	241	267	321
1,008	79	99	119	139	159	179	198	238
588	136	170	204	238	272	306	340	408
630	127	159	190	222	254	286	317	381
672	119	149	179	208	238	268	298	357
731	109	137	164	192	219	246	274	328
799	100	125	150	175	200	225	250	300
846	95	118	142	165	189	213	236	284
920	87	109	130	152	174	196	217	261
960	83	104	125	146	167	188	208	250
667	120	150	180	210	240	270	300	360
744	108	134	161	188	215	242	269	323
800	100	125	150	175	200	225	250	300
507	158	197	237	276	316	355	394	473
615	130	163	195	228	260	293	325	390
672	119	149	179	208	238	268	298	357
704	114	142	170	199	227	256	284	341
765	105	131	157	183	209	235	261	314
456	175	219	263	307	351	395	439	526
494	162	202	243	283	324	364	405	486
507	158	197	237	276	316	355	394	473
546	147	183	220	256	293	330	366	440
600	133	167	200	233	267	300	333	400

組方の指定

組方の指定は，原稿の個々の箇所に行うのが原則である．しかし，原稿全体に関する大綱的な指定事項は，一括して‘組方指定書’(‘原稿指定票’‘指定指示書’‘組方要項’などともいう)に記入し(⇨ 114ページ)，印刷所に指示する．

⑴ **組方指定書に記入すべき事項** 組方指定書にどの範囲まで記入するかは，その原稿の内容なり，印刷所との関係などもあって，一定してはいないが，一般的には以下のような事項を指示する．

1. 判型と組方(例：A 5 判，縦組)
2. 本文組体裁
 ・本文書体(例：リュウミン L-KL)
 ・基本版面の大きさ(例：9 ポ 52 字詰×18 行，行間 8 ポ)
 ・ブラ下ゲ組の可否(例：ブラ下ゲ組禁止)
3. 使用漢字の字体，仮名遣いの新旧(例：新字体使用，新仮名遣い)
4. 本文中の欧字・数字の書体(例：センチュリーオールド)
5. 句読点の種類(横組では，コンマ・ピリオド方式，コンマ・マル方式，テン・マル方式がある)
6. 柱の組方(例：片柱，奇数ページ章名，7 ポリュウミン L-KL，天小口寄り，本文より 9 ポ全角入り，本文とのアキ 10 ポ)
7. ノンブルの組方(例：8 ポセンチュリーオールド，地小口寄り，本文より 9 ポ全角入り，本文とのアキ 10 ポ)
8. ルビの組方(例：肩ツキ)
9. 特別な約物の使用(例：パーレン・山括弧は二分ドリベタ組とする)
10. 組方原則で特に注意すべき事項(例：改行のカギは全角下ガリ，折り返しは天ツキ．拗促音・音引の行頭許容，その他，調整の方法など)

 ＊組方の一般的なルール，組方原則(⇨ 60 ページ)は，出版社，印刷所間であらかじめの了解事項としていちいち指定しないことも多い．しかし，その関係はさまざまである．新しく取引を開始した印刷所の場合は，あらかじめ打ち合わせておくか，できるだけ細かく指定したほうがよい．

11. 原稿指定上の約束(例：アンダーラインはイタリック体)

⑵ **個々の原稿にいちいち指定すべき事項**

1. 改丁，改ページ，改段，改行，追込みの別
2. 見出しの組方(文字サイズ・書体，字割，字下ガリ，行ドリなど)
3. 柱の題目(柱の題目が変わるつど，その題目の内容と文字サイズ，字割を指定する)
4. 本文の組方と異なる部分の組方(本文中で文字サイズを小さくする文字，書体を変更する文字，注，引用文，俳句，詩歌，表，図版など)
5. その他，単位記号，数学記号，数式，化学式，欧文などの組方で注意すべき箇所
6. 前付・後付など本文とは組方を変えた部分では，その組方を指定する

〈以下は原稿整理とも関連する事項〉

7. 箇条書きの行頭および折り返しの字下ガリ
8. 漢数字の小数点の中黒，漢数字の三桁ごとの読点を二分ドリにする場合
9. 1 行アキにする箇所
10. モノルビかグループルビかの別
11. 欧字の立体とイタリック体の別

扉の組方

‘扉’(本扉)は，書物の入口にあたる部分である．それにふさわしい紙質を用い，著者名・書名・出版社(発行所)名などを配置することが必要である．

⑴ **前扉**　外国の書物では，一般に本扉の前に，書名だけを表示する前扉を入れている．しかし，わが国では前扉をつける例はそれほど多くない．特に前扉を入れる必要があるとすれば，原書に前扉のある翻訳書の場合であろう．

なお，本扉が共紙(ともがみ)形式の場合には，本扉が見返しに引っぱられてしまうのを防ぐ意味で，前扉を入れるということも考えられる．

⑵ **扉の用紙**　外国の書物では，一般に扉は本文共紙(本文と同じ紙を使用)である．しかし，わが国では本文用紙よりやや厚目の別紙(べつがみ)(本文の用紙とは別の紙)を使用する形が多い．

印刷・製本の作業上の便からいうと，扉の後に別紙の口絵などが入らない場合には，扉は共紙とするのが都合がよい．したがって，本文用紙に厚目のものが使われており，書物の入口としてふさわしい感じの紙である場合には，扉も共紙にするのが合理的といえる．

扉の後に別紙の口絵などが入る場合には，扉を別紙にすることによって，見返し・扉・口絵を本文の第1折に順次貼り込んでまとめることができる．

⑶ **扉の構成と組方**　表面に著者名・書名・出版社名などを掲げ，特別のもの(たとえば，翻訳書の場合には，裏面に原語で書名・著者名・発行年・原出版社名・著作権の表示(コピーライト)などを掲げる)を除いては，裏白とするのが普通である．

1. 掲げる文字サイズやその位置は，判型や書名の文字数，内容，出版社などにより異なり，その形式も多種多様である．

一般書や学術書によくみうけられる例は，以下のとおりである．

〈A 5 判〉

書　名　　28 ポ(38 級または 40 級)

著・訳者名　16 ポ(24 級)

●扉(A 5 判)の組方例①

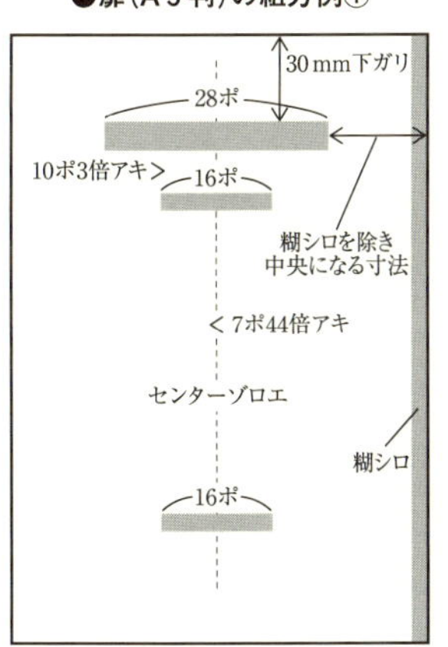

●扉(A 5 判)の組方例②

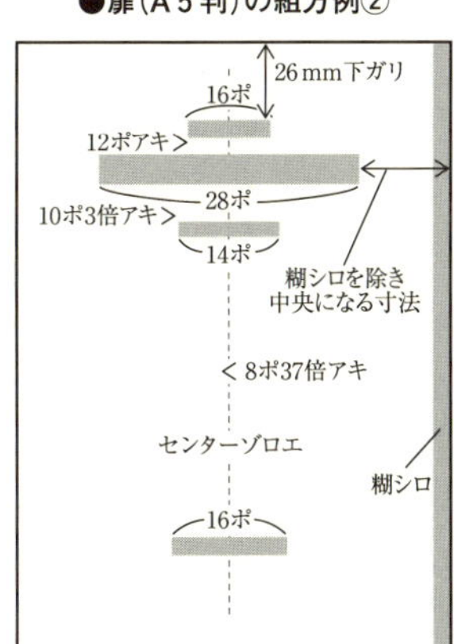

●扉(A 5 判)の組方例③

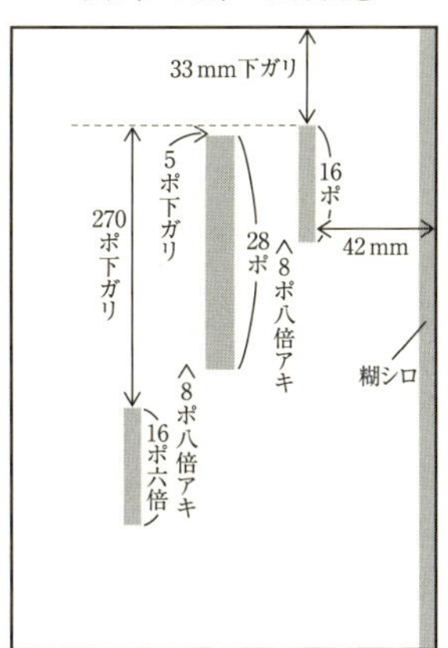

出版社名など　16 ポまたは 14 ポ（24 級または 20 級）

〈B 6 判〉

書　名　　　20 ポ（28 級）

著・訳者名　12 ポまたは 14 ポ（18 級または 20 級）

出版社名など　12 ポまたは 14 ポ（18 級または 20 級）

2. 文字の字割は，扉を横組にした場合を例にとれば，著者名・出版社名は左右の長さを使用する文字サイズの 7 倍ドリぐらいを基準として字割を行う．書名も 7 倍ドリを基準として，これよりやや大き目とする．一般に書名の長さが著者名あるいは出版社名の長さより短い場合には，体裁が悪いので，書名のほうがやや長くなるように字割をする．

3. 書名・著者名・出版社名の位置は，上下については，全体を紙面の中央に組むと一般に下がりぎみに見えるので，天よりは地のアキを 10 mm ないし 12 mm くらい大きくしたほうが視覚上安定してよいように思われる．

書名・著者名・出版社名相互の位置関係については，図のようにさまざまの形式がある．

〈著訳者名の字割例〉

3倍四分　二分四分
林　　茂　著

全角　全角半　二分
石　原　純　著

全角半　全角　二分
芝　亀　吉　著

二分アキ
和 辻 哲 郎 著

2－3ポアキ
高橋浩一郎著

ベタ
田中美知太郎著

〈出版社名の字割例〉

全角半　全角半
鱒　書　房

全角アキ
岩　波　書　店

二分－三分アキ
世界文化社

2－3ポアキ
第一法規出版

ベタ
東京大学出版会

左右の刷り位置は，ノドに見返しが貼り込まれるので，ノドのほうを糊シロとして 3 mm ないし 2 mm 除いて寸法を決める．紙面の左右中央に配置するときは，紙面の左右の寸法からノド側を 2-3 mm 除いた余白の部分を左右平均にする．

その他，出版社名はロゴ（ロゴタイプ，社名・商品名などをデザイン処理して専用のマークにしたもの）を使用したり，また，扉を別刷にしたときは，色刷としたり，カットなどをあしらってデザインする形式のものもある．

●扉（A 5 判）の組方例④

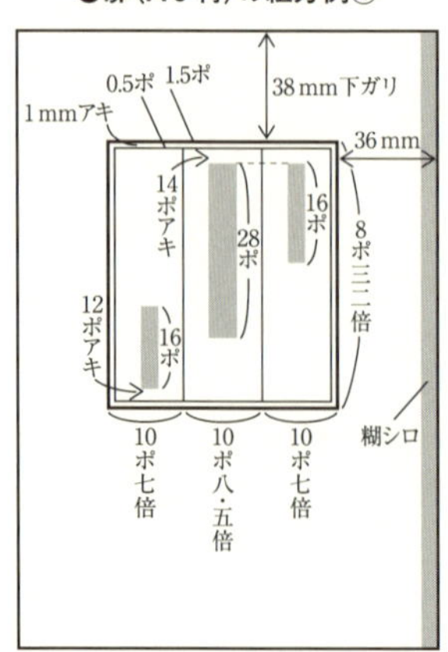

●扉（B 6 判）の組方例⑤

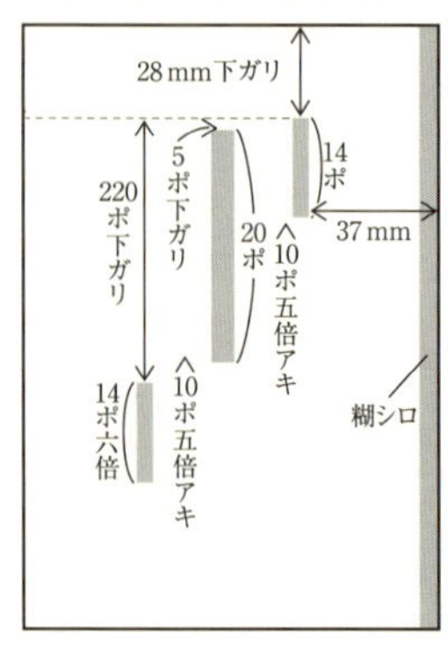

●扉（B 6 判）の組方例⑥

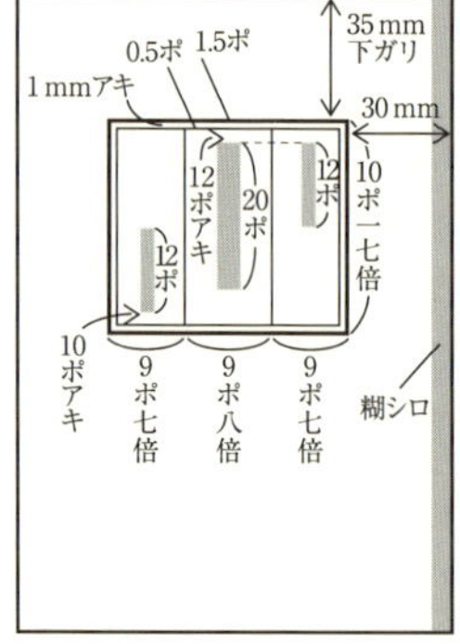

口絵の組方

別紙(別刷)の口絵は改丁ではじまり，多くはアート紙やコート紙に印刷する場合が多い．口絵には本文としてのノンブルをつけないのが普通である．

(1) **口絵の位置**　通常，扉の次に口絵を配置する．口絵が別刷で扉が本文共紙の場合は，折丁を開いて貼り込むのを避け，扉と口絵の順序を逆にして，著者の肖像などは扉の対向面に入れることも行われている．

(2) **写真の扱い方**　紙面のなかほどにほどよく収める場合と，裁ち切り(紙面の天・地・小口などの縁いっぱいまで印刷する)として大きく扱う場合とがある．裁ち切りにする場合は，裁ち切りとする側を，仕上り紙面より払いシロとして3mm大きく仕上げる．

糸とじの場合は，4ページ・2ページは貼り込みとなる．したがって，ノドいっぱいまで印刷面をもっていくと，インキの油によって接着剤が紙面に十分のらず，口絵がはがれやすくなる．糊シロの2mmないし3mmくらい余白を残しておく．

また，写真や図版を天地中央に配置すると下がりぎみに見えるので，視覚的に見て中央に見えるように位置を決める．

(3) **図を横向きにする場合**　その図柄の天を，縦組では右側，横組では左側にして配置する．

(4) **キャプション**　写真や図版につけるキャプションの文字サイズは，本文より一段小さな文字を使うのが原則で，一般に8ポ(12級)ないし7ポ(10級)くらいである．B5判以上の大きな本には，9ポ(13級)が使われる場合もある．

写真や図版とキャプションとのアキは，写真や図版の下にキャプションが入る場合は，キャプションに使用した文字の大きさ(8ポないし7ポアキくらい)，側面に入れる場合は，配置位置にもよるが，ややせばめて6ポアキくらいが適当であろう．2行以上になる場合は，行数に応じて，行間を二分アキ・三分アキ・四分アキというようにして，口絵に付属するキャプションとして，まとまった感じを与えるようにする．

●口絵(A5判)の組方例①

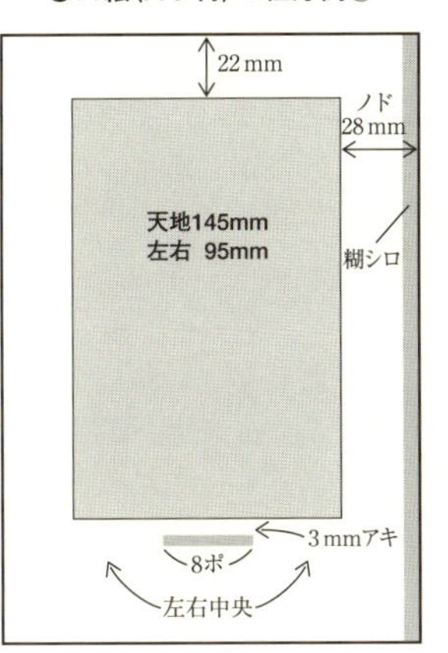

●口絵(A5判)の組方例②

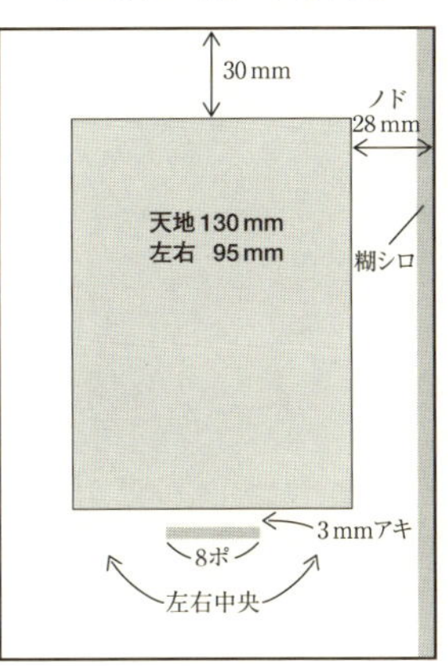

●口絵(A5判)の組方例③

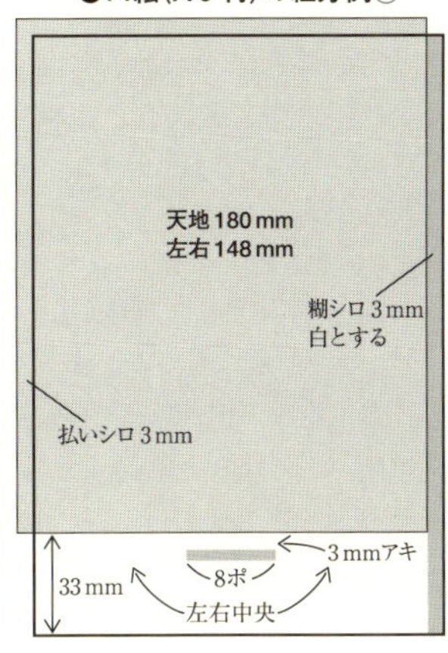

献辞・序文・凡例の組方

〈献　辞〉

献辞は正式には特別にページを設けて掲げ(改丁)，裏白とする．簡単な扱いとしては，扉の裏面を利用する場合もある．

文字サイズは，一般に，B 6 判であれば 12 ポ(18 級)くらい，A 5 判であれば 12 ポ(18 級)か 14 ポ(20 級)くらい，基本版面の天より，本文文字の 5 字ないし 7 字下ガリくらいで，紙面の左右中央に置く．

〈序　文〉

⑴ **序文の組方**　本文と同じ体裁で組む．著者の希望などで文字サイズを本文より 1 ポくらい大きくする場合もある．

原則として序文は改丁とする．

⑵ **複数の序文の順序**　翻訳者・原著者の順に置く．版ごとの序文は，重要でとくに強調したいもの(最新のもの)を最初に置き，そのあとは初版のものから順を追って並べるか，その反対の順に並べる．ただし，翻訳書では，すべて原書の順序に従わなければならない．

⑶ **‘序文’ ‘はしがき’ という見出し**　文字サイズは，本の構成上のウエイトから考えて，たとえば，本文が大・中・小の 3 本見出しの場合であれば，中見出しと同じくらいの重さに考え，A 5 判では 12 ポ(18 級)，B 6 判では 10 ポ(14-15 級)くらい，3 行ドリ中央に配置する．字下ガリは，中見出しの字下ガリと同じか，ややあげて本文文字の 4 字ないし 6 字下ガリとする．字割は，本文の見出しの字割とのバランスを考慮して，A 5 判・B 5 判で ‘序文’ の場合には 2 倍半(-3 倍)アキ，‘はしがき’ の場合には二分四分アキ，B 6 判で ‘序文’ の場合には 2 倍(-2 倍半)アキ，‘はしがき’ の場合には，二分アキくらいとする．

⑷ **末尾に掲げる ‘年月日’**　文字サイズは，本文よりやや小さくする．位置は本文の頭より 2 字ないし 3 字下ガリくらいにする．本文との行間も本文行間よりやや(1 ポか 2 ポ)広くする．

⑸ **末尾に掲げる著者名**　文字サイズは，A 5 判で 12 ポ(18 級)，B 6 判で 10 ポ(14-15 級)くらい，倍ドリは 7 倍くらいにする．‘著者’ ‘訳者’ としたときは 2 倍ないし 3 倍アキがよい．字上ガリは年月日の下ガリと揃え，版面の地から本文の文字で 2 倍ないし 3 倍上ガリくらい．‘年月日’ とのアキは，本文行間と同じか，それよりやや(1 ポか 2 ポ)広くする．

‘年月日’ ‘著者名’ のみが改ページになる場合は不体裁なので，調整する．見出しの前を 1 行アキにして 4 行にする，または著者にすこし書き足してもらい ‘年月日’ の前に 2, 3 行組むようにする．逆にけずり，前ページに追い込む．‘著者名’ だけがはみ出す場合には，‘著者名’ を ‘年月日’ の下に配置する方法もある．

＊**あとがき**の組方は，序文とほぼ同じに考えていけばよい．

〈凡　例〉

学術書や大きな編纂書では，序文に続いて凡例が置かれる．あらかじめ読者に指示を与え，内容の理解を助けるために，本文中の用語や略語や例則について，箇条書きしたものである．

文字サイズは，本文の文字と同じか，それより 1 段階小さくする．見出しの組方は，序文と同じくらいにする．凡例は改丁とするのが原則であるが，ページ割(台割)の都合で改ページとする場合もある．凡例の位置を図版目次の次とする場合もある．

目次・図版目次の組方

〈目　次〉

⑴　**組方向など**　組方向(縦組か，横組か)は，本文に従う．目次は改丁が原則である．項目数が少ない場合には，‘目次扉’をたて，目次を見開きにして一覧させる組方もある．見出し項目のページ数の表記は，縦組では漢数字の平字(天地二分)またはアラビア数字，横組ではアラビア数字を用いるのが一般的である．

⑵　**目次の版面**　目次版面の大きさは，縦組では，左右は，本文(基本版面)と同じにし，天地をやや詰める．本文の頭より本文文字で２字下ガリ，地から３字上ガリくらい，見出し項目の字数の多い場合は，１字下ガリの２字上ガリくらいにする(同じにすると下がって見えるので，地のほうの上ガリを１字くらい大きくする)．横組では，天地は本文(基本版面)と同じにし，左右を各二分あるいは１倍くらい詰める．

⑶　**見出し‘目次’の組方**　Ａ５判であれば12ポ(目次項目が９ポ・10ポの場合)か，14ポ(目次項目が９ポ・10ポ・12ポの場合)，Ｂ６判であれば10ポ(目次項目が８ポ・９ポの場合)か，12ポ(目次項目９ポ・10ポの場合)くらいにする．字割は，Ａ５判なら２倍半(-3倍)アキ，Ｂ６判なら２倍(-2倍半)アキくらい，下ガリは目次本文の頭から，Ａ５判・Ｂ６判ともに９ポ４字か５字下ガリくらいにする．行ドリは本文の３行ドリを目安に，その中央に配置する．

⑷　**目次項目の文字サイズ**　一般に本文における見出しの文字サイズよりも１段階下の文字サイズを使用する．Ａ５判縦組で本文見出しが14ポ・12ポ・10ポの場合は，それぞれ12ポ・10ポ・９ポとし，これらの下につけるページ数は，目次項目の最小の文字に合わせて９ポとする．小項目が非常に多い場合には，小項目を追込みとし，８ポくらいの文字を使用し，そこにつけるページ数も同じ８ポとする．横組では２段階下の文字サイズにする場合もある．

⑸　**目次各項目の行間**　項目見出しの文字サイズに従って行間を空ける．大きな見出し項目の行間は広く，小さな見出し項目は狭くする．目次項目数により，以下のように考えるとよい．

1. １本立の場合．見出し項目の文字の大きさと行間を決め，本文版面(基本版面)内に何行入るか計算する．本文版面との差(半端)は，縦組では左右に割り振る．

2. ２本立の場合．小見出し項目の文字の大きさと行間を決め，本文版面内に何行入るか計算する．本文版面との差は，縦組では左右に割り振る．大見出し項目は小見出し項目の２行ドリ中央，‘目次’という見出しは小見出し項目の３行ドリ中央または４行ドリ中央というように指定する．

3. ３本立以上の場合．見出し項目の文字サイズに従って，各項目の前後の行間の規則を定め，個々に指定する．小項目は詰めぎみにし，大きい項目の前後はその項目の全角くらい空けるようにする．本文版面との差は，第１ページでは見出し‘目次’の前後と大見出し項目の前などで調整し，第２ページ以下は大見出し項目および中見出し項目の前で調整して版幅を合わせる．

‘目次’という見出しの前後のアキも，本文の３行ドリ中央の見出しを目安に，前後をアキで指定する．

⑹　**目次各項目の下ガリ**　ひどく差がつかないようにする．１段大きい項目の文字サイズの１字分だけを順次下げればよい．

小見出し項目を，そこに使用した文字の2字下ガリとするやり方もある．

⑺　**前付・後付項目の扱い**　‘序文・はしがき・参考文献・索引’などの下ガリは，目次の大見出し項目より1字下ガリとし，文字の大きさも大見出し項目より1段おとして中見出し項目と同じくらいにする．

‘序文・はしがき’は，特別なもの(著作者以外が序文を書く場合など)を除いて，ページ数を入れない方式もある．前付項目と本文項目，本文項目と後付項目との間の行間は，本文項目の行間より少し広げると3者の区分がはっきりしてよい．

⑻　**リーダーの扱い**　リーダーは，3点か2点リーダーを使用し，ページ数とリーダーとのアキのとり方は，最もページ数の多いところ(一般的に数百ページ台であるから3桁)をベタ組(あるいは四分アキ)として，これにリーダーの下端(右端)を揃える．そのためページ数が1桁では全角(あるいは全角四分)アキ，2桁では二分(あるいは二分四分)アキとなる．字詰に半端がでた場合，項目とリーダーとの間を空けて調整する．

⑼　**目次項目の字割**　本文の見出しの字割よりやや詰めぎみに，小口寄りの柱の字割と同じくらいにすると体裁がよい．

(10)　**その他**　目次には，原則として柱・ノンブルも入れる．柱・ノンブルは常に紙面の同一位置に組まれる必要があるので，基本版面より目次版面が小さくなった分，柱・ノンブルとのアキが広くなる．

(11)　**横組目次の留意点**　目次項目の文字サイズは，左右の版幅が狭いので，1段階下よりやや小さめにしたほうが体裁がよい．小見出し項目がたくさん並ぶ場合には，行間を意識的に詰める．

‘目次’という見出しを左右中央にした場合の字割は少し空けぎみにし，たとえば，3倍アキくらいとするとよい．

〈図版目次〉

図版目次は改ページを原則とする．項目数の少ない場合は目次に追込み，多い場合は改丁とすることもある．様式や組方も目次とつり合うようにする．見出しの‘図版目次’の文字の大きさも，‘目次’の文字より1段階小さくする．

別刷の挿絵などは普通ノンブルを打たないので，前後の本文ページを示す．

例　新薬師寺本堂(カラー)………30-31
　　三月堂梵天……………………48-49

表目次も図版目次と同様である．

●目次項目1本立の場合

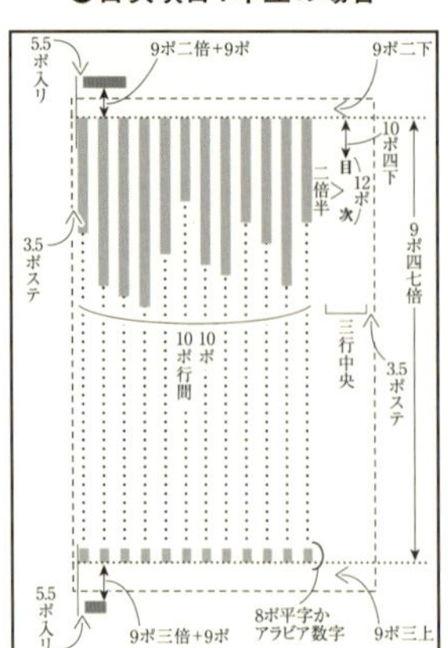

●目次項目2本立の場合

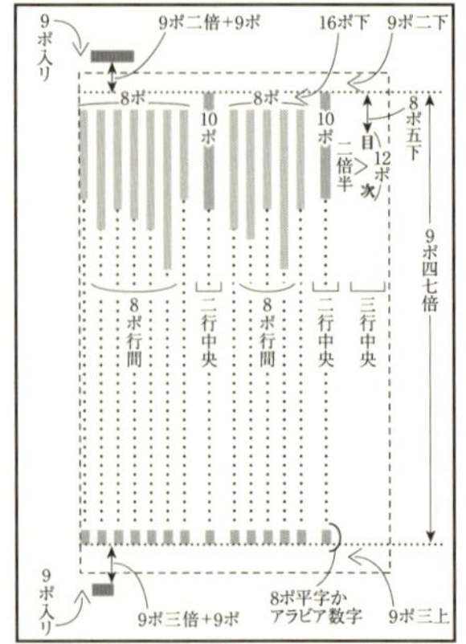

●目次項目3本立の場合

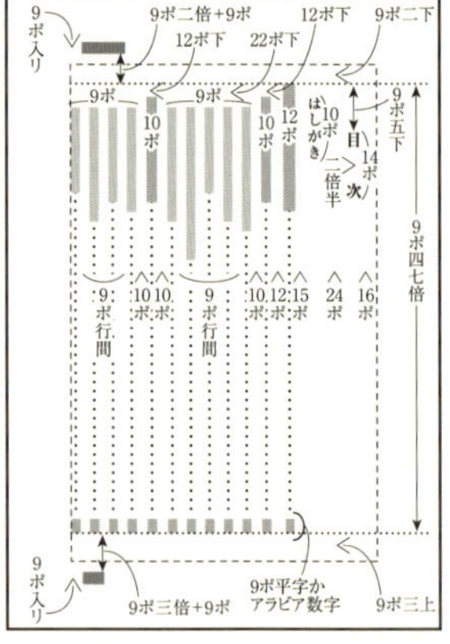

中扉の組方

⑴　**中扉と半扉**　中扉は，表に標題を掲げ，裏白としたもの(‘改丁・裏白’と指定)で，本文が大きく区分される場合，または短編集などにおいて個々の作品を区別したい場合に，それぞれの部分の初めに入れる．これに対して，裏面から本文をはじめるのが半扉(‘改丁’のみ指定)で，中扉ほどの区切りをつけない場合に入れる．

なお，見出しを中扉や半扉にたてないときは，書名を中扉に掲げることもある．

⑵　**中扉の用紙**　本文共紙とするのが普通であるが，総覧・便覧・辞典などでは，求めるページの見当をつけやすくするために，色紙を用いることがある．

⑶　**文字サイズ**　判型，本文や見出しの文字サイズなどによるが，1つの目安は，本文中の大見出しより1段階大きいか，同じくらいにする．たとえば，A5判の場合は，16ポ(22級)から18ポ(24級)くらい，B6判の場合では，14ポ(20級)，場合によっては12ポ(18級)くらいにする．

⑷　**標題の位置と字割**　①左右中央に組む方法，②小口寄せにして組む方法，③ノド寄せにして組む方法(横組)があるので，本の内容により決定する．余白にカットなどを入れてもよい．

縦組で左右中央の場合の字下ガリは，A5判では，版面の天から9ポ4字ないし5字下ガリ，B6判であれば，9ポ4字下ガリくらい，小口寄せの場合の字下ガリは，カットなどとも関係するが，だいたい中央の場合と同じ位置でよいであろう．横組で左右中央の場合は，本文の組方にもよるが，4行か5行くらい下がった位置にする．

字割は，本文の見出しの字割と同じ方針で割るようにする．

⑸　**中扉のノンブル**　体裁上から省略するのが習慣となっている(かくしノンブルという．その場合でも，ページ数に数える)．しかし，ノンブルは，製作作業上からいえばあったほうがよい．

中扉の指定にあたっては，改丁・裏白の記入も忘れてはならない(半扉の場合は改丁のみ)．

●中扉(A5判)の組方例①

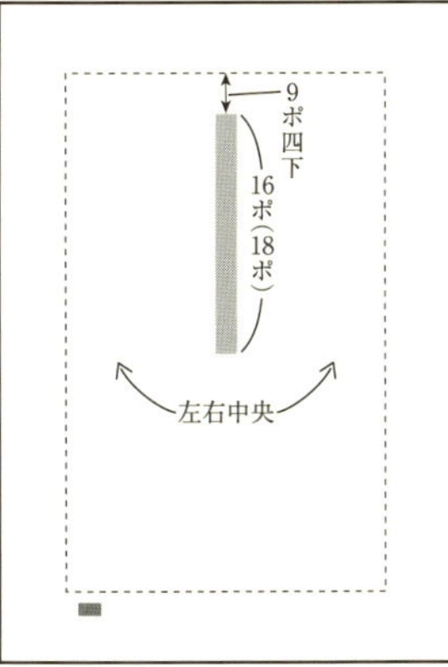

●中扉(A5判)の組方例②

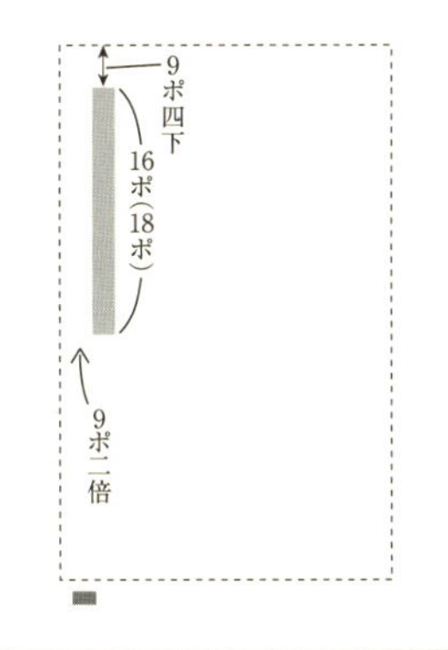

●中扉(A5判)の組方例③

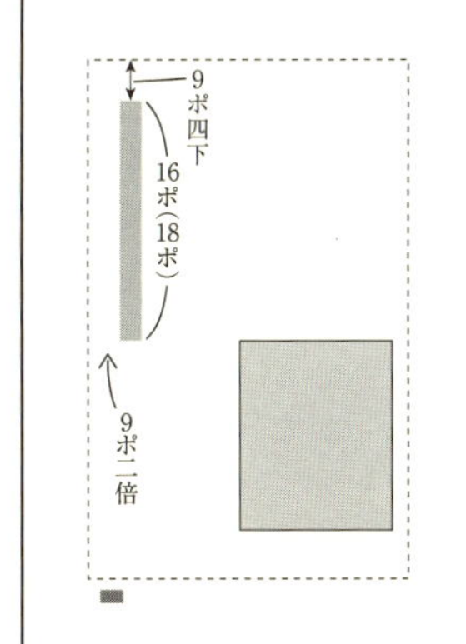

見出しの組方

まとまった著作においては編・章・節・項というように，段階的に見出しをつけるのが普通である．これら3重，4重の見出しの比重を考え，

①使用する文字サイズと書体

②行ドリ

③字下ガリ

④字割

⑤改丁・改ページ・改段・追込みの別

などによりアクセントをつけていく．アクセントのつけ方にアンバランスがあったり，全体を通して不統一があってはならない．

⑴　**改丁・改ページ・改段・追込み**　一般に大見出し(大見出し，大・中・小見出し，大・中見出し，大・小見出し)では改丁または改ページ，中見出し(中見出し，中・小見出し)では追込み(または改ページ)，小見出しでは当然追込みとする．

⑵　**文字サイズと書体**　本文の文字より1ポくらい大きなもの(または同じ大きさ)からはじめて，小見出し・中見出し・大見出しの順に，1ポか2ポくらいずつ大きくしていくのが一般的なやり方である．

	本文	小見出し	中見出し	大見出し
A5判・B5判	9ポ	10ポ	12ポ	14ポ
(縦組・横組)	10ポ	12ポ	14ポ	16ポ
A5判	8ポ	9ポ	10ポ	12ポ
(横組)	9ポ	10ポ	12ポ	14ポ
B6判 B40取判	8ポ，9ポ	9ポ	10ポ	12ポ
A6判	8ポ	8ポ，9ポ	9ポ，10ポ	10ポ

見出し文字の書体は，小見出し等では本文と同じ書体でよいが，中見出し・大見出し等では，少し太めの書体にしないとバランスがつかないこともある．

⑶　**行ドリ**　行ドリは，見出しの種類により異なるが，行ドリの指定の巧拙により，組版が引きしまった感じになったり，間が抜けた感じになったりする．

1．行ドリの方法としては，小見出し2行ドリ中央(2行中央)，中見出し3行ドリ中央(3行中央)，大見出し4行ドリ中央(4行中央)と見出しの大きさに従って，行ドリを増やしていく．これを原稿の内容によって調整する．

●単独見出しの場合

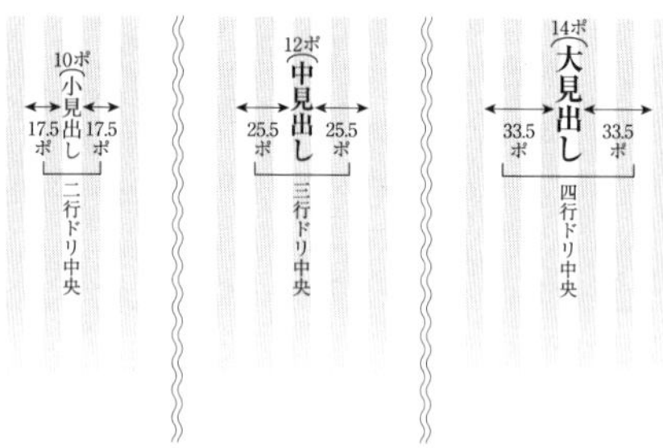

●見出しが重なった場合

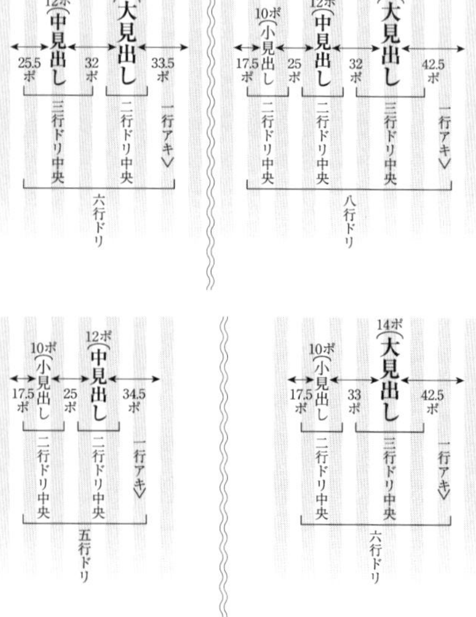

2. 見出しは単独(1本)で出てくる場合のほかに，大・中・小，大・中，大・小，中・小など，いろいろな組合せの形がある．いずれの場合でもそれぞれの見出しの前後のアキがほぼ同一になるようにバランスをとり，単独の場合の見出しの行ドリをそのまま適用しないで調整する(単独の見出しの場合の行ドリをそのまま見出しが重なった場合に適用すると，それぞれの前後のアキが加わって，単独の見出しの場合の前後のアキよりも大きくなる)．

3. A 5 判，縦組，9 ポ 52 字詰×17 行，行間 9 ポ，大・中・小の 3 本見出しの行ドリの調整例を 94 ページに掲げる．

4. 見出しの行ドリ指定では，見出しの前後のアキを指定するというやり方もある．この場合でも見出しと前後のアキの合計が本文の整数行になるようにする．

5. 見出しの種類が多い場合でも，見出しはなるべく版面の半ば以内におさめるように工夫する．最小見出しを本文の行頭に置き，ゴシック体とするか，大見出しを半扉か中扉の形式にすることが考えられる．

(4) 字下ガリ 縦組では大きいものから，順次本文の文字サイズで 2 字くらいの差をつけて下げていくのが普通である．横組では，左右中央とするものが多い．

(5) 文字サイズ・行ドリ・字下ガリの例 以下は，オーソドックスないわゆる一般書・学術書の例である．

【A 5 判・縦組　本文 9 ポ組】

■大・中・小見出しの 3 本立の例

1. 単独見出しの場合

9 ポ 4 字下ガリ	大見出し(14 ポ)	4 行中央
9 ポ 6 字下ガリ	中見出し(12 ポ)	3 行中央
9 ポ 8 字下ガリ	小見出し(10 ポ)	2 行中央

2. 大・中・小見出し 3 本となる場合……改丁か改ページ

	1 行アキ ……		8 行ドリ
9 ポ 4 字下ガリ	大見出し(14 ポ)	3 行中央	
6 字下ガリ	中見出し(12 ポ)	2 行中央	
8 字下ガリ	小見出し(10 ポ)	2 行中央	

3. 大・中見出し 2 本となる場合……改丁か改ページ

	1 行アキ ……		6 行ドリ
9 ポ 4 字下ガリ	大見出し(14 ポ)	2 行中央	
6 字下ガリ	中見出し(12 ポ)	3 行中央	

4. 大・小見出し 2 本となる場合……改丁か改ページ

	1 行アキ ……		6 行ドリ
9 ポ 4 字下ガリ	大見出し(14 ポ)	3 行中央	
8 字下ガリ	小見出し(10 ポ)	2 行中央	

5. 中・小見出し 2 本となる場合……改ページか追込み

	1 行アキ ……		5 行ドリ
9 ポ 6 字下ガリ	中見出し(12 ポ)	2 行中央	
8 字下ガリ	小見出し(10 ポ)	2 行中央	

6. 見出しのない場合

本文のはじめを 2 行分空ける

■大・小見出しの 2 本立の例(1)

1. 単独見出しの場合

●単独大見出しの例

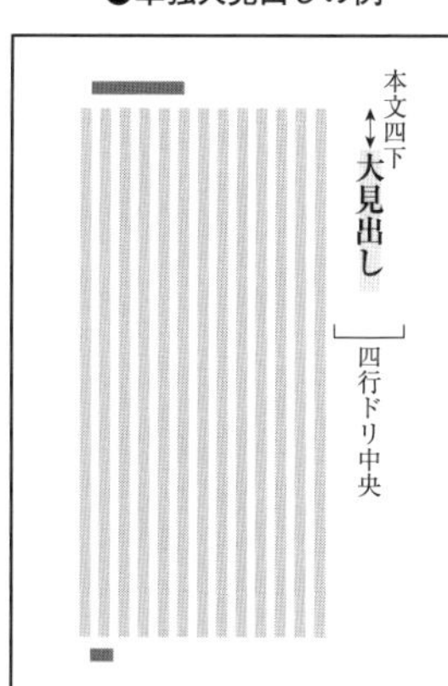

●単独中見出しの例

●単独小見出しの例

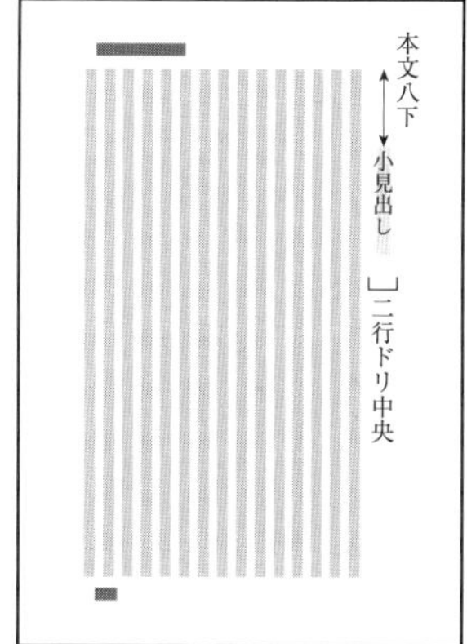

9ポ5字下ガリ	大見出し(12ポか14ポ)	3行中央	
9ポ7字下ガリ	小見出し(10ポ)	2行中央	

2. 大・小見出し2本となる場合……改丁か改ページ

	1行アキ ……………………………		5行ドリ
9ポ5字下ガリ	大見出し(12ポか14ポ)	2行中央	
7字下ガリ	小見出し(10ポ)	2行中央	

■大・小見出しの2本立の例(2)

1. 単独見出しの場合

9ポ5字下ガリ	大見出し(12ポか14ポ)	4行中央	
9ポ7字下ガリ	小見出し(10ポ)	2行中央	

2. 大・小見出し2本となる場合……改丁か改ページ

	1行アキ ……………………………		6行ドリ
9ポ5字下ガリ	大見出し(12ポか14ポ)	3行中央	
7字下ガリ	小見出し(10ポ)	2行中央	

【B6判・縦組　本文9ポ・8ポ組】

■大・中・小見出しの3本立の例

1. 単独見出しの場合

本文4字下ガリ	大見出し(12ポ)	3(4)行中央	
本文6字下ガリ	中見出し(10ポ)	2(3)行中央	
本文1字下ガリ	小見出し(9ポか8ポゴチ)	1(2)行ドリ	

2. 大・中・小見出し3本となる場合……改丁か改ページ

	1行アキ ……………………………		6(8)行ドリ
本文4字下ガリ	大見出し(12ポ)	2(3)行中央	
6字下ガリ	中見出し(10ポ)	2(2)行中央	
1字下ガリ	小見出し(9ポか8ポゴチ)	1(2)行ドリ	

3. 大・中見出し2本となる場合……改丁か改ページ

	1行アキ ……………………………		5(6)行ドリ
本文4字下ガリ	大見出し(12ポ)	2(2)行中央	
6字下ガリ	中見出し(10ポ)	2(3)行中央	

4. 大・小見出し2本となる場合……改丁か改ページ

	(1行アキ) ……………………………		4(6)行ドリ
本文4字下ガリ	大見出し(12ポ)	3(3)行中央	
1字下ガリ	小見出し(9ポか8ポゴチ)	1(2)行ドリ	

5. 中・小見出し2本となる場合……改ページか追込み

	(1行アキ) ……………………………		3(5)行ドリ
本文6字下ガリ	中見出し(10ポ)	2(2)行中央	
1字下ガリ	小見出し(9ポか8ポゴチ)	1(2)行ドリ	

■大・小見出しの2本立の例

1. 単独見出しの場合

本文4字下ガリ	大見出し(12ポ)	3(4)行中央	
本文6字下ガリ	小見出し(10ポか9ポ)	2行中央	

2. 大・小見出し2本となる場合……改丁か改ページ

	1行アキ ……………………………		5(6)行ドリ
本文4字下ガリ	大見出し(12ポ)	2(3)行中央	
6字下ガリ	小見出し(10ポか9ポ)	2行中央	

【A5判・B5判・横組　本文9ポ・8ポ組】

■大・中・小見出しの3本立の例

1. 単独見出しの場合

版面左右中央	大見出し(14ポ)	4行中央	
版面左右中央	中見出し(12ポ)	3行中央	
左右中央か1字下ガリ	小見出し(10ポ)	2行中央	

2. 大・中・小見出し3本となる場合……改丁か改ページ

	1行アキ ……………………………		8行ドリ
版面左右中央	大見出し(14ポ)	3行中央	
版面左右中央	中見出し(12ポ)	2行中央	
左右中央か1字下ガリ	小見出し(10ポ)	2行中央	

3. 大・中見出し2本となる場合……改丁か改ページ

	1行アキ ……………………………		6行ドリ
版面左右中央	大見出し(14ポ)	2行中央	
版面左右中央	中見出し(12ポ)	3行中央	

4. 大・小見出し2本となる場合……改丁か改ページ

	1行アキ ……………………………		6行ドリ
版面左右中央	大見出し(14ポ)	3行中央	
左右中央か1字下ガリ	小見出し(10ポ)	2行中央	

5. 中・小見出し2本となる場合……改ページか追込み

●大・中・小見出し3本の例

●大・中見出し2本の例

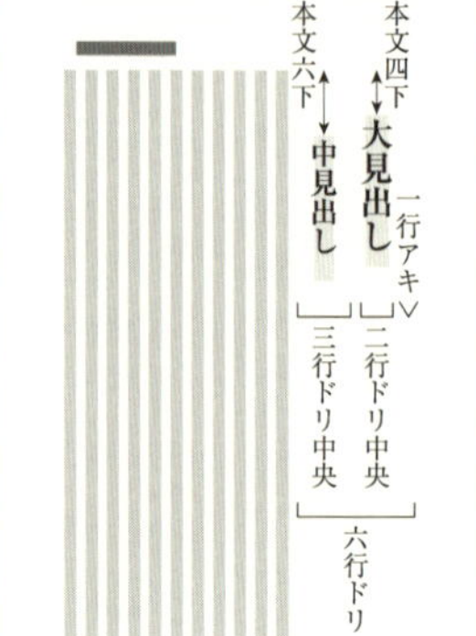

●大・小見出し2本の例

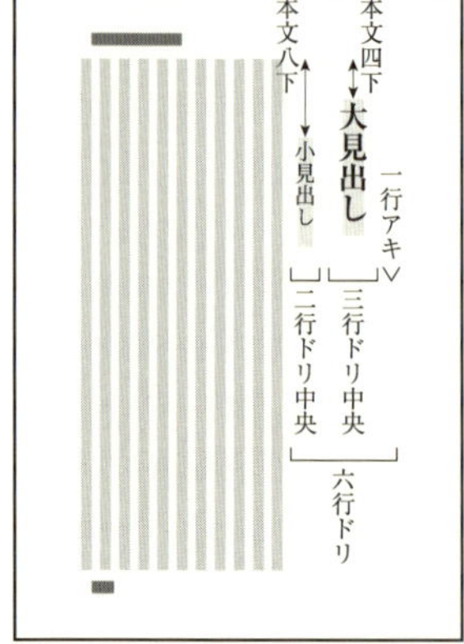

	1行アキ……………………………		5行ドリ
版面左右中央	中見出し(12ポ)	2行中央	
左右中央か1字下ガリ	小見出し(10ポ)	2行中央	

(6) **字割**(アキ)　字間を割る場合は，字数に応じて統一をとる．以下はオーソドックスな例である．

B5判・A5判縦組(1段)の場合

字　数	アキ(倍ドリ)
2字の場合	2倍半アキ(4.5倍)
3字の場合	全角四分アキ(5.5倍)
4字の場合	二分四分アキ(6.25倍)
5字の場合	三分アキ(6.33倍)
6字の場合	六分から八分くらい
7字以上	ベタ組

＊B5判縦組2段・A5判縦組2段の場合は，すこし詰めぎみにしてB6判・B40取判の字割を準用する．

B6判・B40取判縦組(1段)の場合

字　数	アキ(倍ドリ)
2字の場合	2倍アキ(4倍)
3字の場合	全角アキ(5倍)
4字の場合	二分アキ(5.5倍)
5字の場合	四分アキ(6倍)

●中・小見出し2本の例

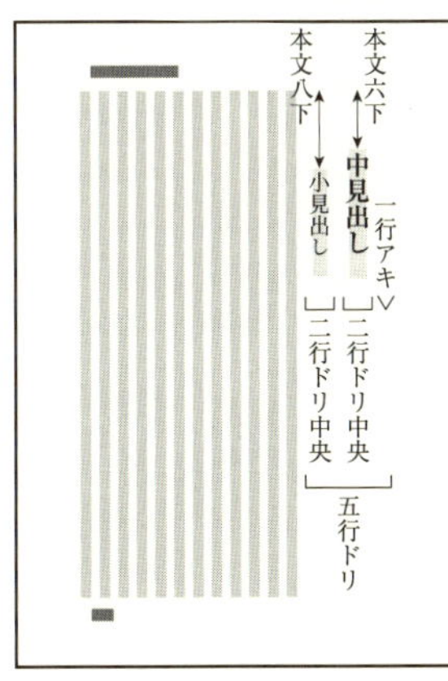

●見出しのない場合

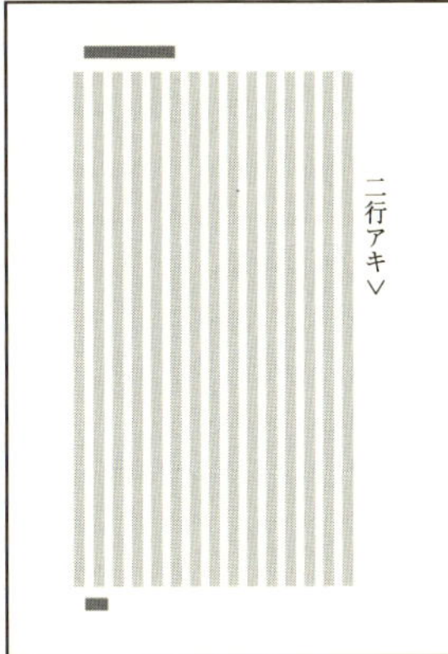

●単独大見出しの場合

●大・中・小見出し3本の場合

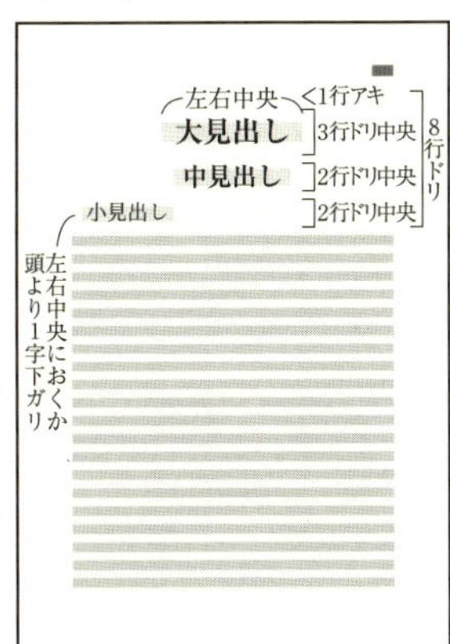

●大・小見出し2本の場合

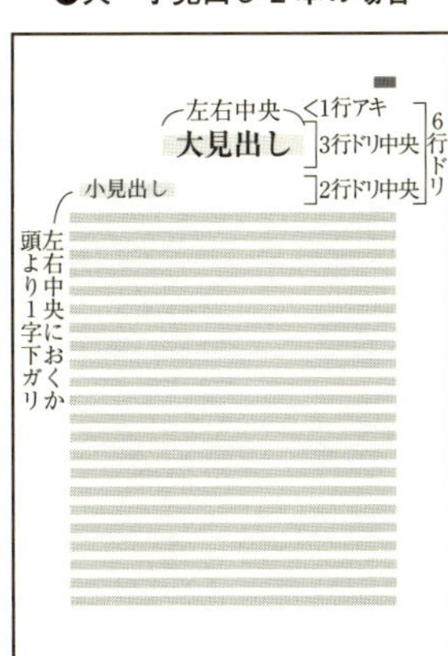

●中・小見出し2本の場合

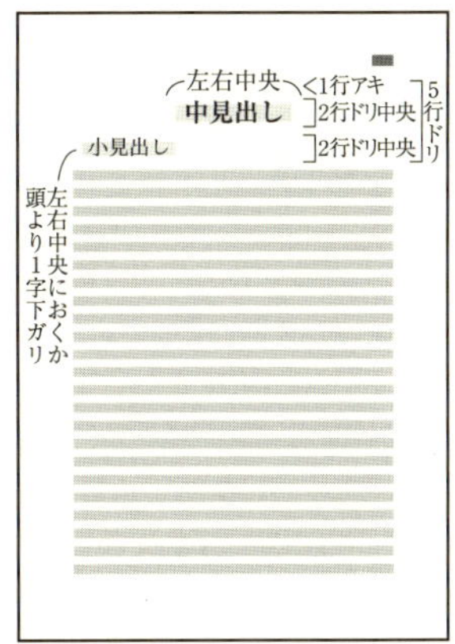

6字以上　……………………………ベタ組

B5判横組(1段)の場合

字　数　　　　　　　アキ(倍ドリ)
2字の場合…………………3倍アキ(5倍)
3字の場合………………全角半アキ(6倍)
4字の場合…………………全角アキ(7倍)
5字の場合…………………二分アキ(7倍)
6字の場合　……………四分アキ(7.25倍)
7字の場合　…………六分から八分くらい
8字以上　……………………………ベタ組

＊B5判横組2段の場合は，すこし詰めぎみにしてB6判の字割を準用する．

A5判横組(1段)の場合

字　数　　　　　　　アキ(倍ドリ)
2字の場合……………2倍半アキ(4.5倍)
3字の場合…………全角四分アキ(5.5倍)
4字の場合　………二分四分アキ(6.25倍)
5字の場合　……………三分アキ(6.33倍)
6字の場合　…………六分から八分くらい
7字以上　……………………………ベタ組

B6判横組(1段)の場合

字　数　　　　　　　アキ(倍ドリ)
2字の場合…………………2倍アキ(4倍)
3字の場合…………………全角アキ(5倍)
4字の場合………………二分アキ(5.5倍)
5字の場合…………………四分アキ(6倍)
6字以上　……………………………ベタ組

＊最小見出しを，本文の行頭より1字下ガリとする見出しの場合には，A5判・B6判ともに，5字以上はベタ組とするくらいに，すこし詰めたほうがよい．

字　数　　　　　　　アキ(倍ドリ)
2字の場合…………………2倍アキ(4倍)
3字の場合…………………二分アキ(4倍)
4字の場合　……………四分アキ(4.75倍)
5字以上　……………………………ベタ組

⑺　**見出しとサブタイトル**　サブタイトル(副題)に使う文字は，見出し文字(主タイトル)の大きさの3分の2くらいが適当であり，見出しとサブタイトルのアキは，見出し文字の大きさの二分(12ポなら6ポ)を基準とし，見出し文字とサブタイトルが分離することなく，1つにまとまっているようにする．行ドリも1行多くとる．

サブタイトルの下ガリは，一般に見出し文字の1字か2字下ガリくらいにする．サブタイトルの前後のダーシは2倍とする．

⑻　**見出しの折り返し**　いくつかの方式がある．

1. 見出しの2行目の頭を揃える方法．

選挙管理委員会委員長としての
海野晋吉先生

第三章　選挙管理委員会委員長としての
　　　　海野晋吉先生

2. 2行目の頭を1字下ガリとする方法．この場合，見出しの頭に第何章とつくときは，第何章の字数だけ下げる．

選挙管理委員会委員長としての
　海野晋吉先生

第三章　選挙管理委員会委員長としての
　　　海野晋吉先生

折り返した見出しの行間は，見出しに使用した文字サイズの二分か三分アキくらいにする．3行になる場合には，三分か四分アキにする．折り返して2行になった場合，行ドリは当然1行増やす．

⑼　**ページ末の見出し**　縦組の奇数ページ末の見出し，横組のページ末(奇数・偶数とも)の見出しは，行ドリが不足する場合を含めて次ページに追い出すのが原則である．

段末の見出しも同様に次段に追い出す．

＊縦組の偶数ページ末にきた見出しは許容するが，重なった見出しの間で割れることは避ける．

(10)　**冒頭に見出しがない場合**　中扉や半扉に標題を掲げ，次のページにくる本文の冒頭に見出しがつかない場合は，本文のはじまりを1行から数行空けて組むようにする．文芸書などでは，4行ないし5行空けて組むことが多い．

引用文・参考文献の組方

〈引用文〉

本文中に，他人の文章を引用する場合には，引用であることを明らかにするために「　」や‘　’で囲むか，または別行として2字下ガリくらいにする．

引用したものは，必ずその典拠，すなわち法令についてはその名称・公布年月日・法令番号などを，文献や図書については著者・書名・出版社・発行年などを引用文の文末や注などで明示する．

⑴　**別行にした引用文**　本文と同じ文字サイズにするのが普通であり，行間も本文と同じにすると組版上都合がよい．

字下ガリは2字または1字下ガリくらいにする．

著者の希望などにより本文の文字(たとえば9ポ)より小さくする(8ポ)場合は，行間も比例して狭くする．たとえば，本文行間9ポなら引用文の行間は8ポ，本文行間8ポなら引用文の行間は7ポといったような割合で狭くする．字下ガリは，本文の文字サイズで2字くらいとする．ケシタ(地)を揃えるのが原則であり，半端は行頭にとる．

⑵　**本文と引用文との行間**　引用文の前後の行間は，本文の行間と同じにする．引用文の文字を小さくして版面の幅に半端が出るような場合には，その半端を引用文の後にとる(引用文がページの最後にくるときは，半端は前にとる)．いずれにしても，本文の行間よりは狭くならないようにする．

⑶　**引用文が非常に長い場合**　引用であるということをはっきりさせるために，引用文の前後を1行アキにするというやり方もある．この場合には頭を2字下ガリとすると，紙面の凹凸が多すぎて見苦しいから，1字下ガリとするほうがよい．引用文が頻出する場合や段組の場合も1字下ガリとするほうがよい．

⑷　**別行の引用文をくくる括弧類**　別行の引用文の「　」は，本文の組体裁にかかわらず，改行二分下ガリ，折り返し天ツキとすると体裁がよい．

〈参考文献〉

引用した書物や，参考とした文献については，章末や書物の終わりにまとめて参考文献として掲げる場合がある．その記載の形式は，著者名，書名，出版社名，発行年，ページ数などの順となる(⇨ 17ページ)．

文字の大きさは，本文10ポ，9ポ，8ポに対して，それぞれやや小さく，参考文献は8ポ，7ポくらいで組まれることが多い．行間は二分アキを中心に，分量の少ない場合には5ポ行間，分量が非常に多い場合には，3ポや2ポなどの行間が考えられる．

引用文の最後に引用文献を括弧内に掲げる場合は，引用文より1ポくらい小さくして組むことが多い．

●文字を小さくする引用文

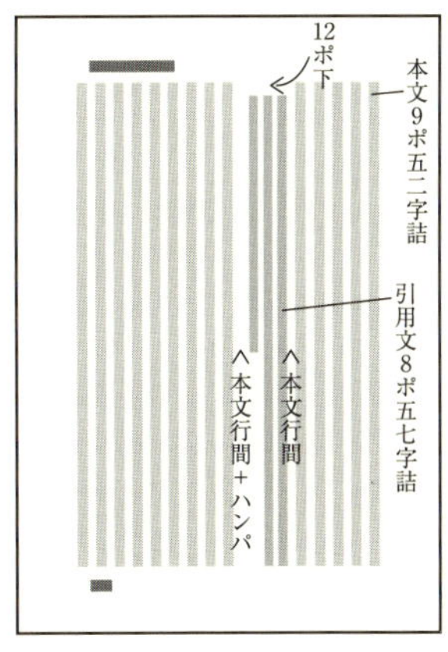

詩歌・俳句・漢詩などの組方

〈詩歌・俳句〉

詩歌・俳句を本文の一部分として別行にして組むときは，本文と同じ大きさにするのが都合がよい．行間も本文と同じにし，字下ガリは，A5判で3字下ガリ，B6判で2字下ガリくらいにする．

鑑賞を目的とするような場合は，歌や俳句が主体となるから，歌や俳句を2行ドリとして，使用する文字も本文より1段階大きな文字を使う．

詩歌や俳句がまとまって入る場合は，その詩歌や俳句の前後を1行アキにする組方もある．ただし，詩や歌を強調するあまりに行間を広く空けすぎて，版面全体がまがぬけないように十分注意する．

詩や俳句は，1行の字数が非常に短く，ベタ組では，本文とのバランスがとれない場合もあるから，字間を四分か二分アキにして組むというような工夫もしなければならない．俳句などでは全体の長さを指定して，字間を均等アキとすると体裁がよい．

俳句集や短歌集では，分量などから，1ページにいくつ配列するか，方針を決めて組方を決める．

〈漢文と漢詩〉

漢文には白文(はくぶん)と訓点文(くんてんぶん)がある．白文は返り点や送り仮名がつかないので，漢字だけを並べればよく，組方は簡単である．しかし，仮名まじり文とちがって漢字ばかりであるから，窮屈な感じを与えないために，字間を四分か二分アキに組む場合が多い．また，行間も字間を空けた分，いくぶん空けぎみにしたほうがよい．

訓点文は，返り点や送り仮名などをつけて，日本式に読みやすくしたものである．漢文用の返り点は，普通二分もの(天地二分，左右全角)を使う(⇨ 72 ページ)．ただし，教科書などでは，12 ポや 14 ポの文字サイズにし，返り点や送り仮名などを二分以下にする場合もある．

訓点文でも，返り点や送り仮名などがついて字間を空ける場合を除いて字間をベタ組にする方法と，原則とする字間を四分または二分とする組方がある．

以下に，句読点のみをつけた例，句読点および返り点をつけた例，さらにそれに送り仮名と読み仮名をつけた例を掲げる．

賈島赴擧至京、騎驢賦詩、得「僧推月下門」之句。欲改推作敲、引手作推敲之勢。未決、不覺衝大尹韓愈、乃具言。愈曰、「敲字佳矣。」遂竝轡論詩久之。

賈島赴レ擧至レ京、騎レ驢賦レ詩、得二「僧推月下門」之句一。欲二改レ推作一レ敲、引レ手作二推敲之勢一。未レ決、不レ覺衝二大尹韓愈一、乃具言。愈曰、「敲字佳矣。」遂竝レ轡論レ詩久レ之。

賈島赴(おもむ)キテレ擧ニ至リシトキレ京ニ、騎(の)リテレ驢(ろ)ニ賦シレ詩ヲ、得タリ二「僧ハ推ス月下ノ門」之句ヲ一。欲シ三改メテレ推ヲ作(な)サント二レ敲(たた)クト、引キテレ手ヲ作ス二推敲之勢ヲ一。未(いま)ダレ決セざルニ、不(ず)シテレ覺エ衝(あた)リ二大尹(いん)韓愈(ゆ)ニ一、乃(すなは)チ具(つぶさ)ニ言フ。愈曰ク、「敲ノ字佳(よ)シト矣。」遂(つひ)ニ竝ベテレ轡(くつわ)ヲ論ズルコトレ詩ヲ久シウスレ之ヲ。

漢詩には，五言絶句・五言律詩・七言絶句・七言律詩などの形式がある．これらの字間は一般にベタ組にせず，原則とする字間を四分か二分アキの組方にするのが普通である．

これら漢文・漢詩が別行で本文中に入る場合は，2字下ガリあるいは3字下ガリとする．

注の組方

(1) **注の種類**

1. 本文中の説明を要する語句のすぐ側に挿入する**挿入注**

①行間に配置する**行間注**

②文中につづく括弧書きの1行の注

③2行に分割して割書きする**割注**

2. 本文のページの上部に掲げる**頭注**(縦組)

3. 本文の編・章・節・段落などの区分の終わりまたは巻末に組み入れる**後注**

4. 本文のページの下部に掲げる**脚注**

5. 本文の奇数ページ小口寄りにつける**傍注**(縦組)

6. 注釈の不足を補うためにまとめる**補注**

(2) **注番号の組方**　挿入注をのぞいて本文中に注番号(合い印)をつける．縦組では本文の行間に配置し，横組では本文の行中に上ツキ文字で配置することが多い．注番号には，アラビア数字，和数字およびアステリスクを使用し，行間に入れる注番号の文字サイズは6ポくらいである．上ツキ文字にした場合，文末につく注番号は句点の前につけるが，後につける組方もある．

(3) **挿入注の組方**　本文中にパーレンをつけて1行書きで補足説明をする挿入注の文字サイズは，本文と同じにするのが組版上合理的である．したがって，1段階下の文字サイズにする組方は，文献名や参照ページなど一定の方針をたて，特定の事項に限ったやり方のほうがよいであろう．

割注の場合は，本文10ポ・9ポに対して6ポにし，その行間はベタ組にする．

(4) **頭注の組方**　術語・人名・地名等をゴシック体で掲げ，全角空けて注解を続ける組方が多い．古典，思想書等に多い．

本文10ポには，8ポか7ポ，本文9ポには7ポ，本文8ポには7ポか6ポが適当である．頭注の字詰は，1行7ポ15字から20字くらいのものが多く，行間は使用文字の二分かそれよりやや狭く3ポくらいにする．本文と注とのアキは，本文が9ポなら9ポの2倍アキ，10ポなら10ポ2倍アキとする．

●割注の組方例

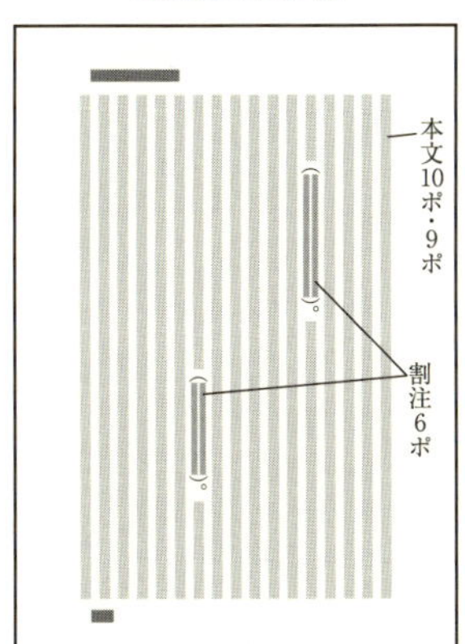

●頭注の組方例

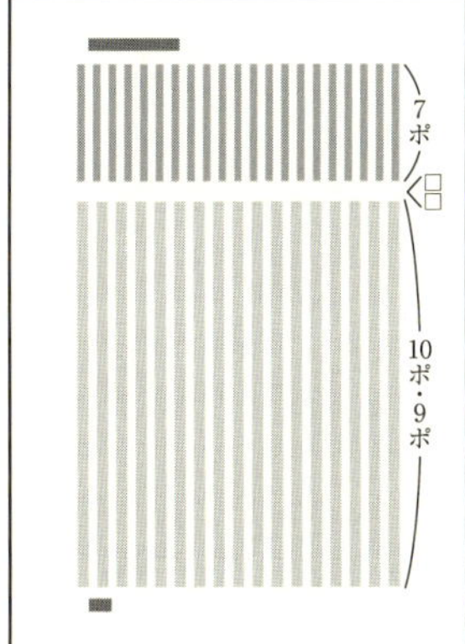

●後注の組方例

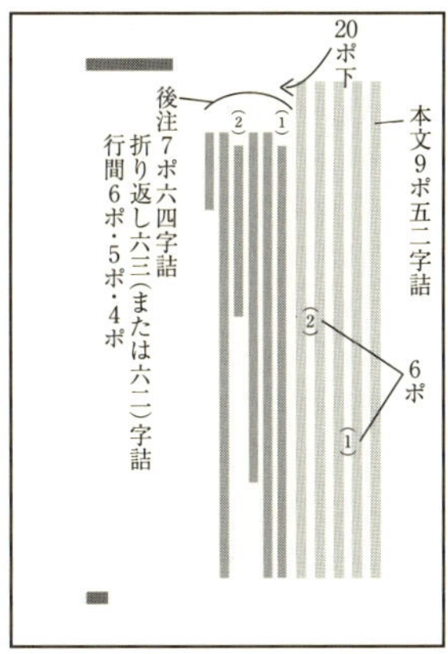

⑸　**後注の組方**　本文10ポ・9ポに対し8ポ・7ポ，行間は本文行間より狭く，6ポアキから4ポアキくらいにする．後注は本文の頭いっぱいに揃える組方もあるが，本文の文字の1字下ガリ（あるいは2字下ガリ）の組方が普通である．実際には，本文と注の文字サイズが異なるので，本文の文字の1行の字詰を注の文字サイズに換算して倍数を割り出し，半端を行頭にとるように下ガリを指定する（行末を本文と揃える）．頭につく注番号をはっきりさせるため，その折り返しは，注番号よりは1字下ガリか，2字下ガリとする．

本文と注とのアキは本文行間と同じにするのが原則で，半端は注の後と本文の間にとる．

⑹　**脚注の組方**　本文横組の下部に入れる注で，A5判で本文9ポ・8ポに対して7ポ，行間は注に使用する文字の二分あるいは3ポ，2.5ポアキ，B6判で本文8ポに対して7ポまたは6ポ，行間は3.5ポ，3ポまたは2ポアキくらいにする．字下ガリは，本文の字詰を注の文字サイズ（倍数）で換算し，半端は行頭にとる（行末を本文と揃える）．下ガリと折り返しの形には，次のようなものがあるが，①や②とする例が多い．

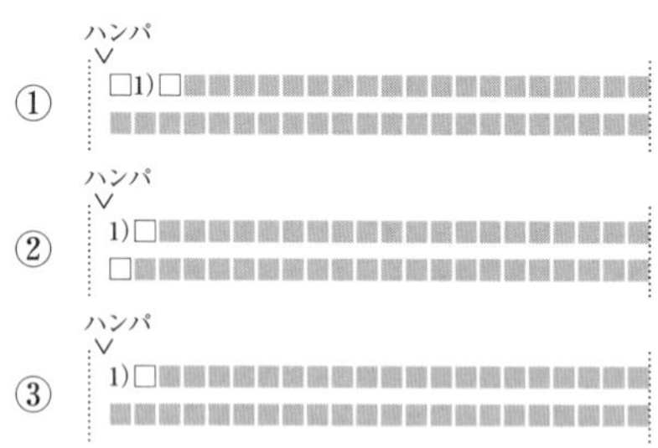

本文との区切りには表ケイを入れるが，A5判なら9ポの10倍から13倍，B6判なら8ポの10倍から13倍くらいにする．脚注とケイとのアキは，注の行間よりやや広く4ポから6ポくらい，行間の半端は表ケイと本文との間にとる．この場合，本文とケイの間は本文行間よりは狭くしない．表ケイを入れない組方の場合は，本文と注の間を本文行間よりすこし空けて，10ポか12ポアキにする．

章末などで本文がページの途中で終わった場合の脚注の位置は，洋書では本文につづいて追込みとしている形式もあるが，わが国では版面の下端に置き，本文との間は空けておく習慣である．

⑺　**傍注の組方**　縦組の見開きページに出てきた事項に対する注を奇数ページ左端に掲げる．後注や脚注の組方に準ずる．

●脚注の組方例①

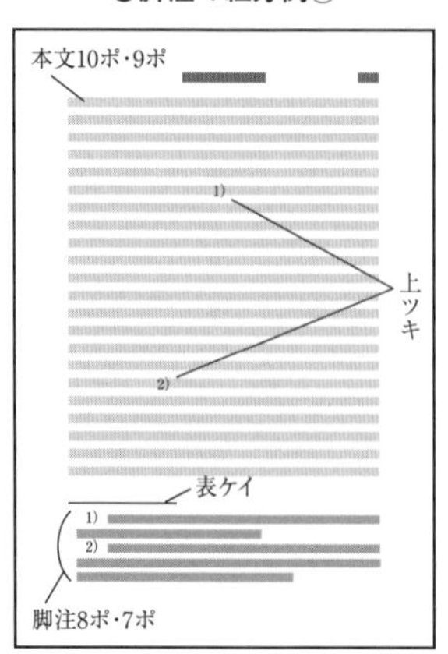

●脚注の組方例②

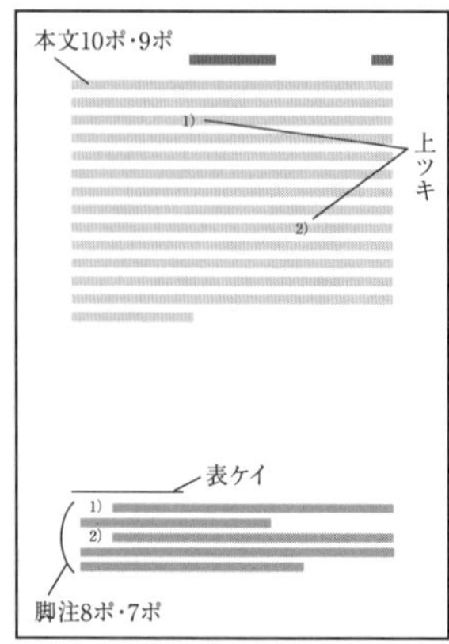

●傍注の組方例

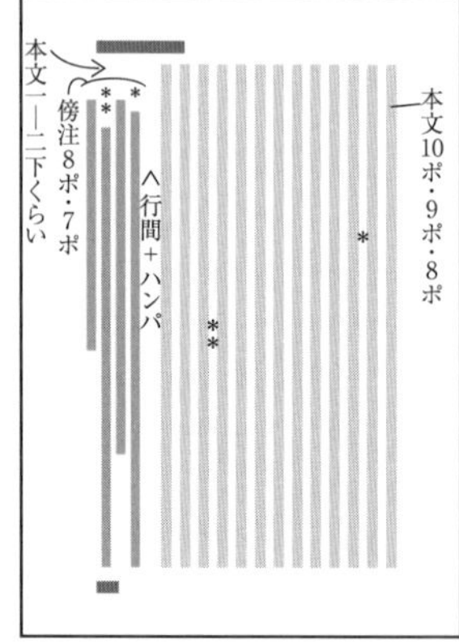

表の組方

⑴　**表の大きさ**　類似したものに分け，各パターンの代表的なものを精密に計算すると，大きさの判断がつく．表の大きさとしては以下のようなものがある．

①本文中に組み込む．

②版面の左右いっぱいに入れる．

③１ページ大(縦向き・横向き)とする．

④見開き２ページに入れる．

⑤折り込みとする(印刷・製本の手間からいって，なるべく避ける)

⑵　**表組の進行**

①初校段階から本文に組み込む．

②本文と同時に組むが，再校で組み込む．

③本文には組み込まないで，フィルム(または台紙)段階で組み合わせる．

表や図版の数が多いときは，初校は棒組とし，再校段階でレイアウトして表を組み込む②の方式が考えられる．③は本文の組版処理システムがあまり表組に適しておらず，別のシステムで表組を行う場合である．

表を図版として処理する方法もあるが，その扱い方は図版に準ずる(⇨ 105 ページ)．

⑶　**表組の本文への組込み指定**　①の方法では，本文原稿の該当部分に‘別紙表○が入る’などと指定し，その後に指定した表組原稿を添付する．この段階では，何ページになるか，偶数ページか奇数ページか確定できないので，‘天・小口寄りに表組は組む’などと，原則的な位置を指定し，具体的な組込み位置は印刷所にまかせ，問題があれば校正段階で修正する．

表のキャプション，表と本文とのアキ，表の占める大きさ(たとえば，表組は天地20倍ドリ，左右８行ドリなど)も指定しておく(逆に本文の組込みの字詰と行数を指定する方法もある)．

⑷　**表の組方指定**　はじめに各欄(小間)の幅を計算する(‘**割をとる**’という)．割をとるには，各欄ごとに最も字数の多い１行をかぞえ，前後のケイとのアキとして各二分あるいは全角を加え，各欄(小間)に必要な内のりの倍数を出す．この内のりを合計して表の横幅(漢数字などを使用した縦向きの表では縦幅)が計算できる．

1. 表の文字サイズと行間　表の文字サイズは，本文より小さい文字，たとえば，A５判では８ポあるいは７ポ，B６判では７ポくらいにする．行間は二分とすると計算もしやすく合理的である．１ページ大の大きな表など二分ではやや空きすぎの場合は，３ポあるいは２ポと行間を詰める．

2. 表に入れる項目の扱い方

①長い項目を基準に均等割にする．

②各項目をベタ組，頭揃えにする．

③各項目をベタ組，中央揃えにする．

④各項目をベタ組，後ろ揃えにする．

一般に①および②の場合が多い．項目の文字数の長いものがあった場合には，文字を小さくして折り返して２行にする．

数字では位取りを揃える．整数の場合は前述の④と同じく後ろ揃えになるが，小数点を含む場合は小数点で揃える．

例	2,368	52.5
	152	123.13
	4,360	362.53

表組のアラビア数字の位取りコンマや小数点としてのピリオドは，二分物が合理的で計算しやすいが，アキがやや大きすぎるので，四分物を使うのが体裁がよい(例は，上が四分物，下が二分物)．

例	12,193,652	3.1415
	12, 193, 652	3. 1415

各欄(小間)では最も長いものを欄の左右中央に置く．ケイと項目・数字とのアキは最小二分アキ(やむをえない場合でも四分アキ)とし，ベタ組にはしない．内容によっては無理に左右中央としないで，きりのよいアキで前後のアキを決めてもよいが，項目の後のアキが前のアキより大きくならないようにする．

3. ケイの用い方　ケイは必要最小限にとどめ，項目間のケイや左右のケイなどはなるべく省く．表の天は中細ケイ(約 0.25 mm)または裏ケイ(約 0.4 mm)，その他は表ケイ(約 0.12 mm)とすることが多い．

4. キャプションと注　キャプションとは表につく標題のことである．キャプションは表の上に，注は表の下に入れるのが普通である．キャプションは表の左右中央に置くのが一般的で，書体はゴシック体と明朝体とが使われる．文字サイズは，ゴシック体の場合には表に使用されている文字と同じ大きさにし，明朝体の場合には1ポくらい大きくする．

① **出版点数の推移**　(7ポ)
② **表16･2**　出版点数の推移　(7ポ)
③ 出版点数の推移　(8ポ)

表とキャプションとのアキは，キャプションの文字サイズの二分アキか二分四分アキくらいにする．注は，表が8ポであれば7ポ，表が7ポであれば6ポくらい，2行，3行になる場合の行間は二分から四分アキにする．表と注とのアキは，表の文字サイズの二分アキくらいにする．

⑸ **ページ内での表の位置**　本文の説明の後で，できるだけ近くに配置する．縦組では天小口，横組では左右の組み込みをしないで左右中央に置くことが多い．縦組で表の下部が本文10字以下，横組では左か右が14字以下の場合には組み込まないで空けておく．表の前後に1行(または2行)しか組み込まれない場合には，その1行は組み込まないほうがよい．

表と本文とのアキは，本文の文字サイズの全角アキ以上(原則として全角半)にする．

表が天にきた場合には，表のキャプションを版面の天より心持ち(3ポくらい＝約1 mm)下げるほうが体裁がよい．

表が1ページ大になると思われる場合や，左右が版面いっぱいになると思われる場合も，できれば本文の版面よりやや小さ目(表の左右を3ポないし5ポ小さ目)に仕上がるようにするほうが体裁がよい．1ページ大の表の場合，できるだけ奇数ページに入れるようにし，縦向きで組めない場合には，横向きに組む．この場合，奇数ページに入る場合には表の天をノドにし，偶数ページに入る場合には表の天を小口にする．

横組で表の左右には本文を組み込まないで，表を左右中央に配置する場合で，ページの中ほどにくるときは，段落の途中に置かないで，段落と段落の間に置く．したがって，このケースでは，表は天か地か，ページの中ほどの段落間に置くことになる．

見開きにする場合には必ず表を見開きにすることを指定しておかなければならない．この見開き2ページにわたる場合，縦線の区切りケイを，左側ページノド側に置くか，右側ページノド側に置くかという問題があるが，左右のケイのない横組の表は左ページのノド側に置くのが一般的である．

●1ページ大横向きの表

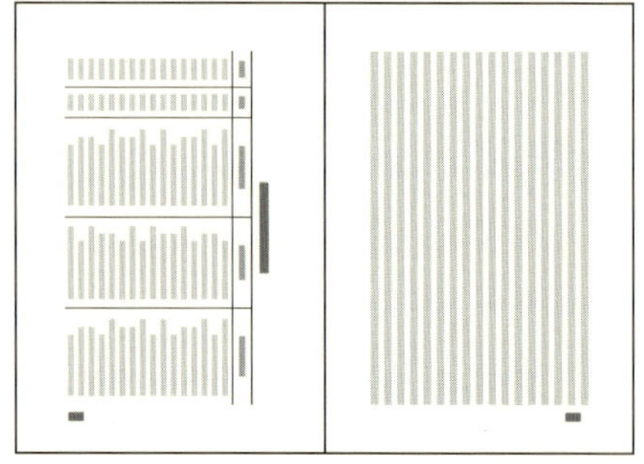

図版と写真の組方

〈図版原稿(版下)のつくり方〉

⑴ **図版原稿の進行方針の確認**　著者から入手した図版原稿が，

①版下としてそのまま使用できる．

②説明の文字など一部だけを修正する．

③全部作成(トレース)しなおす．

のどれに該当するかまず判断する．文字の修正や新たに作成しなおす場合は，必要な指定(仕上りの寸法や線の太さ，説明の文字サイズ・書体など)を施し，外部の専門業者に依頼する(パソコンのグラフィックソフトを使用して作成する場合も多い)．

⑵ **図版の大きさと縮小率**　パソコンのグラフィックソフトを使用して作成する場合は仕上りと同じ大きさ(原寸)で作成することが多い．手書きでトレースするときは，一般に版下を1.5倍(2分の3倍)の大きさで作成し，製版で3分の2の大きさに仕上げるのが普通である．縮小して製版するのは，手書きの線をきれいに仕上げるためであり，拡大すると逆に線が粗く仕上がるからである．

⑶ **図版の大きさの決め方**　本文の版面の大きさを頭に入れて指定することが大切である．以下のような大きさを目安として，各原稿の内容に応じた仕上りの大きさを考えていくとよい．

①版面の左右いっぱいの大きさ

②版面の左右3分の2の大きさ

③版面の左右2分の1の大きさ

④版面の左右3分の1の大きさ

⑤版面の1ページ大(縦向き・横向き)の大きさ

⑥見開き2ページの大きさ

⑦折り込みとする(印刷・製本の手間からいって，なるべく避ける)

⑷ **図版(版下・元データ)の作成**

1．本として出来上がった図版の文字サイズ，線の太さをできるだけ揃え，統一がとれているものにする必要がある．

2．図版の説明の文字サイズは，一般に仕上りで7ポから8ポ(10級から12級)くらい，明朝体を使うことが多い．あわせてゴシック体を使用することもある．自然科学書などでは，ギリシャ文字やイタリック体，ボールド体なども使用する場合にゴシック体を使うと不統一になるので，通常の明朝体とローマン体の組合せが望ましい．

3．線の太さは，3種類くらいに分けて指示する．たとえば，

①輪　郭……………中太線

②グラフ……………太　線

③引き出し線………細　線

その際に，番号をつけた見本を作成し，その見本の番号で指定する方法もある．

4．トレースして作成する場合は，ケント紙や厚手のトレーシングペーパーなどに，濃い墨で書かれていることが望ましい．

5．パソコンのグラフィックソフトを使用して作成する場合，線の太さは，ポイント数またはmm数で指定する．0.25ポイント以下の線はオフセット印刷で鮮明に印刷できないこともあるので，あまり細い線は使用しないほうがよい．

次のような事項が可能な例がある．

①線や面に網伏せやパターンを入れる．

②写真や元になる手書き原稿を下図として，トレースする．

③矢印等の既成の形を利用する．

④グラフなどでは数値を入力して自動的に作図する．

⑤CD-ROMなどに保存してある自由使

用の図版集のデータを加工して仕上げる．

〈紙焼き写真の指定の注意事項〉

写真にトレーシングペーパーをかぶせ，それに正確に指定する．

⑴ **トリミング** トリミングとは，被写体のどこをとるか，画面の構成をいう．周囲の写真とのバランスも考慮する．通常は長方形(角版)にトリミングする．同じような顔写真が並ぶ場合は，顔の大きさをほぼ同じ大きさにして，目の線を揃える．

⑵ **切り抜き写真** 図柄の形にそって仕上げるものである．トレーシングペーパーに，切り抜きにする図柄の輪郭線を引き，不必要なところに鉛筆で斜線を引き，‘キリヌキ版’と指定し，天地か左右の寸法か拡大・縮小率を指定する．

⑶ **組合せ写真** 割付用紙を添え，組み合わせる位置関係を正確に指定する．写真の合せ目に白い線を入れる場合は，‘白線1ミリ入ル’などと指定し，白線を出さず，ぴったりと見当を合わせるときは，‘ケヌキアワセ’と指定する．

⑷ **写真のなかに入れる文字指定** 割付用紙に正確に入れる文字などの位置を指示する．写真の明るい部分に‘白抜き’しても効果はないし，暗い部分に‘焼込み’しても判読できないので注意する．

⑸ **写真の外枠** 角版などでは，写真の外枠を細いケイで囲むこともある．割付指定で，‘ケイイキ’と指定するとケイで囲まれ，‘ケイアタリ’と指定するとケイは単なる目印(アタリ)と理解され，ケイで写真は囲まない．

〈図版・写真指定上の注意〉

⑴ **図版・写真の保護** 図版・写真には，その保護のためにトレーシングペーパーをかける．大きさなどの指定事項とともに社名・書名・図番号，本文に組み込むページ数なども書き添えておく．

⑵ **線画版** 白黒のみで書かれた線画ものは線画版にする．寸法指定では縦と横の長い辺か，または厳守してほしい辺の1辺の寸法を指定する．縮小率の場合は分数(3分の2など)かパーセントで指示する．

網伏せ(平網)指定は，トレーシングペーパーにその部分を輪郭で囲むか青鉛筆などで塗って示し，濃度をパーセントで指定する．1%単位の指定も可能であるが，あまり細かい指定をしても，指定どおりに再現されないこともあり，3段階(明るい：20%，中間：50%，暗い：70%)にするか，10%単位くらいで指定をする．

⑶ **写真** トリミングの区切り線，天地・左右の寸法(または拡大・縮小率)，必要ならスクリーン線数をトレーシングペーパーに記入する(線数は印刷所にまかせることもある)．記入する際は写真を傷つけないようにやわらかい鉛筆を使用する(ボールペンは使用しない)か，トレーシングペーパーと写真の間に透明な下敷を入れて書き入れるようにするとよい．

⑷ **カラーフィルム** 透明なフィルムの袋に指定する，紙焼きやコピーなどを作成してそれに指定する，または割付用紙にスケッチを書いて指定する方法などがある．

〈図版(写真)と本文の関係〉

⑴ **本文との関係** 関係のある本文の近くに図版(写真)を入れるが，関係記事より前に組むことは避ける．本文(文章)の続きぐあいが妨げられないように図版に関係ある記事の上・側面や段落の次に入れる．

⑵ **ページ内の配置** 縦組では一般に天・小口寄せに配置する．横組では，図版(写真)の左右に本文を組み込まず，版面の左右中央に図版を置く方法が多いが，奇数・偶数ページとも版面の右側に組むという方法もある．

⑶ **図版(写真)が版面の天に入る場合** 心持ち(3ポくらい＝約1mm)版面より下げると体裁がよい．

⑷　**図版(写真)と本文とのアキ**　本文の文字サイズの全角半くらいが原則で，最低でも全角は空ける．

⑸　**１ページ大の図版(写真)**　できるだけ奇数ページに入れるようにする．横向きに組む場合，奇数ページでは図版(写真)の天をノド(地を小口)に，偶数ページでは図版(写真)の天を小口(地をノド)にする．これは本文の流れに従うためである．

⑹　**図版(写真)とキャプション**　キャプションは，一般に図版(写真)の下または上につける．横組で左右に文字を組み込まない場合，図版(写真)の右側にキャプションを組む方法もある．このときは，全体が見た目で左右中央に位置するようにする．

キャプションは，本文に使用する文字より小さく，本文の文字が10ポ・9ポに対して，8ポ・7ポくらいにする．

図版(写真)とキャプションとのアキは，キャプションに使用する文字サイズの全角から二分アキくらいにする．

キャプションの1行の長さ(字詰)も，図版(写真)の大きさとの調和を考えながら決める．キャプションが2行以上になる場合には，行間は二分から四分アキ程度とし，散漫な感じにならないようにする．

〈図版(写真)の割付指定〉

⑴　**文字組と図版(写真)を組み合わせる方式**　台紙に貼り込む，または製版段階でフィルムで貼り込む方法と，コンピュータ組版の際に，写真・図版データも組み込んでしまって，文字と同時にフィルム(または印画紙)に出力する方法がある．

作業工程によっては，校正刷では図版(写真)の入るスペースだけを空けてある場合がある．校正では校正刷の該当部分に図版等のコピーを貼り込んで校正するとよい．

⑵　**図版(写真)の割付指定**

1. 図版(写真)の進行

①初校段階から本文に組み込む．

②本文と同時に組むが，再校で組み込む．

③本文には組み込まないで，スペースだけを空けておき，フィルム(または台紙)段階で組み合わせる．

図版(写真)の数が少ないときは，入稿原稿に割付指定を施し①または③とし，文中に図版(写真)が多数入り，本文の記事と図版(写真)とを対応させる必要のあるものは，初校を指定の字詰・行数・行間で組む棒組(ぼうぐみ)とし，初校の校正刷をもとに両者のずれがないように，1ページごとに割り付けていくとよい．

2. 図版(写真)があまり入らない一般の書籍の場合は，原則的な位置と本文のどの記事の近くに配置するかを指定し，具体的な組込み位置は印刷所にまかせ，問題があれば校正段階で修正する．この場合は以下のような指定を別紙(割付用紙)に図解し，該当する記事の原稿に貼付する．

①キャプションの内容と文字サイズ・書体と配置位置．

②図版(写真)と本文とのアキ，キャプションと図版(写真)とのアキ．

③図版(写真)・キャプションとその周囲のアキでしめる空間の本文の字詰・行数．

3. 図版(写真)とその周囲のアキのしめる字詰・行数の計算は，見本組の上に図版(写真)の仕上りの大きさのコピーを置いてみるか，ものさし等をあてることにより簡単に調べることができる．

4. 図版を後でフィルムや台紙等に貼り込む方法では，図版のキャプションも図版の版下につけて作成すれば，組版処理でキャプションを組まなくてもよくなる．キャプションをどの段階でどのように処理し，指定したらよいか印刷所と事前によく相談しておくとよい．

5. パソコンのグラフィックソフトを使用して作成した図版では，図版を組版ソフト等に読み込んで割り付けることができる．

索引・年表・年譜の組方

〈索　引〉

⑴　**ページの開始方法と組方向**　改丁が原則であるが，台割の都合上改ページとすることもある．組方向は本文と揃えるが，本文が縦組の場合も，多くは横組にしている．横組の2段か3段組，縦組の3段か4段組とし，段間を表ケイで仕切る場合は，ケイの左右(上下)を横組・縦組とも全角アキないし二分アキくらいにする．

⑵　**項目とページ数**　項目の後を全角か2倍アキとしてページ数を追い込む方法と，項目とページ数の間をリーダーでつなぎ，ページ数の末尾を揃える方法(リーダーとページ数の間は四分アキ)とがある．

漢字の字体　　56, 78
漢字の字体………………………… 56, 78

⑶　**文字サイズと行間**　本文よりやや小さく，A5判で8ポ，B6判で8ポか7ポ，B6判以下では7ポくらい．行間は二分アキが多く，分量が多い場合は，行間を2ポないし3ポアキくらいにする場合もある．

⑷　**索引の版面**　基本版面を基準とする．もし基本版面との差異が生じた場合は，天地・左右にその分を割りふっておく．

⑸　**見出しの組方**　‘索引’という見出しは中見出しくらいと考え，A5判で12ポか14ポ，B6判で10ポか12ポくらい，字間は2倍半から3倍アキくらいにする．行ドリは，本文の3行ドリ中央の見出しを基準に，前後のアキがそれとほぼ同じになるように，4行あるいは5行ドリ中央くらいにする．横組では左右中央とし，縦組では5字ないし6字下ガリくらいにする．

‘ア・イ・ウ・…(ア行・カ行・…)’という見出しは，索引本文に使用する文字と同じか1段階大きな文字でゴシック体とし，2行ドリ中央にする．横組で，項目にページ数を追い込む方式では頭より5字か6字下ガリくらい，リーダーを入れページ数の末尾を揃える方式では左右中央にする．

⑹　**その他**　項目が長くて折り返しとなる場合は1字下ガリ，ページの折り返しは2字下ガリとするのが普通である．ページ数を区切るコンマは二分物を用いる．一般に親項目に付属する子項目は，親項目より全角下ガリとし，親項目にあたる部分を2倍ダーシとする．

〈項目の折り返しは1字下ガリ，数字の折り返しは2字下ガリの例〉
パソコンのワープロソフトによる原稿の場
　合の原稿整理の注意点　　23, 45
新刊業務の進行と管理　　16, 20, 40, 50,
　　60, 80, 90, 120, 140, 150
〈子項目がつく場合の例〉
常用漢字　　34, 40
　——の字体　　56, 78

〈年表・年譜〉

⑴　**ページの開始方法**　本文から後付に変わる最初の部分では改丁とし，それ以外は改ページとする．

⑵　**文字サイズ・行間**　一般に本文の文字より小さく，本文9ポに対して8ポないし7ポくらいにする．行間は本文行間よりやや狭く，使用文字の3分の2くらいのアキにしたものが多い．

⑶　**版面**　基本版面を基準とし，もし基本版面との差異が生じた場合は，天地・左右にその分を割りふっておく．

⑷　**ケイの用い方**　年表・年譜では複数の項目に分かれ，その間をケイで区切ることが多い．ケイとのアキは使用する文字の二分(または全角)アキくらいにする．

奥付の組方

奥付には，その本の書誌的な事項を掲げる．一般の書籍では，奥付は改丁とするが，台割の都合で改ページで入れる場合もある．

(1) **記載要素**　奥付の記載要素としては，以下のようなものがある．

1. 書名
2. 発行年月日(印刷年月日を入れることもある)
3. 版および刷数
4. 著訳者名
5. 著作権者名
6. 発行者名
7. 発行所名，住所・電話(FAX)番号，Web ページの URL
8. 印刷所名，製本所名
9. 検印(廃止している出版社が多い)
10. 定価
11. Ⓒ表示
12. ISBN(国際標準図書番号)
13. 著訳者略歴

(2) **刷と版**　最初の刊行は第 1 版第 1 刷，増刷(重版)は第 2 刷，第 3 刷となる．誤植など細部の訂正は刷の更新とするが，内容上の大幅な訂正を行い，改版とみなす場合は第 2 版，第 3 版と版数を更新する．

1. 発行以来内容の訂正はほとんどない，2 度目の増刷(第 1 刷からは 3 回目)

　2000 年 5 月 15 日　第 1 版第 1 刷
　2002 年 6 月 15 日　第 1 版第 3 刷

＊第 1 版の表示は省略することもある．

2. 発行後，大幅改訂が 2 回，今回が第 3 版の 2 度目の増刷(第 1 刷からは 3 回目)

　1990 年 3 月 15 日　第 1 版第 1 刷
　1995 年 7 月 25 日　第 2 版第 1 刷
　2000 年 9 月 25 日　第 3 版第 1 刷
　2002 年 5 月 15 日　第 3 版第 3 刷

(3) **定価表示**　定価は奥付に表示するのが原則であるが，消費税の変更等もあり，奥付からはずしカバー等の表示ですます出版社が多くなっている．

(4) **ISBN**　ISBN は 206 ページ参照．

(5) **著訳者略歴**　カバーに入れることもあるが，奥付に入れるケースが一般的である．

著訳者名や書名には，図書館等で書誌を作成する便宜のために振り仮名をつけることが望ましい．

(6) **奥付の形式**　出版社により異なっているが，あまり大きな文字を使わずコンパクトにまとめるのが，品があってよい．

奥付の位置は基本版面のなかの下部に置き，左右中央かノド寄せとするものが多い．著訳者略歴は奥付の上部に置く．

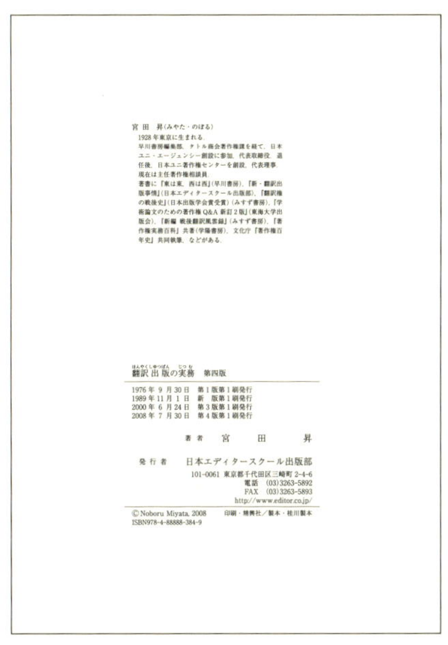

宮田　昇(みやた・のぼる)
1928 年東京に生まれる．
早川書房編集部，タトル商会著作権課を経て，日本ユニ・エージェンシー創設に参加，代表取締役．退任後，日本ユニ著作権センターを創設，代表理事．現在は主任著作権相談員．
著書に「東は東，西は西」(早川書房)，「新・翻訳出版事情」(日本エディタースクール出版部)，「翻訳権の戦後史」(日本出版学会賞受賞)(みすず書房)，「学術論文のための著作権 Q&A 新訂 2 版」(東海大学出版会)，「新編 戦後翻訳風雲録」(みすず書房)，「著作権実務百科」共著(学陽書房)，文化庁「著作権百年史」共同執筆，などがある．

翻訳出版の実務(ほんやくしゅっぱんのじつむ)　第四版

1976 年 9 月 30 日　第 1 版第 1 刷発行
1989 年 11 月 1 日　新　版第 1 刷発行
2000 年 6 月 24 日　第 3 版第 1 刷発行
2008 年 7 月 30 日　第 4 版第 1 刷発行

著者　宮　田　昇

発行者　日本エディタースクール出版部
101-0061 東京都千代田区三崎町 2-4-6
電話 (03)3263-5892
FAX (03)3263-5893
http://www.editor.co.jp/

Ⓒ Noboru Miyata, 2008　印刷・精興社／製本・積川製本
ISBN978-4-88888-384-9

雑誌の組方と1ページ収容字数一覧表

	判型	縦・横	大きさ	字詰	行数	行間	段数	段間	字数	摘要
ポイント単位	A5判	縦	9ポ	26	23	5ポ	2段	27ポ	1,196	
		〃	〃	27	22	6ポ	〃	18ポ	1,188	
		〃	8ポ	29	25	5ポ	〃	16ポ	1,450	
		〃	〃	30	27	4ポ	〃	〃	1,620	
		〃	〃	20	25	5ポ	3段	12ポ	1,500	
		〃	〃	〃	28	4ポ	〃	16ポ	1,680	
		〃	〃	15	26	5ポ	4段	12ポ	1,560	
		〃	〃	14	27	4ポ	〃	〃	1,512	天地ケイ付
		横	〃	19	39	5ポ	2段	16ポ	1,482	
		〃	〃	20	42	4ポ	〃	〃	1,680	
	B5判	縦	9ポ	21	30	5ポ	3段	18ポ	1,890	
		〃	8ポ	24	32	〃	〃	16ポ	2,304	
		〃	〃	23	〃	〃	〃	〃	2,208	天地ケイ付
		〃	〃	19	34	〃	4段	12ポ	2,584	
		〃	〃	18	35	4ポ	〃	〃	2,520	
		〃	〃	15	36	〃	5段	〃	2,700	
		〃	〃	14	35	〃	〃	〃	2,450	
		横	9ポ	22	42	6ポ	2段	22ポ	1,848	
		〃	〃	〃	45	5ポ	〃	〃	1,980	
		〃	8ポ	25	47	〃	〃	16ポ	2,350	
		〃	〃	〃	51	4ポ	〃	〃	2,550	
級数単位	A5判	縦	13Q	25	24	(行送り) 20H	2段	39H	1,200	
		〃	〃	26	23	21H	〃	26H	1,196	
		〃	12Q	28	25	19H	〃	24H	1,400	
		〃	〃	〃	26	18H	〃	〃	1,456	
		〃	〃	18	25	19H	3段	〃	1,350	
		〃	〃	19	27	18H	〃	18H	1,539	
		〃	〃	14	26	19H	4段	〃	1,456	
		〃	〃	〃	27	18H	〃	〃	1,512	
		横	〃	18	37	19H	2段	24H	1,332	
		〃	〃	19	40	18H	〃	〃	1,520	
	B5判	縦	13Q	21	31	20H	3段	26H	1,953	
		〃	12Q	23	〃	〃	〃	24H	2,139	
		〃	〃	〃	32	19H	〃	〃	2,208	
		〃	〃	17	〃	〃	4段	18H	2,176	
		〃	〃	18	35	18H	〃	24H	2,520	
		〃	〃	14	〃	〃	5段	18H	2,450	
		〃	〃	〃	34	〃	〃	〃	2,380	
		〃	11Q	15	37	17H	〃	22H	2,775	
		横	13Q	21	42	21H	2段	26H	1,764	
		〃	〃	22	45	20H	〃	〃	1,980	
		〃	12Q	24	47	19H	〃	24H	2,256	
		〃	〃	〃	50	18H	〃	〃	2,400	

雑誌の行数計算一覧表

原稿の段落ごとに，割付の行数を割り出す一覧表である．たとえば，段落の原稿字数が，総字数で 145 字(20 字詰で 7 行と 5 字)であったとする．22 字で割り付けるとすれば，22 字のヨコ欄を見て，145 字が該当する箇所を探す．この場合，132 字(6 行と 12 字)より多く，154 字(7 行と 14 字)より少ないので，154 字のタテの欄をたどり，行数の 7 を求めることができる．

	1行	2行	3行	4行	5行	6行	7行	8行	9行	10行	11行	12行	13行	14行	15行	16行	17行	18行
13	13	26	39	52	65	78	91	104	117	130	143	156	169	182	195	208	221	234
字	0-13	1-6	1-19	2-12	3-5	3-18	4-11	5-4	5-17	6-10	7-3	7-16	8-9	9-2	9-15	10-8	11-1	11-14
14	14	28	42	56	70	84	98	112	126	140	154	168	182	196	210	224	238	252
字	0-14	1-8	2-2	2-16	3-10	4-4	4-18	5-12	6-6	7-0	7-14	8-8	9-2	9-16	10-10	11-4	11-18	12-12
15	15	30	45	60	75	90	105	120	135	150	165	180	195	210	225	240	255	270
字	0-15	1-10	2-5	3-0	3-15	4-10	5-5	6-0	6-15	7-10	8-5	9-0	9-15	10-10	11-5	12-0	12-15	13-10
16	16	32	48	64	80	96	112	128	144	160	176	192	208	224	240	256	272	288
字	0-16	1-12	2-8	3-4	4-0	4-16	5-12	6-8	7-4	8-0	8-16	9-12	10-8	11-4	12-0	12-16	13-12	14-8
17	17	34	51	68	85	102	119	136	153	170	187	204	221	238	255	272	289	306
字	0-17	1-14	2-11	3-8	4-5	5-2	5-19	6-16	7-13	8-10	9-7	10-4	11-1	11-18	12-15	13-12	14-9	15-6
18	18	36	54	72	90	108	126	144	162	180	198	216	234	252	270	288	306	324
字	0-18	1-16	2-14	3-12	4-10	5-8	6-6	7-4	8-2	9-0	9-18	10-16	11-14	12-12	13-10	14-8	15-6	16-4
19	19	38	57	76	95	114	133	152	171	190	209	228	247	266	285	304	323	342
字	0-19	1-18	2-17	3-16	4-15	5-14	6-13	7-12	8-11	9-10	10-9	11-8	12-7	13-6	14-5	15-4	16-3	17-2
20	20	40	60	80	100	120	140	160	180	200	220	240	260	280	300	320	340	360
字	1-0	2-0	3-0	4-0	5-0	6-0	7-0	8-0	9-0	10-0	11-0	12-0	13-0	14-0	15-0	16-0	17-0	18-0
21	21	42	63	84	105	126	147	168	189	210	231	252	273	294	315	336	357	378
字	1-1	2-2	3-3	4-4	5-5	6-6	7-7	8-8	9-9	10-10	11-11	12-12	13-13	14-14	15-15	16-16	17-17	18-18
22	22	44	66	88	110	132	154	176	198	220	242	264	286	308	330	352	374	396
字	1-2	2-4	3-6	4-8	5-10	6-12	7-14	8-16	9-18	10-0	12-2	13-4	14-6	15-8	16-10	17-12	18-14	19-16
23	23	46	69	92	115	138	161	184	207	230	253	276	299	322	345	368	391	414
字	1-3	2-6	3-9	4-12	5-15	6-18	8-1	9-4	10-7	11-10	12-13	13-16	14-19	16-2	17-5	18-8	19-11	20-14
24	24	48	72	96	120	144	168	192	216	240	264	288	312	336	360	384	408	432
字	1-4	2-8	3-12	4-16	6-0	7-4	8-8	9-12	10-16	12-0	13-4	14-8	15-12	16-16	18-0	19-4	20-8	21-12
25	25	50	75	100	125	150	175	200	225	250	275	300	325	350	375	400	425	450
字	1-5	2-10	3-15	5-0	6-5	7-10	8-15	10-0	11-5	12-10	13-15	15-0	16-5	17-10	18-15	20-0	21-5	22-10
26	26	52	78	104	130	156	182	208	234	260	286	312	338	364	390	416	442	468
字	1-6	2-12	3-18	5-4	6-10	7-16	9-2	10-8	11-14	13-0	14-6	15-12	16-18	18-4	19-10	20-16	22-2	23-8
27	27	54	81	108	135	162	189	216	243	270	297	324	351	378	405	432	459	486
字	1-7	2-14	4-1	5-8	6-15	8-2	9-9	10-16	12-3	13-10	14-17	16-4	17-11	18-18	20-5	21-12	22-19	24-6
28	28	56	84	112	140	168	196	224	252	280	308	336	364	392	420	448	476	504
字	1-8	2-16	4-4	5-12	7-0	8-8	9-16	11-4	12-12	14-0	15-8	16-16	18-4	19-12	21-0	22-8	23-16	25-4
29	29	58	87	116	145	174	203	232	261	290	319	348	377	406	435	464	493	522
字	1-9	2-18	4-7	5-16	7-5	8-14	10-3	11-12	13-1	14-10	15-19	17-8	18-17	20-6	21-15	23-4	24-13	26-2
30	30	60	90	120	150	180	210	240	270	300	330	360	390	420	450	480	510	540
字	1-10	2-0	4-10	6-0	7-10	9-0	10-10	12-0	13-10	15-0	16-10	18-0	19-10	21-0	22-10	24-0	25-10	27-0

＊上段は総字数．下段は 20 字詰原稿用紙の行数とハンパの字数．

レビュー用紙とレイアウト用紙

全体の視覚的な展開を大ざっぱにつかみ，レイアウトのイメージを具体的にする目的で用いられるのがレビュー用紙である．見開きを単位とし，ふつう横に8ページずつとっているので，仕上りより大幅に縮小されたサイズである．

レイアウト用紙は，見開きを単位として作られるが，1点1点の雑誌の内容，デザインの考え方によってそれぞれ異なっている．注意すべきことは，製本の様式によってノドの利用できるスペースが異なることである．

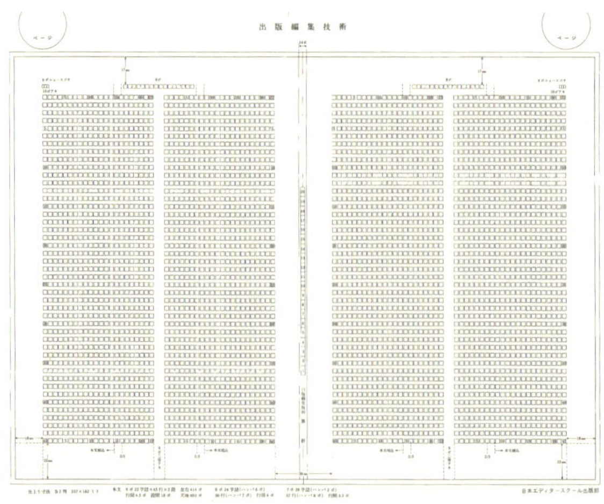

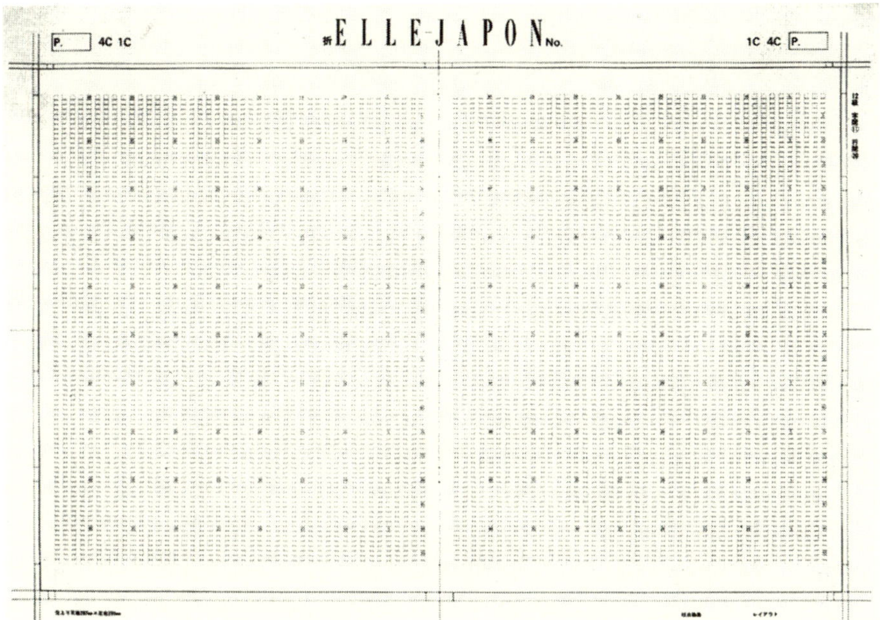
P.
4C 1C
折
ELLE JAPON
No.
1C 4C
P.

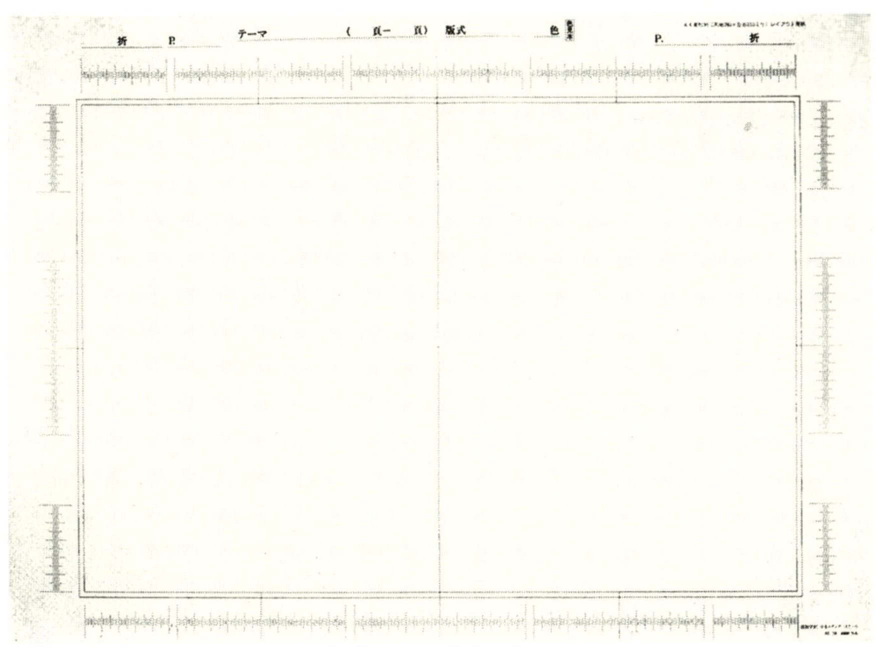
折
P.
テーマ
（ 頁ー 頁）
版式
色
P.
折

組方指定書

原稿指定票，組方指示書，組方要項ともいい，原稿全体に関する大綱的な指定事項を記入し，一括して印刷所に指示する．

組 方 指 定 書

（発注日）　年　月　日

（印刷会社）　御中　（出版社）　（担当）

書名	（フリガナ） （シリーズ）	著訳者名	（著者） （訳者）
体裁	判　mm ×　mm　右・左開き　本・仮製本		
	予定本文総頁　頁　別丁（　）		
予定	年　月　発行予定	部数　部	予価　円
	見本組　月　日	出校　月　日	校了予定　月　日
原稿	文字原稿　ナンバリング　No.　—No.　綴	ＦＤ　有・無	
	写真　点　図版　点　表組　点		
本文組体裁	縦組・横組　本文書体　ポ・級　字詰　行　行間 行送り　ポ H		
	段組　段間　ポ・H	本文中欧字・数字書体	
	新・旧字　新・旧かな	原稿通り	
	句点・読点・ピリオド・コンマ使用	句読点—ブラ下ゲ・ブラ下ゲズ	
柱	奇数頁	偶数頁	
	書体　縦柱・横柱　天・地／小口寄・中央		
	ポ・級　小口より　ポ・級入り　本文とのアキ　ポ・H		
ノンブル	書体　縦ノンブル・横ノンブル　天・地／小口寄り・中央・ノド寄り		
	ポ・級　小口より　ポ・H入り　本文とのアキ　ポ・H		
組版	組版方式（　）	製版方式（　）	
	校正　初校　通・再校　通・三校　通	見開き出校　する・しない	

〈特記事項〉

＊行頭の括弧類の組方
・改行　折返し

＊パーレン類の前後
・二分アキ　・ベタ

＊行頭の小書きの仮名・音引
・許容　・不可（　のみ許容）

校　正

校正のチェックポイント

〈初　校〉

(1)　**校正着手前の確認事項**

1. 書名，予定ページ，刊行計画など，その本の刊行にかかわる基本的な事項を確認する．

2. 著訳者の経歴はどうか，既刊書があるか，既刊書があった場合，校正の参考になる本はあるか，また，どのような点が参考になるかを確認する．

3. 著訳者が漢字・仮名遣い・送り仮名に特異な使い方をしていないか，著者に校正についての希望があるかどうか確認する．

4. 原稿整理の方針を確認する．

・漢字の使用方針，字体の扱い

・仮名遣い・送り仮名の方針

・その他の表記で注意する事項

5. 原稿指定の注意事項や組方ルール(組方原則)を確認する．見本組があれば手元におくと便利である．

6. 本の内容構成と未着原稿があるかどうか，その入手時期はいつかを確認する．

7. 続きもの・シリーズものでは，組方や表記法など，既刊のどの本を参考にするか，全巻に共通する規則を確認する．

8. 共著・共訳書の場合は，表記上で著者により不統一が起こりやすいので，あらかじめその対策をたてておく．

9. 著者校正は何校まで行われるか確認する．

10. 翻訳書の場合は，可能であれば原書を手元に備えておけば都合がよい．

(2)　**組方体裁の点検**　あらかじめ文字組版システムで使用している文字や送りの単位，製版方式などを確認する．

1. 判型と文字の大きさ・書体，1行の字詰と字間のアキ(字送り)，1ページの行数と行間のアキ(行送り)などを確かめる．

2. 柱やノンブルの位置や文字の大きさ・書体を確かめる．ページ数や柱の内容，見出しとの不一致がないかを確認する．

基本版面と柱・ノンブルの枠と位置を記した透明フィルムを作成し，これを各ページにあてて点検していくと便利である．

3. 見出しの文字の大きさ・書体，行ドリ，字下ガリ，字割，ページ起こしの方針(改丁・改ページ・改段・追込みの区別)を確かめる．

4. あわせて，編・章・節・項の順序や注番号・図版番号の順序が，正しいかどうか，脱落や重複がないかを確かめる．

5. 引用文・詩などの字下ガリは，統一されているかどうかを確かめる．

6. 注は指定どおりの組方になっているかを確かめる．

7. 行間(行送り)に乱れはないかどうかを確かめる．

8. 図版や表の位置が正しいかどうか，表の組方は指定どおりか，図版の上下の転倒・横向きなどがないかを確かめる．

9. 図版や表では，そのキャプションの位置や組方が指定どおりかを確認する．

＊全体に組方を統一する必要がある要素は，通覧して確認することが望ましい．

(3)　**校正記号**　校正刷の誤りを訂正するには，校正記号を用いて赤インキなど赤色の筆記具を用いて書くのが原則である．

JISの“印刷校正記号”を掲げ，さらに，それをもとに出版社・印刷所の間で従来からある程度共通に行われてきたもののなかから，とくに確実で合理的と思われるものを整理した‘縦組校正記号’と‘横組校正記号’を以下に掲げる．

主な印刷校正記号（JIS Z 8208 による）

＊“JIS Z 8208：2007（印刷校正記号）”にある主な印刷校正記号を例示する．
＊下側または右側に修正結果を示す．また，点線より下に示した記号は，許容できる指示方法である．

指示内容	記　号
文字・記号の修正	
1字の修正	原稿を点検を　の 原稿の点検を 原稿を点検を　の 原稿を点検を　の 原稿を点検を　の
2字以上の修正	は校正刷を　原稿 は原稿を作 は校正刷を　原稿 は校正刷を　原稿 □□□□□　※入ル
小書きの仮名に直す	インタビユー インタビュー 小サク　インタビユー
直音を示す仮名に直す	かつてないこと かつてないこと かつてないこと　大キク
削除し，詰める	校正刷りは，ゲ　トル 校正刷は，ゲラ 記号の入れる指　トル 記号の指示を書 校正刷りは，ゲ　トルツメ 記号の入れる指　トルツメ ＊削除後を空けておく場合は“トルアキ”“トルママ”とする
文字・記号を挿入する	訂正のを記入　赤字 訂正の赤字を □□□□　※入ル 訂正のを記入　赤字
文字・記号の入れ替え	文学の論評をする 文学の評論をする 左で車は右側を通 右で車は左側を通 文学の論評をする
修正の取りやめ	日本語組版　トル　イキ 日本語組版
ルビ・圏点等の指定	
ルビ（モノルビ）を付ける	漢字の訓を調べる　くん 漢字の訓（くん）を調べる
ルビ（グループルビ）を付ける	画像の調子を　トーン 画像の調子（トーン）を
ルビ（熟語ルビ）を付ける	社会の縮図を　しゅくず 社会の縮図（しゅくず）を
ルビの修正	背丁（せちゃう）と背標（せひう）を　ょ　ょ 背丁（せちょう）と背標（せひょう）を

指示内容	記　号
圏点（傍点）を付ける	本ののどと小口を 本ののどと小口を
文字書式の変更	
文字サイズを指示する	である（次頁参照）．　6ポ である（次頁参照）． ＊級の場合は，“Q”を単位に用いる．
書体を指示する	**明朝体**とゴシック体　明　ゴチ 明朝体と**ゴシック体** ＊明朝体は，“ミン”でもよい．ゴシック体は“ゴ・㋙”でもよい．正確なフォント名で指定する方法もある．
イタリックに直す	italic と roman *italic* と roman ＊範囲を示し“イタ”か“ital”でもよい．
立体に直す	*italic* と *roman* *italic* と roman ＊範囲を示し“立”，“ローマン”か“rom”でもよい．
ボールドに直す	太字は bold の 太字は **bold** の ＊範囲を示し，“ボールド”か“bold”でもよい．
ボールドイタリックに直す	斜体の bold は 斜体の ***bold*** は ＊範囲を示し，“イタボールド”でもよい．
大文字に直す	Yamada tarou YAMADA Tarou ＊範囲を示し，“大”か“cap”でもよい．
小文字に直す	YAMADA TArou　小　小 Yamada Tarou ＊範囲を示し，“l.c.”でもよい．
スモールキャピタルに直す	Yamada Tarou YAMADA Tarou ＊範囲を示し，“S.C.”か“小キャップ”でもよい．
下付きに直す，その逆	$a1x+b1y+c1z=0$ $a_1x+b_1y+c_1z=0$ $N_{a2}S_{O4}$ Na_2SO_4 下ツキ　$a1x+b1y+c1z=0$ 大キク　$N_{a2}S_{O4}$
上付きに直す，その逆	$x3+x2+x=d$ $x^3+x^2+x=d$ $a^{x3}+b^{x2}+c^{x}=d$ $ax^3+bx^2+cx=d$ 上ツキ　$x3+x2+x=d$ 大キク　$a^{x3}+b^{x2}+c^{x}=d$

指示内容	記　号
上付きを下付きに直す	Na^2SO^4 Na_2SO_4 下ツキ　Na^2SO^4
下付きを上付きに直す	$x_3+x_2+x=d$ $x^3+x^2+x=d$ 上ツキ　$x_3+x_2+x=d$
縦中横に直す	12月13日　タテ中ヨコ 12月13日 ＊結果を示してもよい．
合字に変更する	合　justification justification
字間の調整	
ベタ組にする	ベタ　原 稿 編 集 原稿編集 ベタ　原 稿 編 集 ＊詰め組をベタ組にする際は，“ベタニモドス”と指示する．
字間を調整する	四分　編集と校正 四分アキ　編集と校正 編 集 と 校 正 ＊現在のアキを修正する場合，“○アキニ”と結果を指示するか，“アト○ツメ（アケ）”と修正量を指示する． ＊アキ量の指示例 四分　三分　二分 □　又は　全角 2倍　3倍　4倍 均等 ＊アキ量を“ポ”か“級”で指定する方法もある．
改行・改ページなどの指示	
改行にする	責了となる．書籍では，一般に三校 責了となる． 書籍では，一般 ＊改行行頭を下げない場合，“下ゲズ”又は“天ツキ”と指示する．
改行を追込みに直す	責了となる． 書籍では，一般 責了となる．書籍では，一般に三校
指定位置まで文字・行を移動する	原　稿 原稿には文字原稿だけでなく，図 原　稿 原稿には文字原稿だけでなく，図 ＊必要なら位置や移動量を指示する．

指示内容	記　号
改丁・改ページ・改段の指示	改丁 改ページ 改段
文字・行の送りの指示	□□□□□□□□ □□□□□□□□ □□□□□□□□ □□□□□□□□ ＊字・行の送りは自動的に処理されるので指示を省略してよい．
ケイの指示	
ケイの指示	ウラ 9ポ 6倍 ＊表ケイは“オモテ”裏ケイは“ウラ”，中細ケイは“中細”と指示する．
校正作業の進行の指示	
校正作業の進行の指示	要再校　要三校 要念校　校了 責了　又は　責任校了
文字・記号の種類等を示す指示	
欧文のプロポーショナルの文字にする	欧文　又は　オウブン
文字幅の指示	全角　半角又は二分 四分
句読点を示す	[hand-drawn marks for comma and period]
中点類を示す	[boxed marks: middle dot, colon, semicolon]
リーダーを示す	[boxed leader marks]　又は　[leader marks] 2点リーダー [boxed two-dot leader marks]　2点
ダッシュ（ダーシ）を示す	縦組　[marks] 横組　[marks] 又は 二分　[marks]
ハイフンや斜線を示す	ハイフン　[marks]
引用符などを示す	[hand-drawn marks for quotation marks]
紛らわしい文字を示す	マイナス　カンジ　エ ゼロ　0　大オー　O　㋥　a オンビキ　オンビキ カタカナ　ヘ　ヒラガナ　へ
複数箇所を同一文字に直す	△＝■ △は○などでもよい
行ドリとそろえの指示	
行取りの指示	2行ドリ中央 2ℓドリ中央 2行ドリ　2ℓドリ 1行アキ　1ℓアキ
そろえの指示	上ソロエ　左ソロエ 下ソロエ　右ソロエ センター

横組校正記号 —主要記号の使い方と指定例—

〈総括的注意〉

(1) ポイント数・級数を示す書き方
6ポ・8ポ・10ポ・12ポ，10Q・12Q・13Q

(2) 行数を示す書き方
3行・5行・7行，3行ドリ・5行ドリ・7行ドリ
3行ドリ中央・5行ドリ中央・7行ドリ中央

(3) 倍数を示す書き方
全角・2倍は，□・□□なども適宜使用する．
3倍・4倍・5倍・…，6倍半・7倍半・8倍半

(4) アキを示す書き方
全角・二分四分・二分・三分・四分，1ポアキ・2ポアキ，1Hアキ・2Hアキ

(5) 補足的な指示に使う仮名は，本文と混同しないように片仮名書きとする．
〈例〉 トルツメ・トルアキ・ツメル・ベタ・イキ・ハンパ・オモテ・ウラ・ミン・ナミ・ゴチ・イタ・ローマン・ボールドなど．

(6) 横組校正においてとくに注意しなければならないのは，欧字の書体である．大文字・小文字，立体・イタリック体などにも注意する．

1. 誤字の直し方(1)

本とは，物事の‘木’の意味からおこった各称である．
本とは，物事の‘本’の意味からおこった名称である．

2. 誤字の直し方(2)

数ある国書のなかで，最も尊重すべき国書は，真の国書，
数ある図書のなかで，最も尊重すべき図書は，真の図書，

3. 誤字の直し方(3)

編集の仮定で，最も重要な意味をもつのは規格である．
編集の過程で，最も重要な意味をもつのは企画である．

4. 脱字の入れ方

和文文字欧文文字に比べて，書体の種類は少いが，一種類
和文文字は欧文文字に比べて，書体の種類は少ないが，一

5. 削除の仕方(1)

念にはは念を入れてみることが，校正と校正という仕事で
念には念を入れてみることが，校正という仕事である．

6. 削除の仕方(2)

チリは表紙を中身の寸法より出っぱらせてある部分のこと
チリ　表紙を中身の寸法より出っぱらせてある部分のこと

7. 文字を入れ換える指定

漱石の“枕草”は，書語の教科国にものっていて有名．
漱石の“草枕”は，国語の教科書にものっていて有名．

8. 小さく(大きく)する指定

かってとかつては混同するから，かってとかっては明瞭に
かつてとかっては混同するから，かつてとかっては明瞭に

9. 上ツキ・下ツキの指定	酸素分子 O2 の原子間距離は 1.21×10−8 cm である. 酸素分子 O_2 の原子間距離は 1.21×10^{-8} cm である.
10. 直し損なったときの処置	中国文字の発達を語るにあたって，まずしるさねばならないことは，漢字成立に関する六種の区別である.
11. 字体の直し方	和文文字は，歐文文字に比べて，書體の種類は少ない. 和文文字は，欧文文字に比べて，書体の種類は少ない.
12. 書体の直し方	扉の**表面**には，**著訳者名・書名・出版社**名が掲げられる. 扉の表面には，**著訳者名・書名・出版社名**が掲げられる.
13. 大きさの直し方	縦組(右開きの本)とするか，横組(左開きの本)とするか. 縦組(右開きの本)とするか，横組(左開きの本)とするか.
14. 字間をあける指定	文化社は，創業10年を迎え株式会社文化社となった. 文化社は，創業10年を迎え　株式会社 文 化 社となった.
15. 字間をつめる指定	原稿の内容・分量　によって　**判型・組体裁**　が想定される. 原稿の内容・分量によって**判型・組体裁**が想定される.
16. 字間を修正する指定	編集と製作の技術　　編 集 と 製 作 の 技 術 編 集 と 製 作 の 技 術　編集と製作の技術
17. 上げる(下げる)指定	仮製本には，**中とじ**と**平とじ**とがある. **中とじ**とは，本の中央の背からとじるとじ方である.
18. 句読点・中黒の指定	序文の年月日，著者名は。2，3字下げるか字上げする. 序文の年月日・著者名は，2, 3字下げるか字上げする.
19. 音引についての指定	エイブラハム＝リンカーンは，アメリカの大統領である. エイブラハム＝リンカーンは，アメリカの大統領である.

20. ダーシ・リーダーの指定	副題に本の知識と造本の技術とある．また，出版技術には 副題に——本の知識と造本の技術——とある．……また，
21. 字送りの指定(1)	校正刷への入朱は，とくに正確・明瞭に記入して，修正作 業での間違いをおこさないように心がけねばならない．
22. 字送りの指定(2)	校正を一口にいえば，誤字・誤植を原稿どおりに正しく直 校正を一口にいえば，校正刷の誤字・誤植を原稿どおりに
23. 改行にする指定	前者を単独校正といい，後者を読み合わせ校正という．単 独校正は，一人で原稿と校正刷とを対照し，原稿と校正刷 前者を単独校正といい，後者を読み合わせ校正という． 　単独校正は，一人で原稿と校正刷とを対照し，原稿と校
24. 行をつづける指定	大切なのは，無形の資本としての信用の力である． 　すなわち，読者の信用，著者の信用，取引関係の信用な 大切なのは，無形の資本としての信用の力である．すなわ ち，読者の信用，著者の信用，取引関係の信用などで，こ
25. 行を入れ換える指定	りがなのつけ方のよりどころを示したものである． 　この‘送りがなのつけ方’は現代口語文を書く場合の送 　この‘送りがなのつけ方’は現代口語文を書く場合の送 りがなのつけ方のよりどころを示したものである．
26. ルビのつけ方	美しい自然の世界　しかし私は恐縮した 美(うつく)しい自然(しぜん)の世界(せかい)　しかし私(わたくし)は恐(きょう)縮(しゅく)した
27. 傍点のつけ方	原文の縦組を横組に改め，上を左に下を右におきかえた． 原文の縦組を横組に改め，上を左に下を右におきかえた．
28. 縦組用文字と横組用文字の直し方	欧文のアルファベットは，ひじょうに多くの書体がある． 欧文のアルファベットは，ひじょうに多くの書体がある．

29. 欧字の書体の直し方（右側に訂正された結果を示す）

	原稿（赤字の指示）	指示	訂正結果
大文字の立体に直す	点 *A* から点 *B* まで	立　立	点 A から点 B まで
	new york　Unesco	大　大　大	New York　UNESCO
	1000 *va*	大 立	1000 VA
大文字のイタリック体に直す	線分 AB　重量 G	イタ　イタ	線分 *AB*　重量 *G*
	o.e.d.　*utopia*	大　大	*O.E.D.*　*Utopia*
	順列 ${}_n\mathrm{p}_r$	大 イタ	順列 ${}_nP_r$
小文字の立体に直す	*sin* x　中性子 n	立　立	sin x　中性子 n
	SMALL Letters	小　小	small letters
	10 *KG/M*^{3}	小 立	10 kg/m^3
小文字のイタリック体に直す	Divine Comedy	イタ	*Divine Comedy*
	$A+B$　log X	小　小	$a+b$　log x
	X$_1$, X$_2$, …, X$_n$　半径 R	小 イタ　小 イタ	$x_1, x_2, \cdots, x_n$　半径 r
スモールキャピタルに直す	b.c. 90　LINNAEUS	小カピ　小カピ	B.C. 90　LINNAEUS
ボールド体に直す	bold　ベクトル A＋B	ボールド　ボールドイタ	**bold**　ベクトル $\boldsymbol{A}+\boldsymbol{B}$
ナミ字に直す	**bold**　**A＋B**	ナミ　ナミイタ	bold　$A+B$
合字に直す	fig.　suffix	合　合	ﬁg.　suﬃx
タイプをかえる	g　x＋y	タイプカエ　タイプカエ	g　$x+y$
ギリシャ文字に直す	r 線　△y　Σ 粒子　B 関数	γ ギ　ギ 大 イタ　立　ギ イタ	γ 線　Δy　Σ 粒子　B 関数

19 音引についての指定

誤字の直し方・脱字の入れ方と同じ。ただし、ーのそばに（オンビキ）と書き添える。

エイブラハム＝リンカーンは、アメリカの大統領である。

エイブラハム＝リンカーンは、アメリカの大統領である。

20 ダーシ・リーダーの指定

誤字の直し方・脱字の入れ方と同じ。ただし、□□、□、□□……、といったように、その倍数をわきに指定しておく。

副題に本の知識と造本の技術とある。また、出版技術には

副題に——本の知識と造本の技術——とある。……また、

21 字送りの指定(1)

一字または数文字を次の行に移動させる場合には、送られる字全体に ┐ の記号を正しくかぶせて示す。

校正を一口にいえば、誤字・誤植を原稿どおりに正しく直

校正を一口にいえば、校正刷の誤字・誤植を原稿どおりに

22 字送りの指定(2)

一字または数文字を前の行に移動させる場合には、送られる字全体に └ の記号を正しくかぶせて示す。

校正刷への入朱は、とくに正確・明瞭に記入して、修正作
業での間違いをおこさないように心がけねばならない。

23 改行にする指定

行の途中から新しく行を改める場合には、（改）の記号を用いる。字下げをしないときは**下ゲズ**と書き添える。

前者を単独校正といい、後者を読み合わせ校正という。単
独校正は、一人で原稿と校正刷とを対照し、原稿と校正刷

24 行をつづける指定

前の行の切れたあとに、後の行をすぐつづける場合（追込み）には、前の行末と後の行頭を線でむすぶ。

大切なのは無形の資本としての信用の力である。
すなわち、読者の信用、著者の信用、取引関係の信用な

25 行を入れ換える指定

行と行とを入れ換える場合には、∫ の記号を用いて、それぞれの行全体を囲む。

この「送りがなのつけ方」は現代口語文を書く場合の送
りがなのつけ方のよりどころを示したものである。

26 行をあける指定

行間に∨を記入し、あけたい行数を示す。すでにあいている行では、**アト一行**といった指示をする。

本づくりについても、造本計画をたてることである。
その前に造本についての考え方について明確にしておく

27 ルビのつけ方

ルビをつける箇所に引いた傍線から、右上に斜線を引き、ルビの文字を記して、注意マーク ）をつける。

美しい自然の世界

美(うつく)しい自(し)然(ぜん)の世(せ)界(かい)

しかし私は恐縮した

しかし私(わたくし)は恐(きょう)縮(しゅく)した

28 傍点のつけ方

傍点をつける箇所に、いちいち、、を記し、注意マーク ）をつける。

原文の横組を縦組に改め、左を上に右を下におきかえた。

原文の横組を縦組に改め、左を上に右を下におきかえた。

9 直し損なったときの処置

一度訂正したものを、元のままにするには、訂正の文字や朱線を消し、元の字のわきにイキと書いておく。

中国文字の発達を語るにあたって、まずしるさねばならないことは、漢字成立に関する六種の区別である。

10 字体の直し方

新・旧の字体で書く。新・旧の字体が区別しにくいときは、字体を書いたそばに㊪か㊊と注記しておく。

和文文字は、欧文文字に比べて、書體の種類は少ない。

和文文字は、欧文文字に比べて、書体の種類は少ない。

11 書体の直し方

明朝体にはミン、ゴシック体にはゴチと指定する。正確には各印刷所の書体見本帳の書体コード名で指示する。

扉の表面には、**著訳者名・書名・出版社**名が掲げられる。

扉の表面には、**著訳者名・書名・出版社名**が掲げられる。

12 大きさの直し方

文字の大きさを変える場合は、丸(○)や)で訂正部分を示し、ポイント数や級数を指定する。

縦組(右開きの本)とするか、横組(左開きの本)とするか。

縦組(右開きの本)とするか、横組(左開きの本)とするか。

13 字間をあける指定

<の記号を用い、使用文字の大きさに対して、二分・四分、あるいは3ポ・3Hというようにそのアキの程度を示す。

文化社は、創業十年を迎え株式会社文化社となった。

文化社は、創業十年を迎え　株式会社　文化社となった。

14 字間をつめる指定

字間をつめてベタ組にするときは、>をつける。ベタと書き添えたほうが誤解されない。

原稿の内容・分量によって**判型・組体裁**が想定される。

原稿の内容・分量によって**判型・組体裁**が想定される。

15 字間を修正する指定

<>の記号をつけて……**アキ二**と結果のアキを指示するとよい。修正する量や字送りで指示する方法などもある。

編集と製作の技術

編　集　と　製　作　の　技　術

編集と製作の技術

16 上げる(下げる)指定

文字の位置が指定の位置より低い場合は ┌┘、高い場合は ┐└ の記号を用い、移動させる位置を ┬ または ┴ で示す。

仮製本には、**中とじ**と**平とじ**とがある。

中とじとは、本の中央の背からとじるとじ方である。

17 左・右へ寄せる指定

文字や行などを、規定の位置まで、左または右に移す場合には、 ┣ (左に)、 ┫ (右に)の記号を用いる。

左に寄せるようにする。

右に寄せるようにする。

18 句読点・中黒の指定

誤字の直し方・脱字の入れ方と同じ。ただし中黒は⊡のように四角で囲む。二分ものの場合は二分と指定する。

序文の年月日著者名は二三字下げるか字上げする。

序文の年月日・著者名は、二、三字下げるか字上げする。

縦組校正記号

——主要記号の使い方と指定例——

〈総括的注意〉

(1) ポイント数・級数を示す書き方
6ポ・8ポ・10ポ、10Q・12Q・13Q
全角・二分・三分・四分
1ポアキ・2ポアキ、1Hアキ・2Hアキ

(2) 行数を示す書き方
三行・五行・七行、三行ドリ・五行ドリ

(3) 倍数・アキを示す書き方
全角・二倍は、□・□□なども使う。
三倍・四倍・五倍・六倍半・七倍半

(4) 補足的な指示に使う仮名は、本文と混同しないように片仮名書きとする。
トルツメ・トルアキ・ツメル・ベタ・イキ・ハンパ・オモテ・ウラ・ナミ・ミン・ゴチ・イタ・ボールドなど。

1 誤字の直し方 (1)

誤字の箇所から、原則として右上に斜線を引き、できるだけ誤字に近い余白に正しい字を楷書で明瞭に書く。

本とは、物事の「木」の意味からおこった各称である。

本とは、物事の「本」の意味からおこった名称である。

2 誤字の直し方 (2)

同じ文字が数多く違っている場合は、△や□の符号を誤字につけ、余白に(たとえば△印＝図というように)まとめて指定。

数ある国書のなかで、最も尊重すべき国書は、真の国書、

数ある図書のなかで、最も尊重すべき図書は、真の図書、

3 誤字の直し方 (3)

二字以上を一度に訂正する場合は、元の字がわかる程度に一本の線を引き、右上に斜線を引いて訂正文字を記入する。

編集の仮定で、最も重要な意味をもつのは規格である。

編集の過程で、最も重要な意味をもつのは企画である。

4 脱字の入れ方

入れる字を二股の線で囲んで書く。脱字の数が多い場合には、原稿用紙やワープロなどに整理して貼付する。

和文文字欧文文字に比べて、書体の種類は少いが、一種類

和文文字は欧文文字に比べて、書体の種類は少ないが、一

5 削除の仕方 (1)

削除する箇所から斜線を引き**トルツメ**と書く。二字以上の場合は、元の字がわかる程度に朱線を引き、**トルツメ**と指定。

念にはは念を入れてみることが、校正と校正という仕事で

念には念を入れてみることが、校正という仕事である。

6 削除の仕方 (2)

削除したあとをあけておく場合には、削除する文字の箇所から斜線を引き、**トルアキ**と指定する。

チリは表紙を中身の寸法より出っぱらせてある部分のこと

チリ　表紙を中身の寸法より出っぱらせてある部分のこと

7 文字を入れ換える指定

隣り合っている文字は、Ｓの記号を、はなれた字の場合は、矢印をつける。誤字の直し方でもよい。

漱石の『枕草』は、書語の教科国にものっていて有名。

漱石の『草枕』は、国語の教科書にものっていて有名。

8 小さく(大きく)する指定

文字を小さくするには<記号を、大きくするには>記号を用いる。○で囲んで大きさを指定する方法もある。

かってとかっては混同するから、かってとかっては明瞭に

かつてとかっては混同するから、かつてとかっては明瞭に

⑷ 原稿引合せの注意点

1. 校正作業の基本である原稿引合せ(原稿照合)は慎重にゆっくりと(自分のスピードで)引き合わせるのが原則である.

2. 原稿引合せのときは，文字だけを注視するのを主眼にして，文章には関心をはらわない．文章に注目する作業は‘素読み作業’のときに織り込んで行う.

3. 校正刷の漢字の部分は，漢字の使用方針に注意して点検する．指定方針からはずれているときは赤字で訂正する.

4. 仮名の部分は送り仮名や仮名遣いの方針に注意し，方針で指示されている事項は赤字で訂正し，相談事項は鉛筆で疑問とする．片仮名表記や数字等も同様である.

5. 約物・記号は，その使用方針に従っているか，約物の形やアキなどを点検する.

6. 縦組で欧文やアラビア数字などが横向きになっている場合は，校正刷を90度回転して，欧字などが正しい向きで読めるようにして校正する．欧文は欧文組の原則に従って組まれているか，大文字・小文字，立体・イタリック体などの区別も確認する.

7. 組方指定が施してある部分は，その指定内容をよく理解し，指定事項を1つ1つ丁寧に点検する．通常は原稿に指定が施されていない段落の初めや行頭・行末の組方など一般的な組方ルール(組方原則)も，ルールに従って組まれているかルール違反がないか確認する.

8. 写真・図版を本文に組み込む場合，初校では，そのスペースだけを空けていることがある．その場合は，写真・図版のスペースの大きさ，本文の組込みの字詰・行数が指定どおりか確認する．その空白部には‘図○○入ル’，‘図○○入ル(後送)’などと赤字で記入する．キャプションが組まれているときは，その文字部分を照合する.

写真・図版が組み込まれているときは，位置と大きさが割付指定どおりか調べる．写真・図版では天地の向きも確認する.

9. 後の作業に備えて，以下のような事項は鉛筆で書き出しておくとよい.

①見出しのためにページ末に行の余白が生じたときは，鉛筆で‘○行余白(または○行余白アリ，○行余り)’と仮に記入する．引用文の前後や中扉の直後の本文，小見出しの前などで，必ず行を空けるときは‘○行アキ’と鉛筆で記入する.

②本文中の注番号のついている行の欄外(天か地の余白)に注番号を鉛筆で書き出す．後での検出の手掛かりとなる.

③中扉，半扉，改丁・改ページの部分は鉛筆で‘改丁・裏白’(中扉の場合)，‘改丁’，‘改ページ’と鉛筆で記しておくと，後での行送りの調整などの際にページの増減がわかりやすい.

④中扉などノンブルを入れないページには，組方の位置指定(たとえば，文字の下ガリなど)を校正刷に鉛筆で記入する．校了のときに刷り位置指定を赤字で書くときの参考にするためである．また，ノンブルの数字を鉛筆で書いてかくしノンブルであることを表しておく．改丁の前などで，たまたま白ページが出たときは，‘○ページ・白’と鉛筆で記入する.

⑤参照ページが入る部分が空白または記入されているときは，その行の欄外(天か地の余白)に指摘しておき，再校以後の書き込みや確認に利用する.

⑸ 電子データ原稿の校正の注意事項

ハードコピーに原稿整理等で手書きの修正や指定をした部分は，印刷所で追加入力するので，当然点検しなければならない．一般的な注意点をまとめておく.

1. データの作成方法がいろいろあるので，その方法により，ハードコピーとの原稿引合せを行う必要があるかどうか判断する．データ交換の方法がはっきりしている場合は，素読みを主に行う場合もある.

2. データ原稿の文字データ部分は，基本的に1対1の変換が行われると予想されるが，漢字の字体，約物，欧字・数字では，組版として正しくならない例もある．また，データ原稿の細部のデータの問題から誤りが発生するケースも考えられる．

3. 印刷所でデータ原稿に追加入力または修正した箇所は必ず原稿(ハードコピー)との照合が必要である．

・組方指定を確認する．柱・ノンブルの組方や内容，開始ページも確認する．

・データ原稿に後から印刷所で訂正を施した文字データを点検する．原稿整理でハードコピーに施した追加訂正，ルビ文字，JIS外字などを点検する．表組や表組・図版のキャプションなども印刷所で再入力することが多いので点検する．

・改行行頭の1字下ガリもデータを修正する場合があるので注意する．

・欧字・数字・約物の全角・半角の変換は，通常はデータ変換で一括修正されるが，あらたに入力して修正していることが予想されたときは，これらの点検も必要である．

4. ―(ダーシ)とー(音引)のように印刷文字として字形が似ている例があるので注意する(⇒29ページ)．

5. データ原稿に余分なスペースが入っていたために，文中の字間が空いてしまう例があるので注意する．段落末の改行コードが入っていないときは，前段落に追い込まれてしまうので注意する．

6. その他，データ原稿は同音・同訓異義語などの間違いを原稿段階で含んでいる例もあり，十分に注意する．

(6) 著者校正の注意事項

1. 著者校正は初校(または再校)での1回が普通である．著書の性質や著者の希望により再校，三校と行われることもある．

2. 未校正のものを著者に送ることは避け，校正の終わった校正刷を送る．

3. 著者校正にまわす校正刷と同様の赤字を記入した控えの校正刷を1通手元においておくと仕事の進行上から便利である．

4. 著者へ校正刷を送るときには必ず原稿も送り，著者校正が返送されるときには原稿も送り返してもらう．

5. 提出した疑問が解決されているかどうかを調べ確認する．疑問が解決した箇所の付箋はとりはずし，著者の書き入れた赤字に問題がないか点検する．

(7) その他の一般的注意

1. 初校校正の際，原稿の用字・表現・記事などに対して疑問が起こった場合，校正刷のその箇所に鉛筆で疑問符をつけるなり，別紙に整理記入して疑問を提出し，解決を求める(初校を著者校正にまわす場合)．校正刷の疑問箇所の上部に付箋を貼っておくと，見てもらううえで便利である．

2. 明白に原稿の書き違いと認められるもの，文字・仮名遣いの誤り，指定の間違いと考えられるものは，当然訂正しなければならないが，これも著者との事前の了解(執筆要領などによる)にもとづいてなされるか，もしくは，前項と同様，著者の指示を仰ぐかして，慎重に処置する．

3. 社外校正者が校正を行った場合，1や2のような問題が生じたときは，校正刷に鉛筆で疑問のしるしをつけて，出版社の編集部なり校正部に，その処置をまかせる．

4. 校正後の初校校正刷を印刷所へ戻す場合，原則として校正刷には字送り・行送りの指示は施さなくてもよい(字送り・行送りに伴い，行頭・行末，ページ末で問題が出ないかの点検は必要である)．

ただし，行やページを強制的に増減させるために，字送り・行送りを指示する場合もある．

5. 原稿引合せののち初校段階でも素読みを行うことがある．素読みの注意点は，再校の項を参照されたい．

〈再校(および三校)〉

(1) 赤字引合せの注意事項

1. 利き手に赤ペンを持って再校に対し，反対側の手に鉛筆(青鉛筆)を持って初校に対し，引合せのすんだ初校の入朱箇所は青鉛筆で線を引いて，一々消し(赤字消し合せ)，ひととおり終わった段階で確認漏れがないかどうか点検すると確実である．

2. 印刷所の修正作業では，赤字どおりに直すのが原則であるが，印刷所の作業の都合で，修正部分を広げて，赤字の前後も修正することもある．念のために赤字引合せでは，修正部分の前後も点検する．

3. 書体や文字の大きさの修正は，コンピュータ組版では，文字データはそのままで，書式の修正のみで直す．活字組版のように1字1字確認する必要はない．念のため素読みしておけばよいだろう．

4. 赤字修正の際に，間違って他の箇所が修正される例がある．赤字の修正もれがあったら，その箇所の周辺にも注意する．

5. 字送り・行送りが出た場合には，それに伴いルビ・傍点・傍線・行間の注番号などの位置がずれるケースもあるので，注意する．

(2) 素読みの一般的な注意事項

素読みは，校正刷にのみ注意を集中することができるから，前回の校正(初校)の際に見落とされた誤植その他の誤りを発見しやすく，体裁などの不備にも気づきやすい．

1. 素読み校正中，新たな疑問が生じたり，不確かな点や不安な点があったりした場合には，必ず原稿を参照する．疑問は校正刷のその箇所に付箋を貼っておき，著者なり，編集担当者と相談して処理する．

2. 素読みの効果の少ない固有名詞や数字などは，部分的に原稿と照合する．

3. 素読み校正では，以下のような文章表現や表記が，対象とする読者に適応しているかどうかを検討し，整理する．場合によっては疑問として提出する．

①文章に矛盾や不整合の部分はないか．また文脈が乱れていないか，点検する．

②ことばの使い方，文字の使い方に不適当なところはないか，点検する．

③その著書の漢字の字体，仮名遣い，送り仮名の方針に沿っていない部分はないか，また不統一や誤用はないか，点検する．必要なら整理する．

④数字表記の混乱や不統一，固有名詞の表記に不統一はないか，また約物の脱落，誤用，混乱はないか，点検する．

(3) 素読みの個々の注意点

1. 数表や百分比があれば，その合計を計算して，不整合がないか確かめる．

2. 引用文などは，必要に応じて原典にあたって確認する．

3. 併記した西暦年と日本年号との間にくい違いはないか確かめる．

4. 注と本文との照合および注番号の位置，挿入位置の統一をはかる．注番号の順序と注の内容も確認する．

5. 参照ページと本文とを照合する．

6. 文献のあげ方(掲げる項目と順序)および文献が欧文の場合には書体(たとえばイタリック体か立体か)の吟味を行う．

7. 図・表のキャプションと本文との関係を吟味する．

8. 図・表の挿入位置を点検する．

9. 図・表の内容と本文の説明が矛盾していないか，用字・用語が図・表と本文で不統一になっていないか点検する．

10. 写真はその上下と左右が逆になっていないか点検する．

11. 約物の使い方を整理する．また，約物の組方に誤りはないかを点検する．

12. ルビのつけ方を整理する．

13. 欧文におけるシラブルの切り方を吟味する．

14. 柱やノンブルの位置およびノンブル

の書体を点検する．

15. 柱と見出しを照合する．

16. 目次と本文の見出しが同一になっているか，ページ数は正しいか照合する．

17. 索引の各項目が本文の該当するページにあるか本文と照合し，点検する．

18. 見出しの文字の大きさ・書体・行ドリ・字下ガリ・字割，柱の文字の大きさ・書体・字割など，体裁上の不統一がないかを確認する．図版・キャプションと本文のアキを点検する．

19. 組方原則にのっとった組方がなされているか，ルールからはずれている事項はないかも点検する．

〈校　了〉

1. 前校(初校，再校または三校)との慎重な赤字引合せを行う．

2. 全般的に前校(再校など)で修正の多い部分で不安な場合は，それに応じた程度の素読みを行う．

3. コンピュータ組版では，元データを演算しなおして出力するので，赤字のない部分で細部の組方が変わってしまったり，一部データが欠落するケースも想定される．全体にわたる素読みが刊行スケジュールや経費の関係で行えない場合は，問題箇所と思われる部分をよく点検し，前校と比べて，ページの回りをぐるっと見て，文字が動いていないか，ページ全体を眺めておくといった作業をしておくとよい．少しでも動いている部分はよく点検し，その原因をつかんでおくと，確認作業はより確実になる．

4. 赤字が多少残っていても，印刷所の直しで校了にすることが多い(**責任校了，責了**)．どの程度で責了とするかの判断はむずかしいが，赤字が多い場合は念のためもう1校だけ，ジョブ単位(ファイル単位)で出校してもらうか(**念校**)，責了としたもののうち，直しのあるページのみ出校してもらう(**念校**，抜き念校)かして確認する．

5. 責了紙への入朱は，とくに正確明瞭に記入し，修正間違いが起こらないようにする(赤字を青鉛筆でマークするか，訂正箇所に付箋を貼っておくとわかりやすい)．

6. 責了時の入朱の控えを手元に残しておくと，あとで責了紙の赤字を検査する資料となり参考となる．

7. 校了(責了)作業は校正の最後の点検になるので，以下のような事項については，念のため再度点検・確認する．

①本文の見出しと目次を照合する．
②前付と後付を確認する．
③注番号と注記を確認する．
④見出しの順序を確認する．
⑤各ページのノンブルと柱を通覧する．
⑥ルビ・傍点などの最終点検をする．
⑦奥付や定価を確認する．

8. 写真や表，図版の位置，番号を確認する．製版の方法によっては，印画紙等の出力後に図版・写真(場合によっては表も)を組み入れる場合がある．このときは，写真・図版の入る位置に図版のコピーその他の刷り物を貼り込んで，入る内容と位置を指定する必要がある．これらの指定事項を責了(校了)紙に指示する．

・9. かくしノンブル(印刷の際にノンブルが刷られない)の中扉などでは，校正刷のノンブルにはトルと赤字を入れ，必要ならば刷り位置(仕上りからの文字の位置)を指定する．何も印刷しない白ページがある場合は，校正刷のノンブルがあればトルと赤字を入れ，そのページは白(または裏白)などと記入する．

10. 責了(校了)紙の冒頭に，‘校了’‘責了’と印を押すか朱書きして，どちらであるかをはっきりと指示する．あるジョブのみを‘念校’とする場合は，該当する校正刷に‘念校’と指示し，あるページだけを‘抜き念’とする場合は，‘責了’の印を押し，さらに‘抜き念’のページ数を明示する．

印刷・製本

印刷文字と組版の基本

⑴　**文字サイズ**

1.　ポイントと級　一般の書籍，雑誌の印刷に用いる文字(印刷文字)の大きさの単位には，アメリカンポイントと級(Q)がある．ミリ換算は以下のとおりである．

1ポイント＝0.3514 mm＝1.4056 級
1級(Q)　＝0.25 mm≒0.7114 ポ

なお1ポイントを1/72インチ≒0.3528 mm とする DTP ポイントもある．

2.　号数　活字組版で使用されていた号数には単位という概念はなく，五号を中心に3系列(各系列はそれぞれ1/2になっている)9段階の大きさがある．その系列とポイント換算値は以下のとおりである．

三号――六号――八号
(16 ポ)　(8 ポ)　(4 ポ)

初号――二号――五号――七号
(42 ポ) (21 ポ) (10.5 ポ) (5.25 ポ)

一号――四号
(27.5 ポ) (13.75 ポ)

3.　文字サイズの刻み方　コンピュータ組版の文字サイズの刻み方は細かく，一定の範囲内であれば，整数単位ではほとんどが可能で，なかには，9.249 ポのように小数点第3位まで指定できるシステムもある．なお，活字組版で用いていた以下のようなポイント活字の大きさの系列は，原稿指定で文字サイズを決める際に参考になる．

基準の 1/2	5 ポ―4.5― 4―3.5…ルビのみ
基　　準	10 ポ― 9― 8― 7― 6
2ポイント差	20 ポ―18―16― 14―12
4ポイント差	40 ポ―36―32― 28―24

文字サイズの刻み方が細かくなり，ポイントと級の換算がかなり正確にできるようになったため，ポイントと級の両方で指定できるシステムも増えている(ポイントと級の換算表⇒裏見返し)．

⑵　**字間と行間**　字間(字送り)，行間(行送り)の単位も文字の大きさの単位と共通である．刻み方も文字とほぼ同じである．なお，級(Q)では送りの単位として歯(H)も用いている．

1歯(H)＝1級(Q)＝0.25 mm

⑶　**約物**　文章や語句などの区切り，強調や適当に引きしめたりする役目をする一種の約束符号の総称で，括弧類・句読点，数学記号，漢文用の返り点や圏点などがそれである(⇒ 33 ページ)．

⑷　**くり返し符号(反復符号)**　同じ文字を重ねて書くとき，下の字のかわりに使う符号で，次のようなものがある．

ゝ(一つ点，一の字点)　平仮名に使う
ゞ　平仮名の濁音に使う
ヽ　片仮名に使う
ヾ　片仮名の濁音に使う
〳〵(くの字点)
〴〵(くの字点の濁点)　}　仮名，または仮名まじりの語句につけて使う

々(同の字点)
こ〻(二の字点)　}　漢字につけて使う
〃(ノの点)　}　表に使う

“文部省刊行物表記の基準”では‘々’以外は，できるだけ使わないようにするのが望ましい，となっている．

⑷　**縦組用と横組用の文字**　音引は字面が異なり，拗促音やァィゥなどの小書きの仮名は，縦組用ではボディー(仮想ボディー)の天地中央右寄りに位置している．横組用では左右中央下寄りに位置している．コンピュータ組版では縦組と指示すると縦組用が，横組と指示すると横組用が組まれる．約物も，縦組と横組で字面の位置が異

なるものがあるが，同様に処理される．

⑹　**ケイ線**　コンピュータ組版では，ミリやポイント等で幅(太さ)を指定すると，その幅のケイ線が入力できる．小数点以下の指定ができる例が多い．活字組版の表ケイは，0.12 mm(0.3 ポ)くらい，中細ケイは 0.25 mm(0.5 ポ)くらい，裏ケイは 0.4 mm(1 ポ)くらいを目安に考えればよいだろう．原稿指定や校正の指示で，表ケイや裏ケイといった指示が通用しないわけではないが，どの幅のものを表ケイ，裏ケイとするかは共通の理解がえられていないこともある．あらかじめ印刷所に確認しておいたほうがよい．

なお，飾りケイや地紋線とよばれるパターンや模様をもったものもある．

⑺　**和文文字の書体**　コンピュータ組版では，同一の原図から作成した文字を拡大・縮小して使用するため，同一の書体グループ内に何種類かの線の太さを変化させた書体を準備している(特太・太・中・細明朝体，特太・太・中・細ゴシック体など)．印刷所で独自に作成した書体のほか，印刷資材メーカー，書体メーカーから各種の書体が販売されている(⇨ 136 ページ)．

印刷所にどんな書体を保有しているか確認してから，書体指定を行う．

⑻　**文字の変形と加工**　天地，左右の幅や角度を変える．なかには1% 単位で縦横の変形率を指定できるシステムもある．

また，文字やケイに網伏せ加工を施す処理を，組版段階で行えるシステムも多い．

⑼　**字間の処理**

1. スペースを文字間に挿入していく．種類はシステムにより異なる．マイナスのスペースを準備しているシステムもある．

2. 字送りで指定して字間を空ける方法．

3. 文字のサイズ等を基準にそれを何等分かした値の整数倍等で指定する方法．たとえば，文字サイズ(全角)の 1/32 を基準としたシステムでは，文字サイズ×1/32 の量が最小単位となり，この最小単位を字間にいくつ入れるかという指定をしていく．

4. 文字列の全長(倍ドリ)を指定して，字間を平均に空ける方式(平均アキ)．

5. 欧文の語間に挿入するスペース(語間スペース)は，状況によりアキが変化する．原則的な値(一般に三分アキか四分)と最大のアキ(たとえば二分アキ)，最小のアキ(たとえば四分アキか八分)を総括的に指定すると，個々のケースで適当にアキを決めてくれる．その範囲で処理できないときは，シラブルで分綴するか，字間を割る．

(10)　**行間の処理**　行間のアキを指示する方法，文字の基準点(文字の中心，文字の端，ベースラインなど)から次の基準点までの距離(行送り)で指示する方法，行の幅(高さ)で処理する方法がある．1 つの方法しかできない組版システムと複数の処理が可能なシステムとがある．

(11)　**字送り・行送りの計算**

1. ベタ組・アキ組・ツメ組　ベタ組とは，字間を空けないで，文字のサイズ(大きさ)と同じ字送りで組んでいくことで，たとえば，9 ポの文字を 9 ポ送りで印字していくことである．

ツメ組とは文字サイズより字送りを詰める組方，アキ組とは文字サイズより字送りを大きくする組方である．なお，組版システムによっては文字の字面の幅に応じてツメ組を行えるものもある．

2. 字詰方向の版幅(行長)の一般的な計算式(同一サイズの文字の場合)

行長＝文字サイズ＋(字詰数－1)×字送り

字詰数＝(行長＋字送り－文字サイズ)÷字送り

字送り＝(行長－文字サイズ)÷(字詰数－1)

ベタ組のときは，

行長＝文字サイズ×字詰数
字詰数＝行長÷文字サイズ
文字サイズ＝行長÷字詰数

3. 行送り方向の版幅の一般的な計算式(同一サイズの文字の場合)

版幅＝文字サイズ＋(行数－1)×行送り
行数＝(版幅＋行送り－文字サイズ)÷行送り
行送り＝(版幅－文字サイズ)÷(行数－1)

＊上記の計算では級またはポイントで計算するが，これをミリに換算するときは1級＝0.25 mm，1ポイント＝0.3514 mm(または≒0.3528 mm)で計算する．文字を変形するときは変形率を考慮して計算する．

(12) **欧文文字の特徴**

1. 並び線　ショートレター(a, c, e, mなど)は並び線(ベースライン)上に並んでいる．ショートレターより上方に伸びているb, d, f, h, i, k, l, tをアッセンダーといい，並び線より下に出ているg, p, q, yをデッセンダーという．

2. 大文字・小文字・スモールキャピタル(スモールキャップ，s.c.)

大文字

ABCDEFGHIJKLMNOPQRSTUVWXYZ

スモールキャピタル

ABCDEFGHIJKLMNOPQRSTUVWXYZ

小文字

abcdefghijklmnopqrstuvwxyz

3. エムとエン，パイカ　エム(em, M)は，和文文字の全角に相当する．エン(en)は二分のことである．パイカは，12ポイント(アメリカンポイント)に相当する文字の大きさの呼称で，版幅(行長)をはかる標準となっている．

4. セット　文字の幅のことで，欧文は文字によって字幅が違い，Wが一番広くiが一番狭い．また欧文では，ひと揃いの文字全体の幅を広く設計したものと狭く設計したものがある．欧文のセットは小文字のaからzまでを1本ずつ並べた長さ(a-zレングス)でもあらわす．12ポでは13エムが標準である．

5. ウェイト　文字の線の太さをウェイトといい，標準の太さの書体(メディアムもしくはレギュラー)より細いものを，ライト・フェース(light face)，標準の書体より太いものは，ボールド(bold)，ヘビー(heavy)，エキストラ・ヘビー(extra heavy)，ブラック(black)，ウルトラ(ultra)の順序で普通よぶ．

6. 合字(ごうじ)　2字以上の文字を1つのボディーに合わせたもので，字面には共有部分がある．

小文字　ff fi fl ffi ffl æ œ *ff fi fl ffi ffl æ œ*
大文字　Æ Œ *Æ Œ*

æ, œ, *æ, œ* を除き，小文字では，通常その綴りが出てきたときは合字を使用する．

7. ローマン体(立体)とイタリック体

ローマン体

ABCDEFGHIJKLMNOPQRSTUVWXYZ
abcdefghijklmnopqrstuvwxyz

イタリック体

ABCDEFGHIJKLMNOPQRSTUVWXYZ
abcdefghijklmnopqrstuvwxyz

通常の欧字・欧文は立体を用いるが，書籍の標題，目立たせたい語句，動植物の属名と種名，数や量の変数を示す場合はイタリック体を用いる(⇒55ページ)．

8. フォントとファミリー　欧文では一般の文字のほかに，数字・各種記号・約物などを必要とする．これらは，それぞれの書体別に準備されている．活字組版では，これら組版を作るうえに必要な同一書体・同一のボディーサイズのひと揃いをフォントとよんだ(コンピュータ組版でいうフォントとは同一書体のひと揃いをいう).

ファミリーとは，同一書体の系統をいい，これを考案した人の名や活字鋳造所の名などをつけることが多い．ファミリーによって，ウェイトやセットにそれぞれ変化をもたせたものや，それらのイタリック体やディスプレイ用(広告用)書体など多数の同族をもつファミリーもあれば，スタンダードなものとそのイタリック体，ボールド体くらいの，同族が少数のファミリーもある．和文書体でも，この用語は使用されている．

9. 欧文文字の書体　欧文文字の書体は非常に多く，きわめて多種多様であるが，一貫した特徴をもついくつかの系統に分けることができる．

10. 和文と欧文の混植　一般に和文と欧文の調和をとるためには，次のようにするとよい．

①明朝体にはローマン体のエックス・ハイトの大きいものを選ぶ．

②ゴシック体には太さの見合ったサンセリフ書体を使用する．

なお，欧文文字には和文の縦組用に準備している全角欧字がある．これは横組で使用すると体裁がよくないので，使用しない．

(13)　**数字**　数字には漢数字(和数字)，アラビア数字(算用数字)，ローマ数字，時計数字などがある．

1. 漢数字は一般の漢字で全角であるが，天地の幅を二分の一とした平字(ひらじ)とよばれる漢数字が，注番号やページ数表記，

明治三五(一九〇二)年

のような年号並記に使用されることもある．

2. ローマ数字は，アルファベットのI, V, X, L, C, D, Mなどを用いた数字で，大文字と小文字がある．欧文文字を使用して組む．ローマ数字の大文字に似たものに時計数字があるが，この2つは別のものである．時計数字は全角で合字になっており，一般にⅫまでしかない．

ローマ数字大文字	I II III IV V VI VII VIII IX X XI XII XV XX L C
ローマ数字小文字	i ii iii iv v vi vii viii ix x xi xii xv xx l c
時　計　数　字	Ⅰ Ⅱ Ⅲ Ⅳ(ⅡⅡ) Ⅴ Ⅵ Ⅶ Ⅷ Ⅸ Ⅹ Ⅺ Ⅻ
アラビア数字	1 2 3 4 5 6 7 8 9 10 11 12 15 20 50 100

3. アラビア数字は，欧文文字に属している．欧文ではアラビア数字はそれぞれの書体とともに設計されているので，アルファベットとアラビア数字は同じ書体を使うのが原則である．

アラビア数字の幅は書体による．一般に和文と混植するものは，二分くらいと便宜的に考えればよい．

アラビア数字でも縦組用に全角物が準備されている．横組では全角アラビア数字を組むと体裁がよくないので，使用しない．また，三分アラビア数字や四分のアラビア数字を用意している組版システムもある．

コンピュータ組版では，欧文のアラビア数字とは別に，和文用の二分のアラビア数字をもっているシステムもある．和文用の二分数字(連数字(れんすうじ)ともいう)の並び線は欧文の並び線と異なることがあるので注意する．連数字をもっているシステムでは，連数字を縦組で使用すると，以下のように縦向きのまま横に並べて組むというものが多い．

昨年の12月25日に刊行した書籍

欧文用のアラビア数字を縦組で使用すると，以下のように他の欧字と同様に横向き(90度回転した状態)に組んでくるシステムが多い．

昨年の12月25日に刊行した書籍

(14)　**上ツキ・下ツキ**　数字や欧字では，数式や化学式などで，x^2 や H_2O，x^n，x_1 のように上ツキ文字や下ツキ文字を使用する．システムによっては，文字の大きさや位置を設定できるものもある．

文字の大きさ〈ポイント〉　＊書体はM2，M4，M6，G4

4ポ	使用する文字の大きさを考える使用する文字の大きさを考える使用する文字の大きさ	使用する文字の大きさを考える使用する文字の大きさを考える使用する文字の大きさを
5ポ	使用する文字の大きさを考える使用する文字の大きさを考える使用す	使用する文字の大きさを考える使用する文字の大きさを考える使用す
6ポ	使用する文字の大きさを考える使用する文字の大きさを	使用する文字の大きさを考える使用する文字の大きさを
7ポ	使用する文字の大きさを考える使用する文字の大	使用する文字の大きさを考える使用する文字の大
8ポ	使用する文字の大きさを考える使用する文	使用する文字の大きさを考える使用する文
9ポ	使用する文字の大きさを考える使用す	使用する文字の大きさを考える使用す
10ポ	使用する文字の大きさを考える文	使用する文字の大きさを考える使
11ポ	使用する文字の大きさを考える	使用する文字の大きさを考える
12ポ	使用する文字の大きさを考え	使用する文字の大きさを考え
13ポ	使用する文字の大きさを考	使用する文字の大きさを考
14ポ	使用する文字の大きさを	使用する文字の大きさを
15ポ	使用する文字の大きさ	使用する文字の大きさ
16ポ	使用する文字の大きさ	使用する文字の大きさ
18ポ	使用する文字の大	使用する文字の大
20ポ	使用する文字の大	使用する文字の大
22ポ	使用する文字の	使用する文字の
24ポ	使用する文字	使用する文字
26ポ	使用する文字	使用する文字
28ポ	使用する文	使用する文

文字の大きさ〈級数〉

＊書体は LHM，MHM，MNAG，DNAG，BNAG

7級	使用する文字の大きさを考える使用する文字の大きさを考える使用す	使用する文字の大きさを考える使用する文字の大きさを考える使用す
8級	使用する文字の大きさを考える使用する文字の大きさを考え	使用する文字の大きさを考える使用する文字の大きさを考え
9級	使用する文字の大きさを考える使用する文字の大きさ	使用する文字の大きさを考える使用する文字の大きさ
10級	使用する文字の大きさを考える使用する文字の大	使用する文字の大きさを考える使用する文字の大
11級	使用する文字の大きさを考える使用する文字	使用する文字の大きさを考える使用する文字
12級	使用する文字の大きさを考える使用する	使用する文字の大きさを考える使用する
13級	使用する文字の大きさを考える使用す	使用する文字の大きさを考える使用す
14級	使用する文字の大きさを考える使用	使用する文字の大きさを考える使用
15級	使用する文字の大きさを考える使	使用する文字の大きさを考える使
16級	使用する文字の大きさを考える	使用する文字の大きさを考える
18級	使用する文字の大きさを考	使用する文字の大きさを考
20級	使用する文字の大きさを	使用する文字の大きさを
24級	使用する文字の大き	使用する文字の大き
28級	使用する文字の大	使用する文字の大
32級	使用する文字の	使用する文字の
38級	使用する文字	使用する文字
44級	使用する文	使用する文
50級	使用する文	使用する文
56級	使用する	使用する

メーカー別主要書体 付・ケイ見本，変形見本

〈写　　研〉

本蘭明朝L（LHM）
和文の書体としゅるいシュルイ

本蘭明朝M（MHM）
和文の書体としゅるいシュルイ

本蘭明朝D（DHM）
和文の書体としゅるいシュルイ

本蘭明朝B（BHM）
和文の書体としゅるいシュルイ

本蘭明朝E（EHM）
和文の書体としゅるいシュルイ

石井細明朝（LM-NKL）
和文の書体としゅるいシュルイ

石井中明朝（MM-A-NKL）
和文の書体としゅるいシュルイ

石井中明朝（MM-A-OKL）
和文の書体としゅるいシュルイ

石井太明朝（BM-A-NKL）
和文の書体としゅるいシュルイ

石井特太明朝（EM-A-NKL）
和文の書体としゅるいシュルイ

大蘭明朝（UM）
和文の書体としゅるいシュルイ

石井中教科書（MT-A）
和文の書体としゅるいシュルイ

石井楷書（NL-A）
和文の書体としゅるいシュルイ

アンチック体（KF-A）
わぶんのしょたいとしゅるいシ

石井太丸ゴシック（BR）
和文の書体としゅるいシュルイ

石井新細ゴシック（LG-N）
和文の書体としゅるいシュルイ

石井中ゴシック（MG-A-KL）
和文の書体としゅるいシュルイ

石井中太ゴシック（DG-L）
和文の書体としゅるいシュルイ

石井中太ゴシック（DG-KL）
和文の書体としゅるいシュルイ

石井太ゴシック（BG-A-KL）
和文の書体としゅるいシュルイ

石井特太ゴシック（EG-A-KL）
和文の書体としゅるいシュルイ

ナールL（LNAR）
和文の書体としゅるいシュルイ

ナールM（MNAR）
和文の書体としゅるいシュルイ

ナールD（DNAR）
和文の書体としゅるいシュルイ

ナールE（ENAR）
和文の書体としゅるいシュルイ

ゴナL（LNAG）
和文の書体としゅるいシュルイ

ゴナM（MNAG）
和文の書体としゅるいシュルイ

ゴナD（DNAG）
和文の書体としゅるいシュルイ

ゴナDB（DBNAG）
和文の書体としゅるいシュルイ

ゴナB（BNAG）
和文の書体としゅるいシュルイ

ゴナE（ENAG）
和文の書体としゅるいシュルイ

新聞特太明朝(YSEM)
和文の書体としゅるいシュルイ

新聞特太ゴシック(YSEG-L)
和文の書体としゅるいシュルイ

岩田新聞明朝(ISNM)
和文の書体としゅるいシュルイ

岩田新聞ゴシック(ISNG)
和文の書体としゅるいシュルイ

〈モ リ サ ワ〉

リュウミンL-KL
和文の書体としゅるいシュルイ

リュウミンR-KL
和文の書体としゅるいシュルイ

リュウミンM-KL
和文の書体としゅるいシュルイ

リュウミンM-KS(小がな)
和文の書体としゅるいシュルイ

リュウミンM-KO(オールドがな)
和文の書体としゅるいシュルイ

リュウミンM+かな 秀英3号M
和文の書体としゅるいシュルイ

リュウミンM+かな 秀英5号M
和文の書体としゅるいシュルイ

リュウミンB-KL
和文の書体としゅるいシュルイ

リュウミンH-KL
和文の書体としゅるいシュルイ

リュウミンU-KL
和文の書体としゅるいシュルイ

太明朝体 A101
和文の書体としゅるいシュルイ

見出明朝体 MA31
和文の書体としゅるいシュルイ

新教科書体 ICA101
和文の書体としゅるいシュルイ

正楷書体 CB1
和文の書体としゅるいシュルイ

特太楷書体 MCBK1
和文の書体としゅるいシュルイ

ツデイL-KL
和文の書体としゅるいシュルイ

ツデイR-KL
和文の書体としゅるいシュルイ

ツデイM-KL
和文の書体としゅるいシュルイ

ツデイB-KL
和文の書体としゅるいシュルイ

中ゴシック体 BBB1
和文の書体としゅるいシュルイ

太ゴシック体 B101
和文の書体としゅるいシュルイ

見出ゴシック体 MB31
和文の書体としゅるいシュルイ

見出ゴシック体 MB101
和文の書体としゅるいシュルイ

新ゴシックL
和文の書体としゅるいシュルイ

新ゴシックR
和文の書体としゅるいシュルイ

新ゴシックDB
和文の書体としゅるいシュルイ

新ゴシックU
和文の書体としゅるいシュルイ

じゅん101-S
和文の書体としゅるいシュルイ

じゅん201-S
和文の書体としゅるいシュルイ

〈大日本印刷〉 ＊12ポ

秀英細明朝体
和文の書体としゅるいシュルイ

秀英中明朝体
和文の書体としゅるいシュルイ

秀英太明朝体
和文の書体としゅるいシュルイ

秀英中ゴシック体
和文の書体としゅるいシュルイ

〈凸版印刷〉 ＊12ポ

凸版細明朝体
和文の書体としゅるいシュルイ

凸版中明朝体
和文の書体としゅるいシュルイ

凸版太明朝体
和文の書体としゅるいシュルイ

凸版ゴシック体
和文の書体としゅるいシュルイ

〈精　興　社〉 ＊16Q

精興社細明朝体（SILM）
和文の書体としゅるいシュルイ

〈モ　ト　ヤ〉 ＊12ポ

細明朝体（M2）
和文の書体としゅるいシュルイ

中明朝体（M4）
和文の書体としゅるいシュルイ

太明朝体（M6）
和文の書体としゅるいシュルイ

ゴシック体（G4）
和文の書体としゅるいシュルイ

●ケイの名称と太さの例

表ケイ
中細ケイ，中太ケイ
裏ケイ
双柱ケイ
子持ケイ
星ケイ
ミシンケイ
波ケイ（ブルケイ）
かすみケイ
無双ケイ

ケイの太さの例

0.12ミリ　0.25ポ
0.25ミリ　0.50ポ
0.40ミリ　0.75ポ
0.70ミリ　1.00ポ
1.00ミリ　1.50ポ
0.10ミリ　2.00ポ
0.15ミリ　3.00ポ
0.20ミリ　4.00ポ
0.30ミリ　5.00ポ

●変形書体の例

16級正体　本の内容に合う書体を選
長①　本の内容に合う書体を選択す
長②　本の内容に合う書体を選択する
長③　本の内容に合う書体を選択すること
長④　本の内容に合う書体を選択することが大切
平①　本の内容に合う書体を選
平②　本の内容に合う書体を選
平③　本の内容に合う書体を選
平④　本の内容に合う書体を選
正斜体②右上がり　本の内容に合う書体を選
正斜体②右上がりライン揃え　本の内容に合う書体を選択
正斜体②左上がり　本の内容に合う書体を選
長斜体②右上がり　本の内容に合う書体を選
平斜体②右上がり　本の内容に合う書体を選

●MacintoshのDTPで使用できるPostScript/OpenTypeフォントの例

〈アドビ〉

小塚明朝L
和文の書体としゅるいシュルイ

小塚明朝R
和文の書体としゅるいシュルイ

小塚明朝M
和文の書体としゅるいシュルイ

小塚明朝B
和文の書体としゅるいシュルイ

小塚明朝H
和文の書体としゅるいシュルイ

小塚ゴシックR
和文の書体としゅるいシュルイ

小塚ゴシックM
和文の書体としゅるいシュルイ

小塚ゴシックB
和文の書体としゅるいシュルイ

〈イワタ〉

イワタ明朝体オールド
和文の書体としゅるいシュルイ

イワタ中細明朝体
和文の書体としゅるいシュルイ

イワタ中明朝体
和文の書体としゅるいシュルイ

イワタ特太明朝体
和文の書体としゅるいシュルイ

イワタ中太ゴシック体
和文の書体としゅるいシュルイ

イワタ特太ゴシック体
和文の書体としゅるいシュルイ

イワタ中太教科書体
和文の書体としゅるいシュルイ

〈ダイナコムウェア〉

痩金体W3
和文の書体としゅるいシュルイ

〈大日本スクリーン〉

ヒラギノ明朝W3
和文の書体としゅるいシュルイ

ヒラギノ明朝W6
和文の書体としゅるいシュルイ

ヒラギノ明朝W8
和文の書体としゅるいシュルイ

ヒラギノ角ゴW3
和文の書体としゅるいシュルイ

ヒラギノ角ゴW6
和文の書体としゅるいシュルイ

ヒラギノ角ゴW8
和文の書体としゅるいシュルイ

ヒラギノ丸ゴW4
和文の書体としゅるいシュルイ

遊築五号仮名W3
わぶんのしょたいとシュルイは

〈モトヤ〉

モトヤ明朝2
和文の書体としゅるいシュルイ

モトヤ明朝3
和文の書体としゅるいシュルイ

モトヤ正楷書3
和文の書体としゅるいシュルイ

〈モリサワ〉

リュウミンL-KL
和文の書体としゅるいシュルイ

リュウミンR-KL
和文の書体としゅるいシュルイ
リュウミンM-KL
和文の書体としゅるいシュルイ
リュウミンB-KL
和文の書体としゅるいシュルイ
リュウミンH-KL
和文の書体としゅるいシュルイ
中ゴシック体BBB
和文の書体としゅるいシュルイ
新ゴL
和文の書体としゅるいシュルイ
新ゴR
和文の書体としゅるいシュルイ
新ゴM
和文の書体としゅるいシュルイ
新ゴB
和文の書体としゅるいシュルイ
ゴシックMB101 B
和文の書体としゅるいシュルイ
じゅん34
和文の書体としゅるいシュルイ

〈リョービイマジクス〉

本明朝L　小がな
和文の書体としゅるいシュルイ
本明朝M　標準がな
和文の書体としゅるいシュルイ
本明朝BII
和文の書体としゅるいシュルイ
平成明朝W3
和文の書体としゅるいシュルイ
平成角ゴW5
和文の書体としゅるいシュルイ

●Bembo
ABCDEFGHIJKLMNOPQRSTUVWXYZ
abcdefghijklmnopqrstuvwxyz
1234567890

●Adobe Caslon
ABCDEFGHIJKLMNOPQRSTUVWXYZ
abcdefghijklmnopqrstuvwxyz
1234567890

●ITC Garamond
ABCDEFGHIJKLMNOPQRSTUVWXYZ
abcdefghijklmnopqrstuvwxyz
1234567890

●ITC New Baskerville
ABCDEFGHIJKLMNOPQRSTUVWXYZ
abcdefghijklmnopqrstuvwxyz
1234567890

●Perpetua
ABCDEFGHIJKLMNOPQRSTUVWXYZ
abcdefghijklmnopqrstuvwxyz
1234567890

●Times
ABCDEFGHIJKLMNOPQRSTUVWXYZ
abcdefghijklmnopqrstuvwxyz
1234567890

●Optima
ABCDEFGHIJKLMNOPQRSTUVWXYZ
abcdefghijklmnopqrstuvwxyz
1234567890

●Futura
ABCDEFGHIJKLMNOPQRSTUVWXYZ
abcdefghijklmnopqrstuvwxyz
1234567890

●Neue Helvetica
ABCDEFGHIJKLMNOPQRSTUVWXYZ
abcdefghijklmnopqrstuvwxyz
1234567890

●Univers
ABCDEFGHIJKLMNOPQRSTUVWXYZ
abcdefghijklmnopqrstuvwxyz
1234567890

欧文の主要書体

●欧文書体の例●　　書体例の文字の大きさはいずれも 12 級.

ヴェネチアンブック
ABCDEFGHIJKLMNOPQRSTUVWXYZ
abcdefghijklmnopqrstuvwxyz
1234567890　. , : ; ! ? - / ‘ ’ “ ” ( ) [ ] & * %

キャスロン
ABCDEFGHIJKLMNOPQRSTUVWXYZ
abcdefghijklmnopqrstuvwxyz
1234567890　. , : ; ! ? - / ‘ ’ “ ” ( ) [ ] & * %

ガラモン
ABCDEFGHIJKLMNOPQRSTUVWXYZ
abcdefghijklmnopqrstuvwxyz
1234567890　. , : ; ! ? - / ‘ ’ “ ” ( ) [ ] & * %

ガラモン・イタリック
ABCDEFGHIJKLMNOPQRSTUVWXYZ
abcdefghijklmnopqrstuvwxyz
*1234567890　. , : ; ! ? - / ‘ ’ “ ” ( ) [ ] & * %*

バスカービル
ABCDEFGHIJKLMNOPQRSTUVWXYZ
abcdefghijklmnopqrstuvwxyz
1234567890　. , : ; ! ? - / ‘ ’ “ ” ( ) [ ] & * %

ゴーディ
ABCDEFGHIJKLMNOPQRSTUVWXYZ
abcdefghijklmnopqrstuvwxyz
1234567890　. , : ; ! ? - / ‘ ’ “ ” ( ) [ ] & * %

ボドニー
ABCDEFGHIJKLMNOPQRSTUVWXYZ
abcdefghijklmnopqrstuvwxyz
1234567890　. , : ; ! ? - / ‘ ’ “ ” ( ) [ ] & * %

フーツラ
ABCDEFGHIJKLMNOPQRSTUVWXYZ
abcdefghijklmnopqrstuvwxyz
1234567890　. , : ; ! ? - / ′ ″ ( ) [ ] & * %

フーツラ・オブリーク
ABCDEFGHIJKLMNOPQRSTUVWXYZ
abcdefghijklmnopqrstuvwxyz
*1234567890　. , : ; ! ? - / ′ ″ ( ) [ ] & * %*

ユニバース
ABCDEFGHIJKLMNOPQRSTUVWXYZ
abcdefghijklmnopqrstuvwxyz
1234567890　. , : ; ! ? - / ′ ″ ( ) [ ] & * %

ヘルベチカ
ABCDEFGHIJKLMNOPQRSTUVWXYZ
abcdefghijklmnopqrstuvwxyz
1234567890　. , : ; ! ? - / ‘ ’ “ ” ( ) [ ] & * %

フルティガー
ABCDEFGHIJKLMNOPQRSTUVWXYZ
abcdefghijklmnopqrstuvwxyz
1234567890　. , : ; ! ? - / ′ ″ ( ) [ ] & * %

ウェディングテキスト
ABCDEFGHIJKLMNOPQRSTUVWXYZ
abcdefghijklmnopqrstuvwxyz
1234567890　. , : ; ! ? - / ‘ ’ “ ” ( ) [ ] & * %

アップルチャンセリー
ABCDEFGHIJKLMNOPQRSTUVWXYZ
abcdefghijklmnopqrstuvwxyz
*1234567890　. , : ; ! ? - / ‘ ’ “ ” ( ) [ ] & * %*

センチュリーオールド
ABCDEFGHIJKLMNOPQRSTUVWXYZ
abcdefghijklmnopqrstuvwxyz
1234567890　. , : ; ! ? - / ‘ ’ “ ” ( ) [ ] & * %

センチュリーボールド
ABCDEFGHIJKLMNOPQRSTUVWXYZ
abcdefghijklmnopqrstuvwxyz
1234567890　. , : ; ! ? - / ‘ ’ “ ” ( ) [ ] & * %

オプチマ
ABCDEFGHIJKLMNOPQRSTUVWXYZ
abcdefghijklmnopqrstuvwxyz
1234567890　. , : ; ! ? - / ′ ″ ( ) [ ] & * %

タイムズニューローマン
ABCDEFGHIJKLMNOPQRSTUVWXYZ
abcdefghijklmnopqrstuvwxyz
1234567890　. , : ; ! ? - / ‘ ’ “ ” ( ) [ ] & * %

タイムズニューローマン・イタリック
ABCDEFGHIJKLMNOPQRSTUVWXYZ
abcdefghijklmnopqrstuvwxyz
*1234567890　. , : ; ! ? - / ‘ ’ “ ” ( ) [ ] & * %*

タイムズニューローマン・ボールド
ABCDEFGHIJKLMNOPQRSTUVWXYZ
abcdefghijklmnopqrstuvwxyz
1234567890　. , : ; ! ? - / ‘ ’ “ ” ( ) [ ] & * %

＊フォント名は一般的な書体名とした．したがって，字体の細部においてはオリジナル書体と多少異なる部分もある．

図版・写真の製版

●写真版のスクリーン線数の例

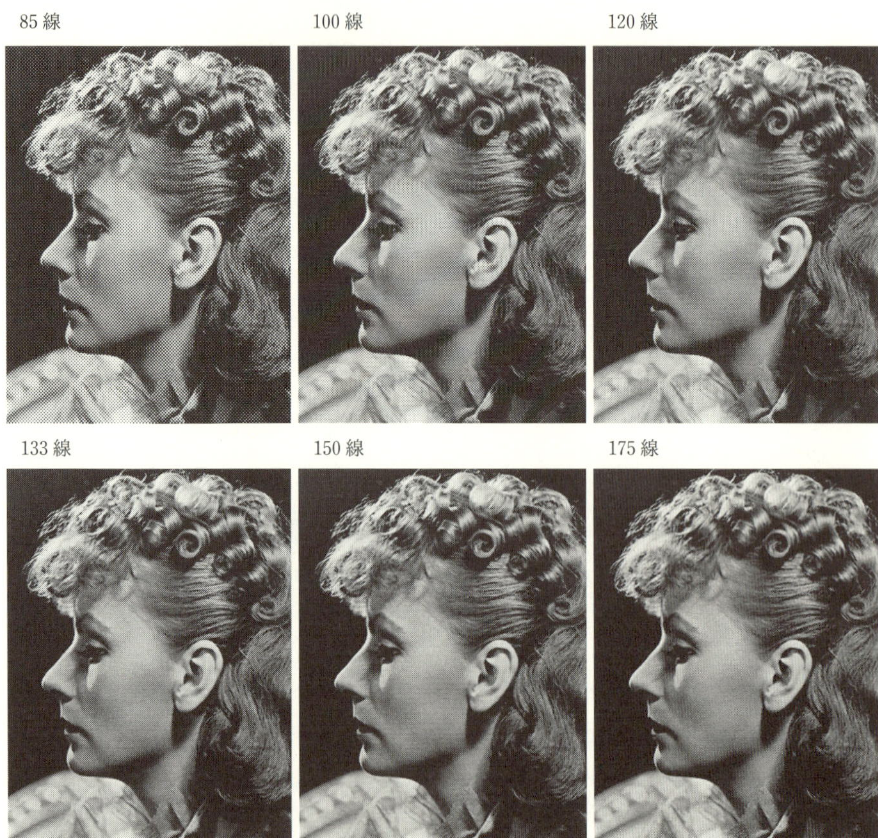
85 線　100 線　120 線　133 線　150 線　175 線

注 1）線数が高いほど細部の表現も鮮明になり，原稿のもっている階調の再現性もよくなる．しかし，網点が小さくなったぶん，平滑度の高い用紙を使用する必要がある．オフセット印刷では，一般の上質紙で 120-150 線くらい，アート紙やコート紙で 150-200 線くらいの線数が利用されている．

注 2）ここに掲げた例以外に，600 線や 1000 線といった線数にした高精細印刷や，一般の網点よりは小さいドットをランダムに配置して，ドットの粗密で濃度をあらわす FM(周波数変調) スクリーンという方法もある．

●図版・写真の製版例

写真版

文字墨ノセ

文字白ヌキ

楕　円

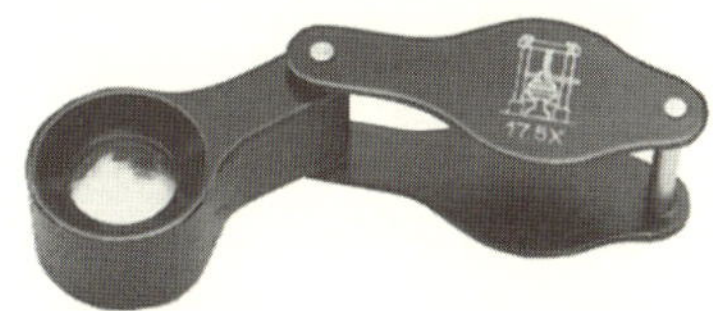

キリヌキ

線画版

網フセ

ハイライト版

写真版

編集必携
白黒逆版（文字白ヌキ）

編集必携
網地文字白ヌキ

編集必携
網地文字ノセ

編集必携
網フセ文字

編集必携
袋文字

編集必携
墨文字

●網目スクリーンの拡大と特殊スクリーンの例

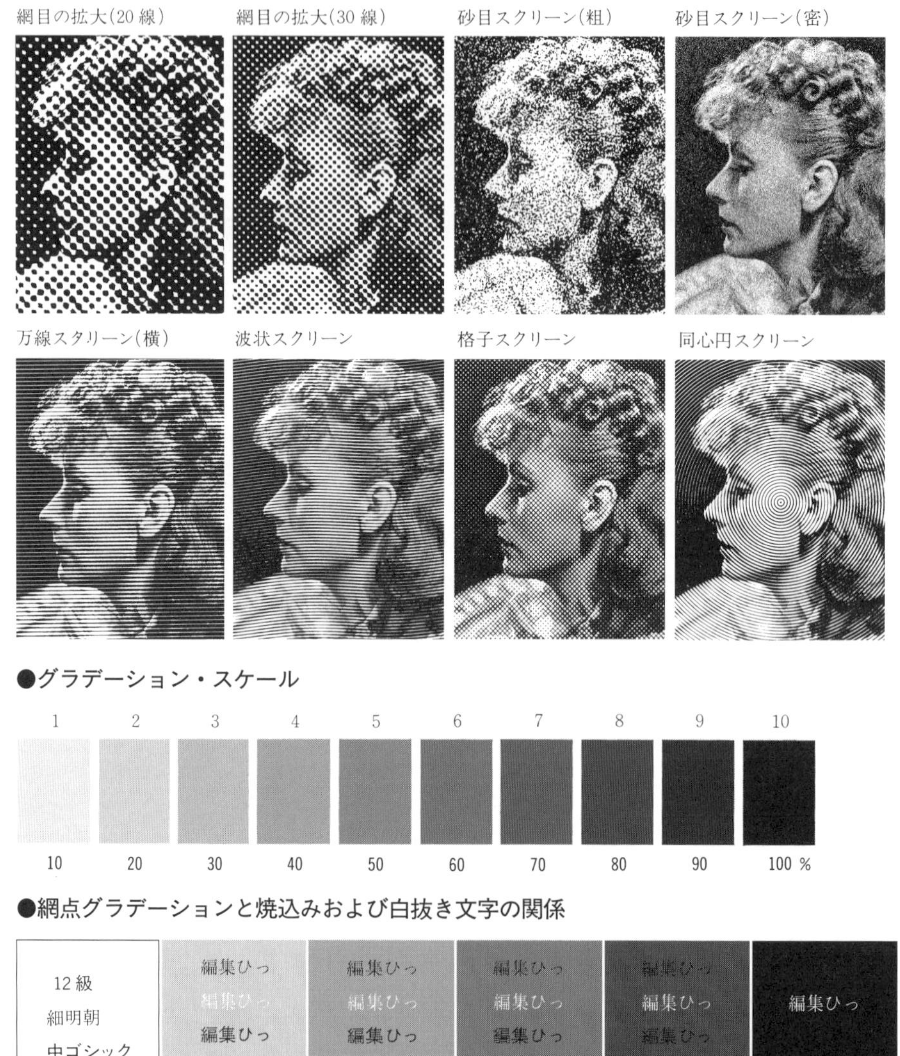

●網点グラデーションと焼込みおよび白抜き文字の関係

0	20	40	60	80	100 (%)
12級	編集ひっ	編集ひっ	編集ひっ	編集ひっ	
細明朝	編集ひっ	編集ひっ	編集ひっ	編集ひっ	編集ひっ
中ゴシック	編集ひっ	編集ひっ	編集ひっ	編集ひっ	
	編集ひっ	編集ひっ	編集ひっ	編集ひっ	編集ひっ
12級	編集ひっ	編集ひっ	編集ひっ	編集ひっ	
細明朝	編集ひっ	編集ひっ	編集ひっ	編集ひっ	編集ひっ
中ゴシック	編集ひっ	編集ひっ	編集ひっ	編集ひっ	
	編集ひっ	編集ひっ	編集ひっ	編集ひっ	編集ひっ

注）一例として，12級細明朝体と中ゴシック体を，133線(上)，150線(下)で示す．

色校正の要点

〈色校正〉

カラー物のオフセット印刷では，製版校正刷(色校正刷，カラー校正刷)を作製し，出版社の校正作業を行う．製版校正は，本刷用とは別に校正用の刷版を作製し印刷する．工程を簡略にし，費用を抑えるためにデジタルデータを専用の出力機で出力するデジタル校正の利用も多くなっている．

色校正の目的は，印刷物の仕上がり点検と本刷の際の標準見本とすることである．

〈色校正にあたって予め準備すること〉

⑴ **校正の用紙** 製版校正では本刷と同じ用紙を使用する(‘本紙校正’という)．

⑵ **カラービューア** 原稿(カラーポジフィルム)と校正刷を照合する場合は，原稿を見るカラービューアは製版所と同じ色温度のものにする．

⑶ **校正刷をみる場所** 校正刷をみる場所(光源)は，北側の明るい窓際など，標準的な光を得られるようにする．

〈色校正の着眼点〉

⑴ **文字物** 文字物は，文字がくっきり出ているか，汚れがあればチェックし，さらに4ページ(あるいは8ページ)のページ順や版面位置が正確であるか点検する．

⑵ **色物** 色物の校正では，原稿との比較をし，色が過不足なく再現されているか，調子が再現されているか，色かぶり(色浮き)になっていないか，色指定した部分は指定どおりか，版面の位置や図版・写真その他の寸法・位置は正しいか，図柄のぶれ，ずれはないか，逆版になっていないか，キズや汚れはないかなどを点検する．

⑶ **指示** 文字校正とは異なり，調子や色は，厳密に数量的に示せない場合が多く，指示があいまいになりやすい．指示の内容が明快になるように工夫する．修整量の度合を示すには，少ない修整量は‘少し・やや・わずかに・若干’など，強めの場合は‘一段と・もっと・強める・できるだけ’などといった用語を使用するとよい．

⑷ **指定の用語例** これらの指定用語はカラー写真の指定の際にも応用できる．

1. キズ，ゴミ，汚れをとる　数枚の校正刷すべてにある場合は，フィルム原版そのものの汚れか刷版への焼き付けの際についた可能性がある．後者の場合はふけばとれるが，前者ではフィルム原版を修正する．

2. 版ズレを直す　ほんの少しのずれがあっても不鮮明な写真になる．版の周囲をよくみる．版ズレがあると，ずれている色が版の周囲から飛びだしている．トンボがずれているときは，校正刷の印刷の際にずれたものと思われる．

3. 明るくする(暗くする)　写真全体の場合と，部分を修整したい場合がある．

4. 色を濃く(淡く)　色を強く(弱く)の指示も行われている．特定の色みについて，この指定をする例が多い．

5. コントラストを強く(弱くする)　明るい部分(ハイライト部)と暗い部分(シャドー部)の対比を強くする(弱くする)と，力強いメリハリのついた調子(弱くすると落ち着いたソフトな調子)になる．

6. 色を鮮やかにする　再現したい色に補色が含まれていると色の彩度が落ちて濁った色になる．鮮やかにの反対は‘くすませる’‘濁らせる’，‘色を渋く’といった指示も行われている．

7. シャープさを出す　反対は‘ねむい’．原稿のピントがあっていないときは，色分解や画像データの加工でアンシャープネス機能を用い，輪郭線を強調(濃度差のある部分をより強調)し，見かけのシャープさを高めることもある程度は可能である．

8. ハイライト部(シャドー部)の調子を出す　カラー写真の濃度範囲に比べ，印刷物で再現できる濃度範囲は狭い．そこで，原稿によってはハイライト部の調子がとんで真っ白くなるなど，ハイライト部の調子がなくなる(逆にシャドー部が真っ黒くなり調子がなくなる)こともある．

9. ハイキー調(ローキー調)に　明度対比の少ない明るい写真がハイキーで，暗い写真がローキーとよばれている．

10. 色かぶり(色浮き)をとる　物そのものがもっている本来の色みに別の色みが加わっているもので，原稿全体が青み・赤み・黄みを帯びているものをさす．

11. 見本の色に近づける　現物の色を添付し仕上がり色見本として利用してもらう．

12. 色調を揃える　同一ページや見開きページに複数の写真が入る場合に，どの写真の色調に揃えるかを指示する．

13. クリアーにする　鮮やかに，きれいにしたいときに使用する．色の濁りの原因となる補色を少なくする．

14. 白い部分をより白く　まわりとの濃度対比を強調するが，人間の目や歯などでは，その部分の網点を小さくする修整を行う．逆に，黒い部分をより黒くするときは，一般にK(墨)版の濃度を高める．

15. 質感を出す　物のもっているテクスチャーを表現したいとき，柔らかい，軽い，硬い，重い，メタリックな感じなどを強調したいときなどに指示する．その感じをできるだけ具体的に指示する．一般に，メタリックな感じにするにはシャープさを強め，硬い感じにはコントラストを強めている．柔らかくしたいときは，その逆になる．

16. 距離感(遠近感)を出す　風景などで，遠近法の原理にのっとり，近いものをはっきり(コントラストをつけ)，遠景をぼかした感じにする．立体的な物体でも濃淡と色調の差を大きくすると立体感が増す．

17. 冷たく(暖かく)　C(シアン)版を増やし，Y(イエロー)版を減らして，寒色系の色にする．暖かくするときは，暖色系を増やす．

18. 透明感を出す　素材のもっている透明感を高める場合である．一般に明るく，シャープにする．

19. モアレを直す　洋服の模様や機械などの幾何学的な模様のためにモアレが発生する例もある．また，印刷物を原稿にした場合も出やすい．

20. 健康色にする　人により幅がある事項で，まわりの色との対比により感じも異なる．一般にK版とC版を抑えて濁りのない色にするが，見本をそえるのがよい．黄みを抑えて赤みを多くするときは，‘肌ピンクに’といった指定も行われている．

21. シズル感を出す　料理の新鮮さやできたての感じを出す場合に使用される．料理の内容によりさまざまな処理をしている．

〈特殊インキ〉

自然の色を再現するカラー印刷ではシアン(C)，マゼンタ(M)，黄(Y)，墨(K)の4色のプロセスインキが使用され，タバコの箱のようにある特定の色を印刷する場合は，特色インキを用いている．他に，次のような特殊インキとよばれるものがある．

金銀インキ：金や銀の金属的な輝きをつける，パールインキ：真珠のような輝きをつける，蛍光インキ：鮮明な明度・彩度をもった蛍光色を表現する，オペークインキ：不透明インキで下の色がおさえこむ，マットインキ：つや消しの仕上がりになる．その他，耐光性インキ，香りをつけた香料インキ，印刷物に光沢をつけるOP(Over Print)ニスなどの各種のインキがある．

刷本（印刷物）にみる版の掛け方　＊縦組の例

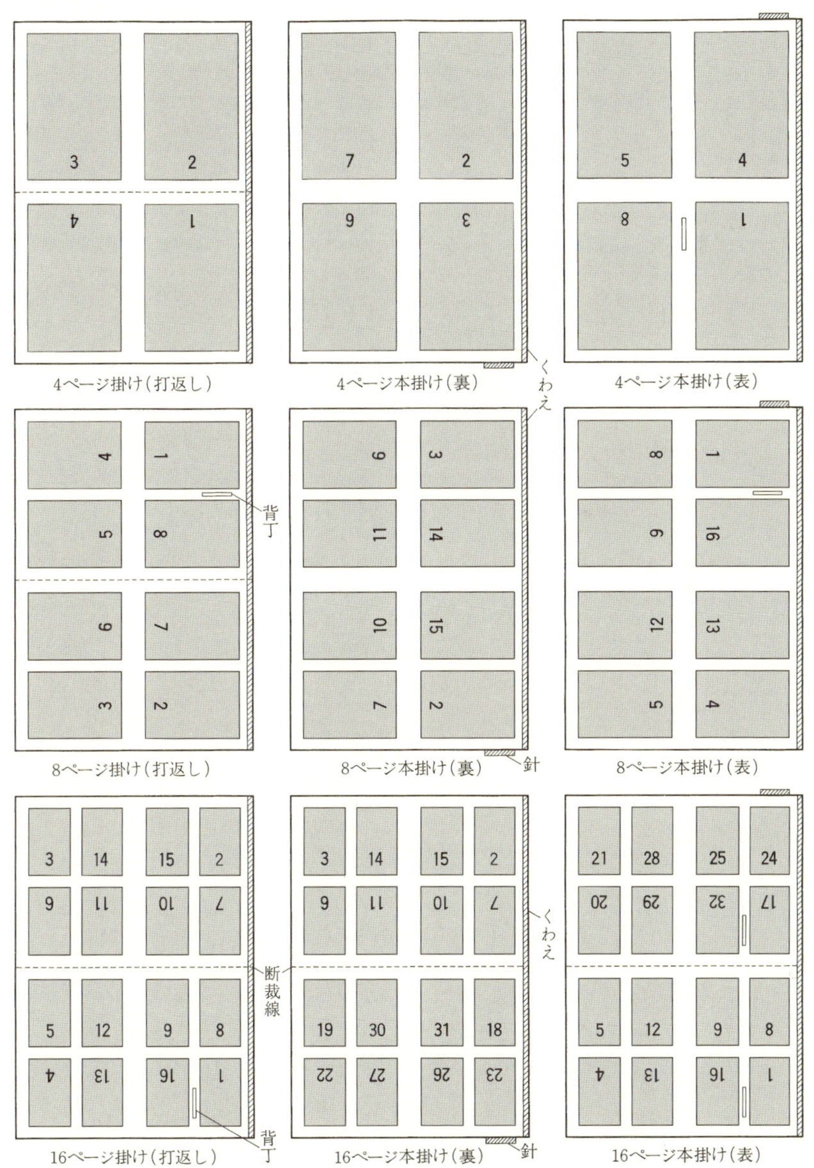

注）オフセット印刷では，いったん，ゴムブランケットに転写されてから紙に印刷されるので，版（正）→ゴムブランケット（逆）→印刷（正）となる．直刷印刷では，版（逆）→印刷（正）となる．

製本の分類

- 本製本（上製本）
  - 丸　背
    - 厚表紙
      - みぞつき …………平の板紙と耳とが密着しないように，みぞを切って表紙がなめらかに開くようにしたもの
      - 突きつけ …………主として革装の本，みぞが狭くきってあり，仕上った外観は平から背まで凹凸がないもの
    - 薄表紙
      - 無　双 ……………1枚の芯紙に1枚の表装材料で仕立てたもの
      - みぞきり …………比較的厚めの芯紙を，平と背で切り離してみぞを作り，表装材料を貼って仕立てたもの
      - たれ革（こばおれ） ……………丸表紙のチリを，中身の厚さの半分よりも大きくして小口にかぶせ，中身を保護するもの
  - 角　背（角山）
    - 厚表紙
      - みぞつき …………角背のまま山をたたいて耳を出し，表紙の背と平の間にみぞをつけたもの
      - 突きつけ
    - 薄表紙
      - 無　双
      - みぞつき
- 仮製本（並製本）
  - くるみ…………
    - くるみ（おかしわ） ……………中身を，1枚の表紙でくるみ，三方を同時に裁って仕上げたもの
    - おかしわ継表紙 …表表紙と裏表紙を別々に印刷しておき，ノドの部分で継き合せて仕立てるもの
    - がんだれ …………くるみ表紙のうち，表紙の小口だけを中身より大きくしておき，内側に折り曲げたもの
    - くるみ口糊〈くるみベタ糊〉 ………くるみ表紙に見返しを加え，小口だけに糊をつけ表紙に貼るもの．全面に貼るのはベタ糊
  - 切りつけ………
    - 中とじ ……………表紙と中身を一度に丁合して，表紙の背から本文中央の見開きページにかけて針金でとじ，一度に仕上げ裁ちしたもの
    - 足貼り（足継ぎ） ……………表・裏2枚の表紙に寒冷紗などののどぎれを継ぎ，中身の巻頭，巻末に貼り，上から平とじとし，クロスまたは紙で背を巻いたもの
    - 筋つけ ……………表紙のノド側に折れ目を筋付けして開きを良くした表紙を，平とじにした中身にかぶせて三方裁ちしたもの
- 中間的な製本…………………
  - 南　京 …………ペラの見返しに寒冷紗を貼り丁合し，この上から中身を平とじとし，表紙を本製本と同じ体裁にしたもの
  - フランス装 ……中身より大きくとった丸表紙の四方を折り返し，これを中身に着せたもの．中身は一般に仕上げ裁ちをしている

注）ここでは仮製本を，くるみと切りつけとに分類しているが，一般に仮製本そのものを切りつけと称することも多い．この場合，中身と表紙とを接着させてから三方裁ちをするものに限り，表紙の小口を折り込む様式のがんだれは，別に独立して分類される．

また，角山は角背のうち，耳を出して仕立てる方式をいう．

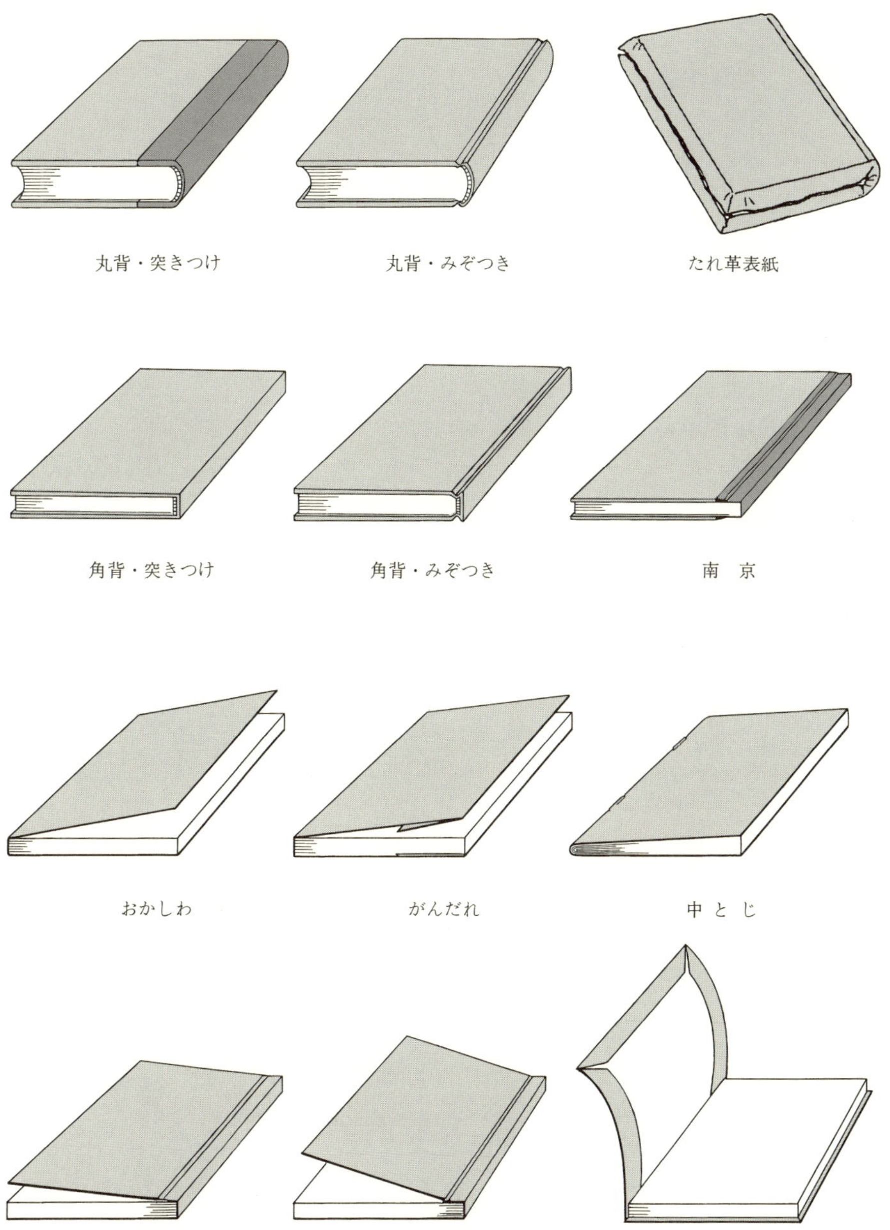

丸背・突きつけ
丸背・みぞつき
たれ革表紙
角背・突きつけ
角背・みぞつき
南　京
おかしわ
がんだれ
中とじ
足貼り(足継ぎ)表紙
筋つけ表紙
フランス表紙

紙折りの種類

● 16 ページまわし折り

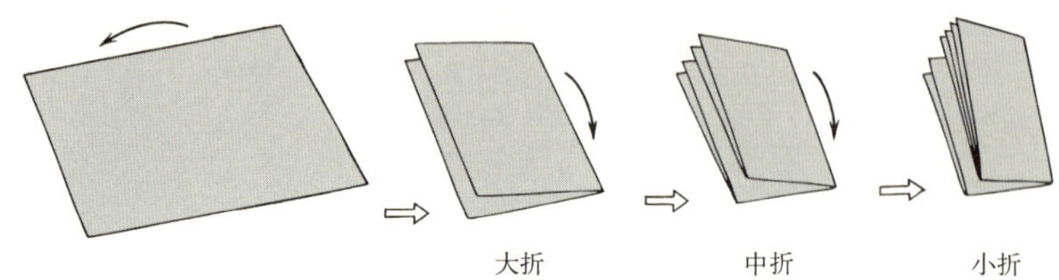

●書籍印刷の折り（一般）

6 頁巻き折り
（片観音折り）
短辺に平行に 2 回折り

6 頁巻き折り
（経本折り）
短辺に平行に 2 回折り

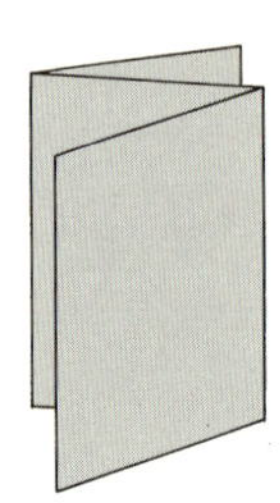

8 頁巻き折り
（平行折り）
短辺に平行に 2 回

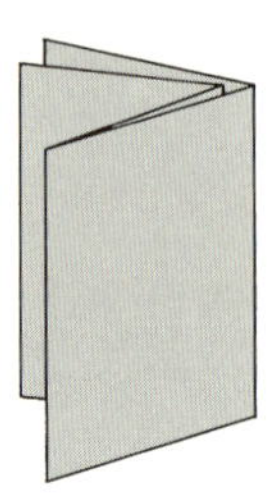

8 頁平行折り
（経本折り，アコーデオン折り）
短辺に平行に 3 回

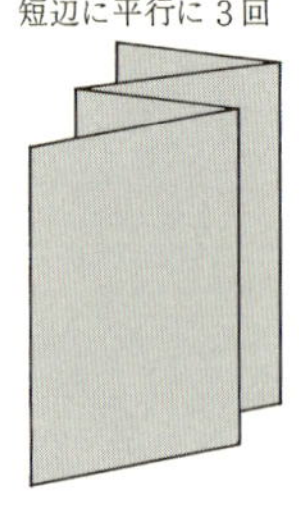

8 頁平行折り
（観音折り）
短辺に平行に 3 回

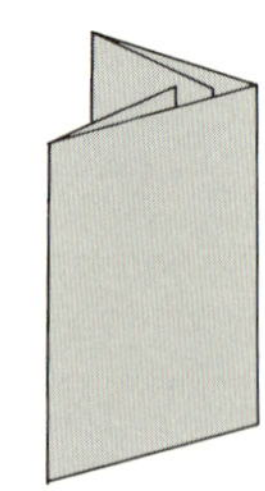

8 頁長手折り
（長方形折り）
長辺に平行に 1 回これにクロス折り 1 回

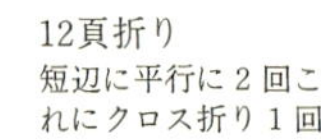

12頁折り
短辺に平行に 2 回これにクロス折り 1 回

12頁折り
短辺にジグザグ折り 2 回これにクロス折り 1 回

16頁
長辺に平行に 1 回これにクロス平行折り 2 回

16頁長手折り
長辺に平行折り 2 回これにクロス折り 1 回

背の様式／見返しごしらえ／背丁と背標

●背の 3 様式

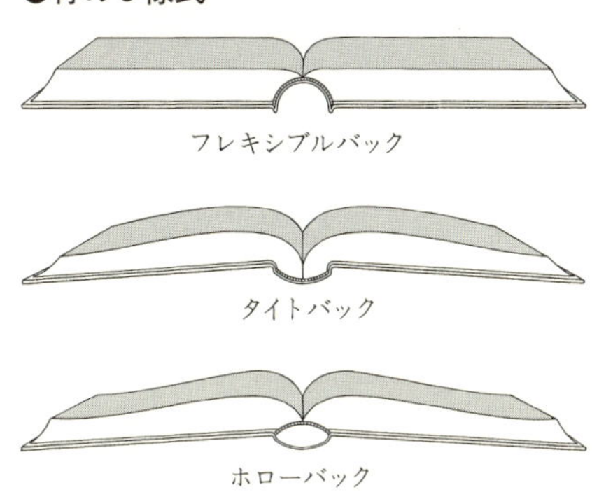

●見返しごしらえのいろいろ

貼り見返し
見返し
ノリ
折

巻き見返し(1)
見返し
ノリ
とじ
折

巻き見返し(2)
見返し
和紙
ノリ
折

巻き見返し(3)
見返し
和紙
ノリ
とじ
折

継ぎ見返し(1)
見返し
のどぎれ
ミシンとじ
折

継ぎ見返し(2)
表紙
ニカワ
のどぎれ
ニカワ
折
見返し

背丁と背標　1冊の本をページ順に正確に揃えるためには，刷本に背丁および背標をつけておくことが必要である．背丁は，各折りの順序を見分けるためと，類似の折丁が混入するのを防ぐために，折丁の背の部分に刷り込んだ折り記号の1つで，一般には折丁の順序を示す数字と，書名が刷り入れられている．また背標は，落丁・乱丁を防ぐために，折丁の背に刷り込んだ記号であって，段じるしともいう．丁合いが正しければ，段じるしが階段状に並び，取込み・落丁・乱丁があれば，その階段が乱れているから，製本所でただちに事故を発見することができる．

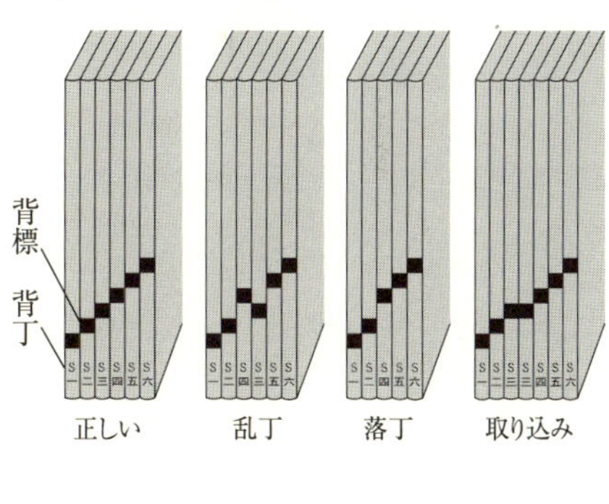

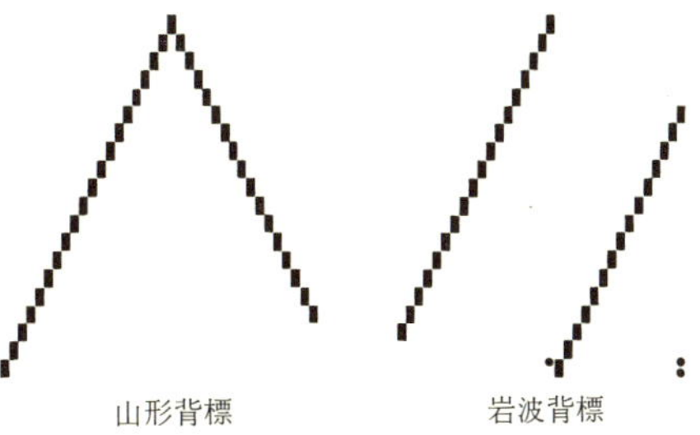

函の種類

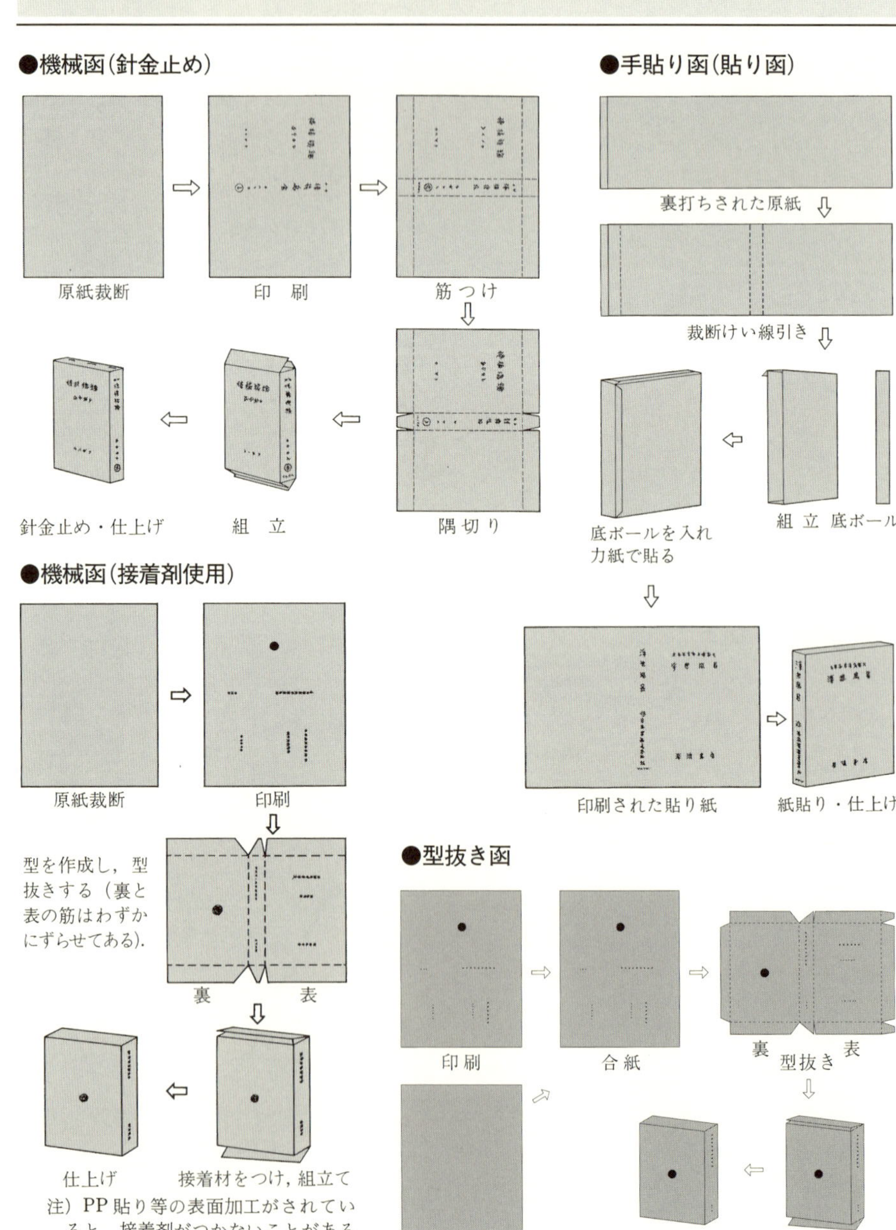

注）PP 貼り等の表面加工がされていると，接着剤がつかないことがあるので，製函所と相談しておく．

用紙材料

印刷用紙の種類と特徴

●**非塗工紙**(塗工を施していない紙)

・**印刷用紙 A(上質紙)**　白色度75％程度以上．代表的な印刷用紙で書籍，教科書，商業印刷，一般印刷などに使用．

書籍用紙　主に書籍用を目的に仕上げた紙．表裏差が少なく，不透明度が高く，平滑性や柔軟性をもち，印刷適正がよい．

クリーム上質紙　淡いクリーム色を付けた上質紙．

・**印刷用紙 B**　白色度75％程度以下．

セミ上質紙　印刷用紙Bのうち，白色度が高い紙．

・**印刷用紙 C**　白色度65％程度以下．

・**グラビア用紙**　グラビア印刷用の紙．

＊**中質紙**　印刷用紙B，印刷用紙C，グラビア用紙などを総称していう．雑誌本文などに使用．

・**印刷用紙 D**　白色度55％前後．特殊更紙(ざらがみ)(印刷せんか紙)．コミック誌の本文に使用．

・**薄葉紙**　坪量の小さい，薄い印刷用紙．辞典や製品マニュアルなどに使用．

●**塗工紙**(両面で30 g/m² 程度以上の塗工を施した紙，コーテッド紙，塗工印刷用紙)

・**アート紙**　両面で50 g/m² 前後の塗工を施した紙．平滑で高光沢．高級美術印刷に使用．

スーパーアート紙(A0)　高精細印刷用に開発された高級なアート紙．

アート紙(A1)　一般的なアート紙．

・**コート紙**　両面で40 g/m² 程度以下の塗工を施した紙．アート紙より印刷効果は低いが，最も多用される．

上質コート紙(A2)　上質紙をベースにしたコート紙

中質コート紙(B2)　中質紙をベースにしたコート紙

・**軽量コート紙**(A3)　両面で30 g/m² 程度以下の塗工を施した紙．原紙は上質紙ベース．

＊アート紙，コート紙，軽量コート紙には，グロス(印刷面もそれ以外も光沢がでる)・ダル(印刷面は光沢がでるが，それ以外は光沢がでない)・マット(印刷面もそれ以外も光沢がでない．つや消し)の3種の別がある．

・**その他塗工紙**　キャストコート紙，アートポスト，エンボス紙など．

●**微塗工印刷用紙**(微塗工(両面で20 g/m² 程度以下)を施した紙)

微塗工印刷紙　大まかに，主にセミ上質紙をベースとした白色度の高いタイプと，白色度の高くないタイプの2つのタイプに分かれる．

微塗工書籍用紙　微塗工した書籍用紙．

●**特殊印刷用紙**(特定の目的に使用される紙)

・**色上質紙**　上質紙と同じ材料の紙に染料で色を付けた紙．

・**ファンシーペーパー**　色や模様など種々な風合いを持った特殊紙の総称．広い範囲で装幀材料として使用される．

●**新聞巻取紙**(新聞印刷用の巻取紙)

表装材料の種類と特徴

皮革類　古くから使用され，箔押し・空押しなどの表紙の装幀に最も効果的な素材.

皮革は加工上，**まる革**(原皮の厚さのまま仕上げたもの)と**へぎ革**(1枚の原皮から2枚ないし3枚にはがしたもの)に分ける.へぎ革は，表皮のついているものを**吟つき**，下皮のほうを**とこ革**といい，3枚にはがした中間のものを**中割り**，**中どこ**とよぶ.

1. 羊皮(sheep skin)　通称ヤンピ．最も多く用いられる．繊維が細かく，感触が柔らかで，耐久力もある最高級品.

2. 山羊皮(goat skin)　山羊皮をなめして染色したもの．羊皮より表面はあらいが，繊維は長く丈夫．学術書の合本や大型の辞典類などに使用.

3. 豚皮(pig skin)　繊維はあらく，固くて丈夫．表面はなめらかで，拡張力・耐久力があり，摩擦にも耐えるので，大きな厚い本や帳簿類に使用.

4. 牛皮(cowhide)　牡牛・去勢牡牛などの皮．革質が堅牢なので，重量のある本に使用する．革が硬化するのが欠点.

5. 犢皮(とくひ)(calf bound)　子牛の皮．革のシボが細かく，表面がなめらかなので豪華本に使用．革質弱く，傷つきやすい欠点.

布クロス類　本製本の代表的な表装材料.布を染色し，その表裏に塗料を塗布し，カレンダー掛けか型押ししたもので，塗料の種類で，水性塗料加工，油性塗料加工，ナイロン・ポリウレタン系樹脂加工(合成皮革クロスともいう)，塩化ビニール系樹脂加工(ビニールクロス)などに分類される.

水性塗料加工クロスの主な種類は，以下のように分類される.

1. プレーン仕上げ　生地の糸目を塗りつぶし，平滑に仕上げたもの.

2. ベラム仕上げ　染色しない布地に塗料を塗布してかきとり，糸目を白く出して平滑に仕上げたもの.

3. カンブリック仕上げ　塗料を薄く塗布し，生地の糸目を立て，つや消し仕上げの上にわずかに糸つやを与えたもの.

4. バックラム仕上げ　打込みが多い厚織の生地を用いて，糸目を強調した豪華なもの.

5. カンバス仕上げ　糸が太い厚織の丈夫な生地を使用しつつ，ベラム調の風合に仕上げたもので，大型高級装本用.

紙クロス　布地の代りにクラフト紙やその他の加工原紙に，クロス塗料を塗布し，型押し仕上げをしたもの．低コストなので布クロスの代用品として多用されている.

布地　絹・人絹・麻・ポプリン・更紗・木綿・交織などの布地に，紙で裏打ちしたもの．味のある装幀材料として使用される.

色調を自由に選択できる反面，①伸縮度が大きい，②箔つきが悪い，③塵芥がつきやすい，④染めにムラ，などの欠点がある.

和紙　細川紙，西ノ内紙，柾(伊予奉書)紙，鳥ノ子紙，局紙などがある．表紙に用いる時は，裏打ちをし，どうさ引をする.

ビニール類　ビニール類も薄表紙の書籍，辞典などに使用される.

洋紙　表紙用だけでなく，見返し，カバー，扉，腰帯など，広い範囲で装幀材料として使われている．主な銘柄は次の通り.

NTラシャ，OKミューズカイゼル，STカバー，アングルカラー，アンドレ，ゴールデンアロー，サーブル，新局紙，新だん紙，ダイヤペーク，タント，デカンコットン，ベルクール，マーメイド，ミューズコットン，羊皮紙，レザックなど.

本文用紙の選択と取り都合

本文用紙の選択に当って考慮すべきこと．

1. 印刷適性があること．

・紙質が強靱で適当なかさを持っている．

・インキの吸収性が適当であること．

・表面がなるべく平滑であること．

・不透明で，裏ぬけしないこと．

・抄きムラがないこと．

・よく枯れて，繊維が安定していること．

2. 造本適性があること．

・湿潤強度，引張り強さ，耐折度，引裂度など，紙の強度が安定していること．

・酸が残ったり，サイズが強すぎたりして，紙がボロボロにならないこと．

・仕上がった時に縦目の紙であること．

・本の判型に応じた紙の柔軟性があること．薄い紙ほど腰が強く，厚い紙ほど腰の弱い紙が適当である．

・腰の強弱は，紙の厚さに比例する．本の開きを良くするには，判型・ページ数に応じた紙の厚さの選択が大切である．

■ B 6 判	普通の本	B/Y 60-70 kg
	薄い本	B/Y 70-73.5 kg
	厚い本	B/Y 50-55 kg
■ A 5 判	普通の本	A/T 40-50 kg
	薄い本	A/T 50-57.5 kg
	厚い本	A/T 35-40 kg

3. 経済的合理性があること．

・いったん使用した用紙を，重版(増刷)で変更することは一般にしない．供給の安定した常備品を使用すること．

・規格にそった紙を選択すること．縦目の紙がないといって，別系列の紙を用いる(B 列の本をつくるのに A 列の紙を用いる)ことはコスト高になる．

紙の取り都合　出版物は，原紙寸法の規格に対応する‘紙加工仕上寸法’という規格で作られている．したがって規格判で本を作ることを鉄則とすべきである．あえて規格外の本を作るときは，慎重に計算し，無駄のない取り都合にしなければならない．

紙の原紙寸法(JIS)と面積

名　称	寸法(mm)	面積(m²)
A 列 本 判	625× 880	0.550
B 列 本 判	765×1,085	約 0.830
四 六 判	788×1,091	約 0.860
菊 判	636× 939	約 0.597
ハトロン判	900×1,200	1.080

〈規格判の取り方〉

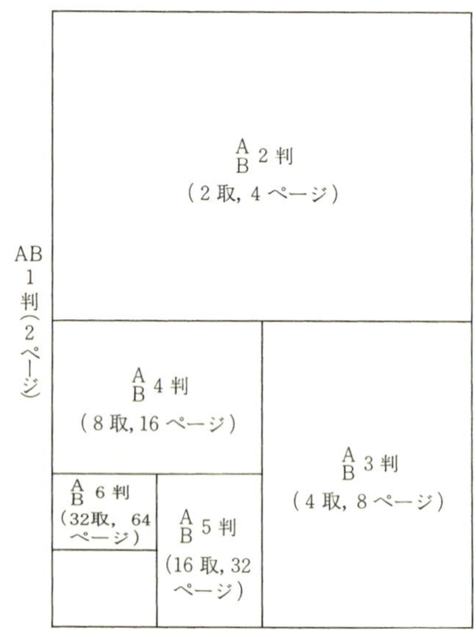

注 1)（　）内の数字は，全紙を断裁して取れる数，およびページ数．

注 2) 四六倍判，菊判は，B 5 判，A 5 判と同じ取り方，四六判は B 6 判と同じ取り方になる．

注 3) 見返し，口絵，本扉も本文と同じである．口絵，本扉は，小裁ちして印刷することが多いので，A 判，B 判の場合，それぞれ菊判，四六判の全紙を使用したほうがよい．

紙加工仕上寸法(JIS)(単位 mm)

番号	A 列	B 列	寸法許容差
0	841×1189	1030×1456	600 をこえる場合 ±3
1	594× 841	728×1030	
2	420× 594	515× 728	
3	297× 420	364× 515	150 をこえて 600 以下 ±2
4	210× 297	257× 364	
5	148× 210	182× 257	
6	105× 148	128× 182	
7	74× 105	91× 128	
8	52× 74	64× 91	150 以下の場合 ±1.5
9	37× 52	45× 64	
10	26× 37	32× 45	

規格外仕上り寸法例(単位 mm)

名 称	取り方		仕上り寸法	
	縦(短辺)	横(長辺)	左 右	天 地
四 六 判	4 裁	8 裁	127	188
菊 判	4	4	152	218
A 判 40 取	4	10	82	148
B 判 40 取	4	10	105	173
A 判 20 取	4	5	148	167
B 判 20 取	4	5	173	209
A 判 12 取	3	4	210	200
B 判 12 取	3	4	260	240
A 判 24 取	4	6	140	148
B 判 24 取	4	6	170	182
A B 判			210	257

＊寸法は一例を示した．

● A・B 判 40 取，A・B 判 20 取の例

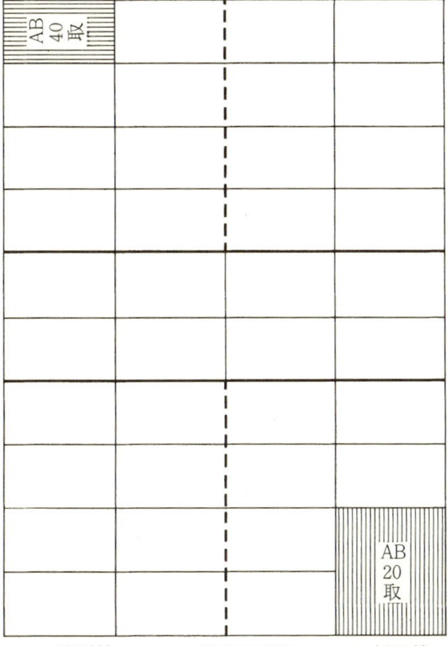

—— 裁断線　- - - 40 取裁断線　—— 折り線

注）40 取の場合，中央の 16 ページは巻き折りとなるので，B 判 40 取(新書判)のように，一定数量を使用するものでは，あらかじめ，長辺の寸法を短くした特別の寸法の全紙に印刷することも行われている．また，20 取の場合，中央の 8 ページは巻き折りとなる．この部分だけ，長辺の寸法を短くした特別の寸法で印刷することも行われている．

● A・B 判 24 取，A・B 判 12 取の例

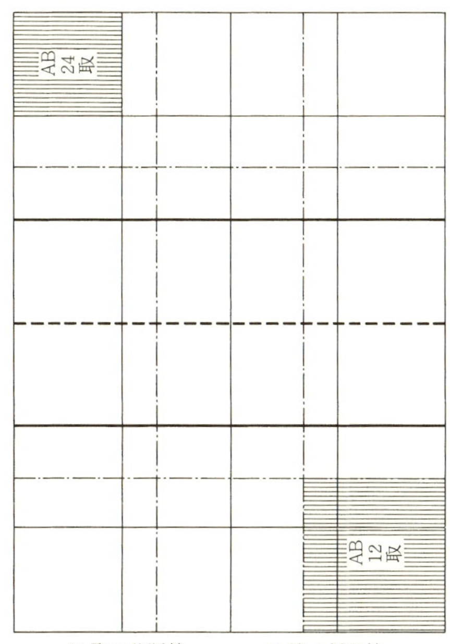

—— 24 取の裁断線　—— 24 取の折り線
- - - - 12 取の裁断線　—·— 12 取の折り線

注）12 取の場合，半裁にして 12 ページ折りが一般的な折り方である．

カバーの取り都合

カバーの取り方

印刷方式や原稿の内容により取り方は異なるが，一般に以下のような条件でカバーの取り都合を計算する．

1. 紙の目は，普通仕上がったときに本の背に平行になるようにしている．（逆目にしている例もあるが，その場合は折り目がきれいに仕上がらない.）

2. カバーの折り返しは，横寸法の2/3くらいだと最も安定するが，紙の取り都合上，半分以下にすることもある．ただし幅があまり少ないと，カバーがはずれやすくなるので注意しなければならない．

3. くわえシロは，端まで図柄があるかどうかですこし異なるが，通常，12 mmくらい必要である．反対側のくわえ尻は3 mmくらい余白が必要である．

4. 針シロおよび針尻は，トンボが入るので，10 mmくらい必要である．

5. 裁ちシロ(仕上げシロ)は3 mmとした(5 mmとすることもある)．何面か付けた場合，カバーとカバーの間は6 mmとなる．ただし，白地のものでは，この間隔を0とし，端から順次仕上り寸法で裁つこともある．この方法のほうが，断裁の手間を少なくすることができる．

6. カバー寸法は，束見本を作製し，それにより，正確な寸法を出す必要があるが，ここでは一般の例による．

● A５判本製本——四六判半裁で３取

カバー折り返し 90 mm，背幅 20 mm，チリ寸法 3 mm，四六判半裁(545×788 mm，紙の目は全判で横目)で印刷の場合．

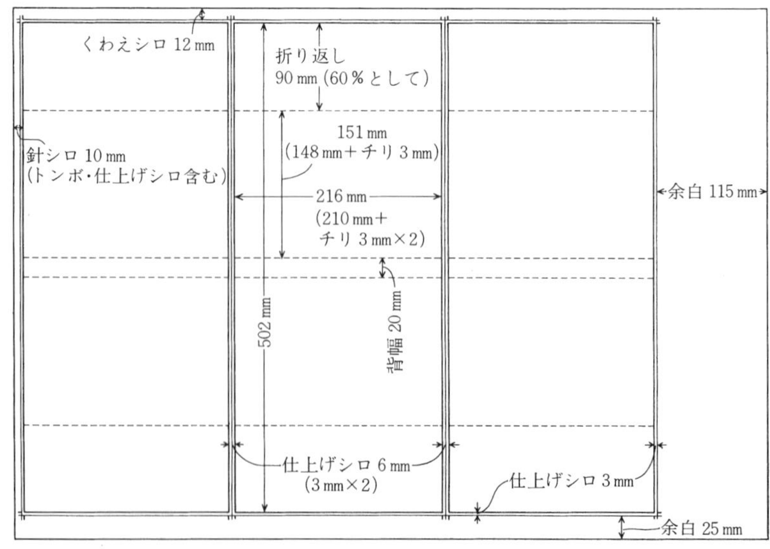

●Ｂ６判本製本——菊判半裁で３取

カバー折り返し 80 mm，背幅 20 mm，チリ寸法 3 mm，菊判半裁(469×636 mm，紙の目は全判で横目)で印刷の場合.

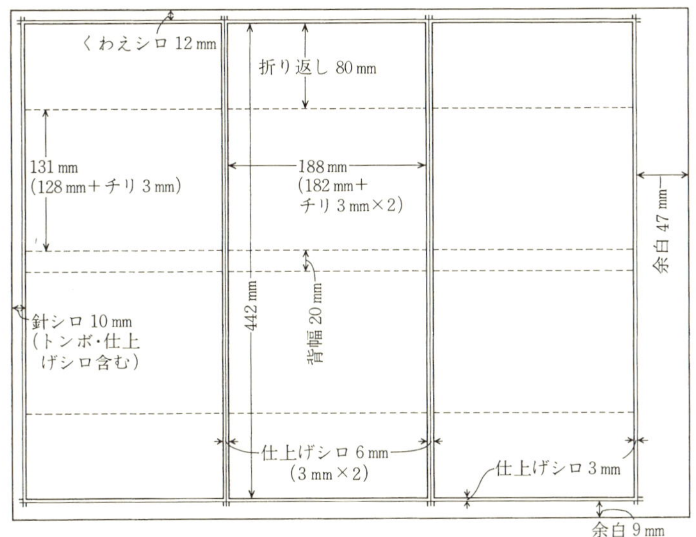

●装幀のラフ・レイアウトから印刷仕上げまで

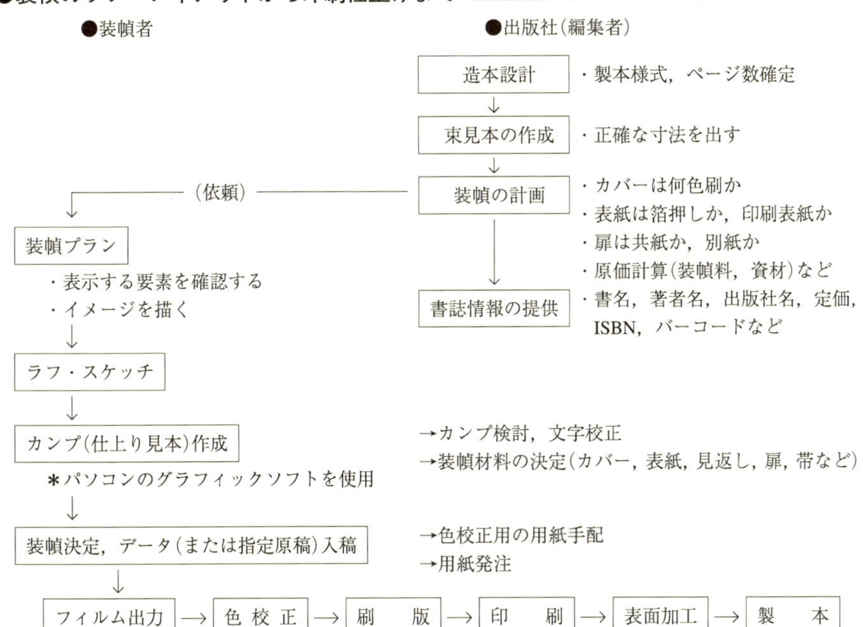

表紙の取り都合

本製本の表紙の寸法の出し方

正確には，決定した材料で束見本を作製し，それに従って計算するが，概算は以下のように計算できる．

天地寸法　中身の天地仕上げ寸法＋チリ寸法（厚表紙では通常 3 mm）×2＋上下の折り返し（材料にもよるが，15 mm 前後）×2

左右寸法　束寸法（中身の厚さ）＋20＋（中身の左右寸法−3）×2＋左右の折返し（材料にもよるが，15 mm 前後）×2

● A 5 判本製本（束寸法 18 mm の場合）——四六判半裁で 4 取

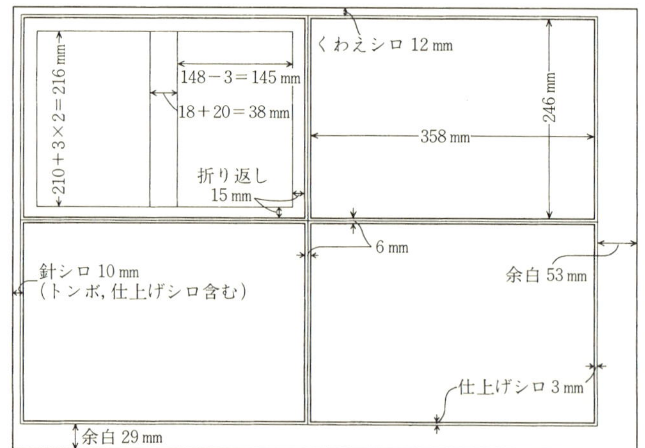

● B 6 判本製本（束寸法 18 mm の場合）——四六判半裁で 4 取

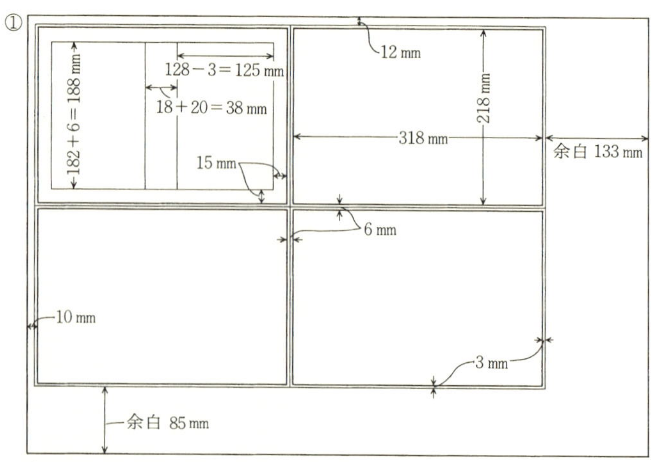

＊上 2 図はいずれも四六判半裁　545×788 mm，紙の目は全判で縦目

●A５判・B６判共通——四六判全判で９取

四六全判を９裁して，１面付印刷にすれば，①より全判で１冊多く取れる．部数の多い場合は，全判に９面付または３裁３面付にして印刷してもよい．この場合，紙の目は全判で横目．

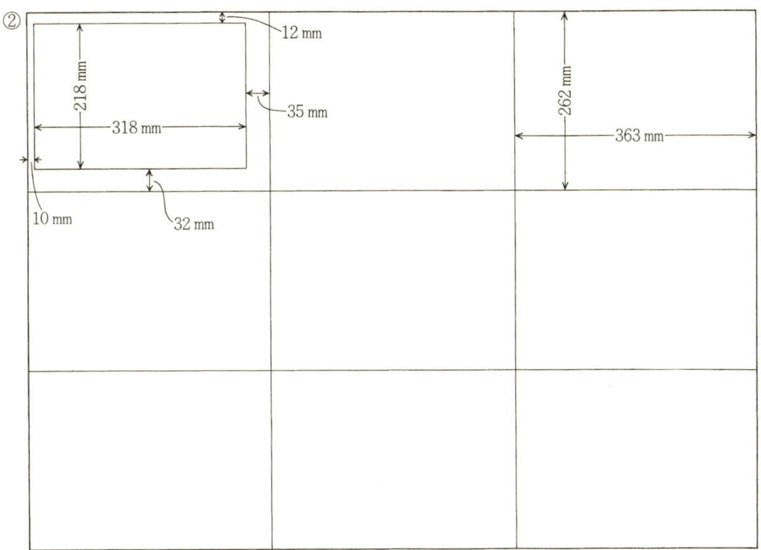

●装幀材料の実際例

〈B６判・四六判の場合〉

①本　文　用　紙	書籍用紙B(四六)/Y 55 kg，61.5 kg，62.5 kg，63.5 kg，65 kg，68 kg，70 kg，72.5 kg.
②本　扉　用　紙	上質紙四六/Y 90 kg，110 kg.
③口　絵　用　紙	アート紙四六/Y 90 kg.
④見　返　し　用　紙	上質紙四六/Y 90-110 kg.
⑤仮製本表紙用紙	上質紙四六 160-180 kg.
⑥本製本表装材料	布，クロス，紙など．紙の場合，四六 110-120 kg.
表　紙　用　板　紙	24 号，28 号，30 号.
⑦カ　バ　ー　用　紙	コート紙菊/Y73.5-90 kg.
⑧貼り函用板紙	16 号，20 号，24 号.
貼り函用貼り紙	上質紙の場合，四六/Y 90-110 kg.
⑨機械函用板紙	L判 9-11 号.

〈A５判・菊判の場合〉

①本　文　用　紙	書籍用紙A(菊)/T 36.5 kg，40 kg，43 kg，45 kg，46.5 kg.
②本　扉　用　紙	上質紙菊/T 73 kg，76.5 kg.
③口　絵　用　紙	アート紙菊/T 76.5 kg.
④見　返　し　用　紙	上質紙菊/T 73 kg，76.5 kg.
⑤仮製本表紙用紙	上質紙四六/Y 180-215 kg.
⑥本製本表装材料	布，クロス，紙など．紙の場合，四六 110-120 kg.
表　紙　用　板　紙	28 号，30 号，32 号，38 号.
⑦カ　バ　ー　用　紙	コート紙四六/Y 110-135 kg.
⑧貼り函用板紙	20 号，24 号，28 号，30 号.
貼り函用貼り紙	上質紙の場合，四六/Y 90-110 kg.
⑨機械函用板紙	L判 11 号.

● A 5 判仮製本（背幅 18 mm の場合）——四六判半裁で 4 取

四六判半裁　545×788 mm，紙の目は全判で縦目
この例では小裁ちする場合の払いシロはとっていない．

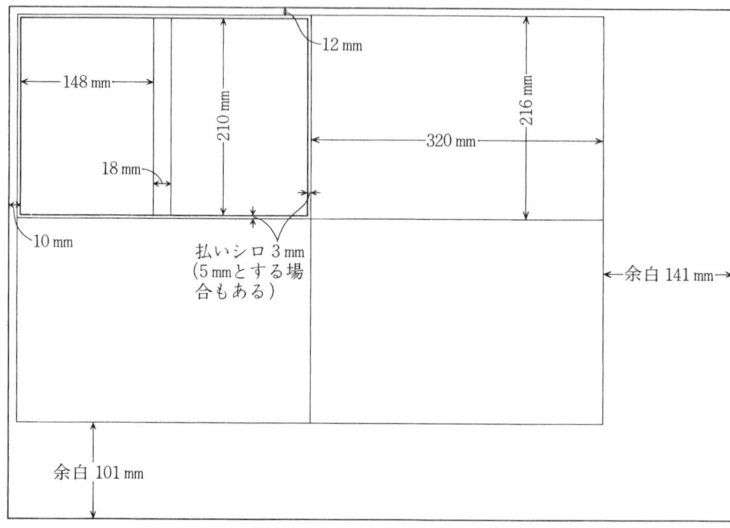

● A 5 判仮製本——四六判全判で 9 取

四六判全判　788×1091 mm，紙の目は全判で横目
全判を 9 裁して，1 面付で印刷すれば，半裁で印刷するより，全判で 1 枚余分に印刷できる．
3 裁して 3 面付，または全判に 9 面付で印刷する場合も同じ．

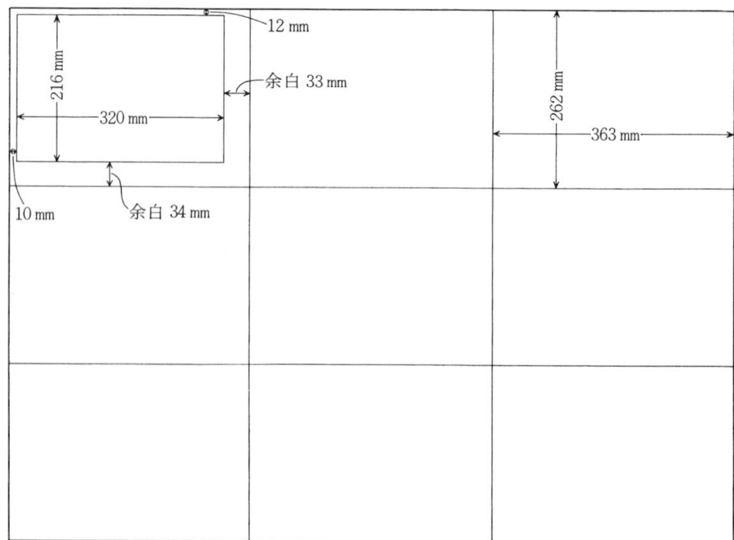

● B６判仮製本(背幅 15 mm の場合)――菊判半裁で４取

菊判半裁　469×636 mm，紙の目は全判で縦目
この例では小裁ちする場合の払いシロはとっていない.

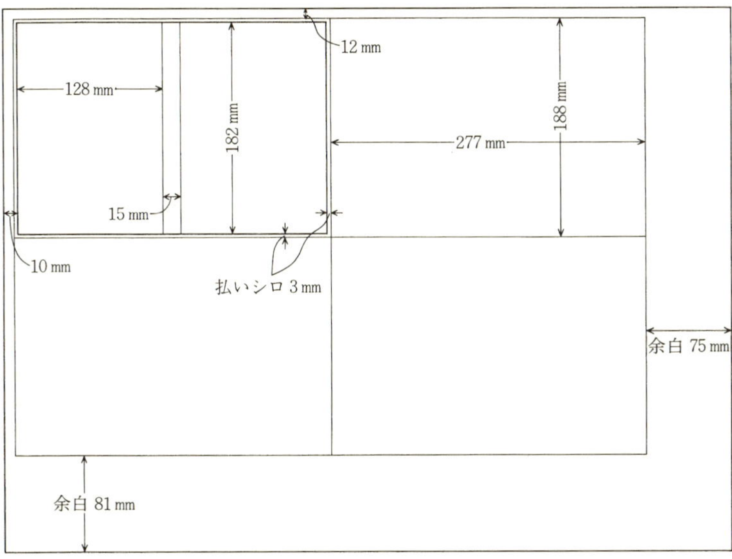

● B６判仮製本――四六判全判で 12 取

四六判全判　788×1091 mm，紙の目は全判で横目
3 裁して 4 面付とする場合も同じ.

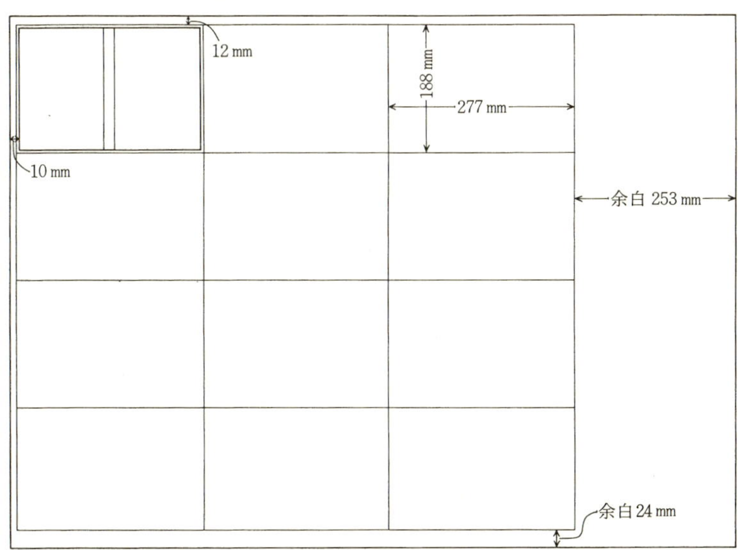

板紙の寸法と取り都合

●板紙の寸法と連量

板紙の規格は，F 判(80×65 cm)・S 判(82×73 cm)・L 判(80×110 cm)・K 判(64×94 cm)である．

号数	坪量 (g/m²)	S 判 82×73 cm	L 判 80×110 cm	F 判 80×65 cm
8	400 g	24 kg	35 kg	kg
9	450	27	39.5	
10	500	30	44	
11	550	33	48.5	
12	600	36	53	
14	700	42	61.5	
16	800	48	70.5	
18	900	54	79	
20	1,000	60	88	52
22	1,100	66	97	57
24	1,200	72	105.5	62.5
26	1,300	78	114.5	67.5
28	1,400	84	123	73
30	1,500	89.5	132	78
32	1,600	95.5	141	83
34	1,700	101.5	149.5	88.5
36	1,800	107.5	158.5	93.5
38	1,900	113.5	167	99
40	2,000	119.5	176	104
42	2,100	125.5	185	109
44	2,200	131.5	193.5	114.5
46	2,300	137.5	202.5	119.5
48	2,400	143.5	211	125
50	2,500	149.5	220	130
54	2,700	161.5	237.5	140.5

注 1）連量＝坪量(g/m²)×面積(m²)×100 枚
注 2）号数は 50 g/m² を 1 号と表す．すなわち，28 号は 1400 g，32 号は 1600 g，38 号は 1900 g．ただし，400 g/m² 未満は 10 g/m² 毎に区分し，この端数は各号の 2・4・6・8 と称している．

判型と書籍芯紙用板紙の号数の目安

判型	号数
B 6 判	24 号・**28 号**・30 号
四六判	24 号・**28 号**・30 号・32 号
A 5 変型	28 号・**32 号**
A 5 判	28 号・**32 号**・38 号
菊判	28 号・**32 号**・38 号
B 5 判	32 号・**38 号**・42 号
A 4 判	38 号・**42 号**・56 号

注）ゴシック体は標準的なものである．

板紙の書籍用芯紙の取り数

原紙	B 6 判用取り枚数 (かっこ内は冊数)	A 5 判用取り枚数 (かっこ内は冊数)
F 判	16(8)，15(7.5)	13(6.5)，12(6)
S 判	22(11)，20(10)	15(7.5)
K 判	19(9.5)，18(9)	16(8)
L 判	32(16)，25(12.5)	25(12.5)，24(12)

注）B 6 判用 128×188 mm，A 5 判用 148×216 mm の例．

外函(貼り函)用板紙の号数の目安

判型	板紙の号数
B 6 判	**16 号・20 号**・24 号
四六判	**16 号・20 号**・24 号
A 5 判	**20 号・24 号**・28 号
菊判	**20 号・24 号**・28 号
B 5 判	**24 号・28 号**・30 号・32 号

注）ゴシック体は一般に使用されているもの．

外函(機械函)用板紙の号数の目安

判型	板紙の号数と連量(L 判)
B 6 判	9 号(39.5 kg) − 11 号(48.5 kg)
四六判	9 号(39.5 kg) − 11 号(48.5 kg)
A 5 判	11 号(48.5 kg)
菊判	11 号(48.5 kg)
B 5 判	8 号(35 kg)と 8 号(35 kg)＊ 8 号(35 kg)と 9 号(39.5 kg)＊ 9 号(39.5 kg)と 9 号(39.5 kg)＊

注）＊は貼り合せ．

クロスの取り都合

●1冊分のクロス寸法の出し方

正確には，決定した材料で束見本を作製し，それに従って計算する．概算は次のように計算できる(単位 mm)．

天地寸法＝中身の天地仕上げ寸法＋チリ寸法(厚表紙では通常 3 mm)×2＋天地の折り返し(15 mm 前後)

左右寸法＝束寸法(中身の厚さ)＋20＋(中身の左右仕上げ寸法－3)×2＋左右の折返し(15 mm 前後)×2

〈例〉

・A 5 判，束寸法 16 mm
天地／210＋3×2＋15×2＝246 mm
左右／16＋20＋(148－3)×2＋15×2
＝356 mm

・B 6 判，束寸法 18 mm
天地／182＋3×2＋15×2＝218 mm
左右／18＋20＋(128－3)×2＋15×2
＝318 mm

・B 5 判，束寸法 22 mm
天地／257＋3×2＋15×2＝293 mm
左右／22＋20＋(182－3)×2＋15×2
＝430 mm

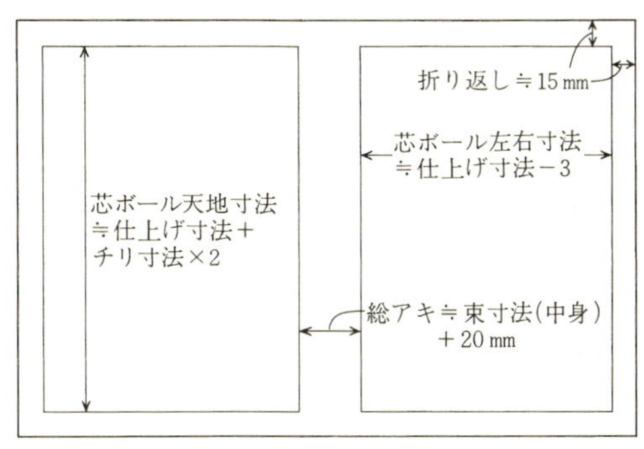

●布クロスの取り方

布クロスの寸法は幅 107 cm×21 m が一般的である．A 5 判，B 6 判，B 5 判について，クロスの取り方を図示すると，下図のようになる．

束寸法によってできない場合もあるが，A 5 判の場合に(A)(B)2 通り，B 5 判の場合に(a)(b)2 通りの取り方が考えられる．

1 冊分のクロス寸法を前記の例にとると，それぞれの取り数は以下の通りである．

A 5 判	(A)255 冊	(B)232 冊
B 6 判	288 冊	
B 5 判	(a)142 冊	(b)144 冊

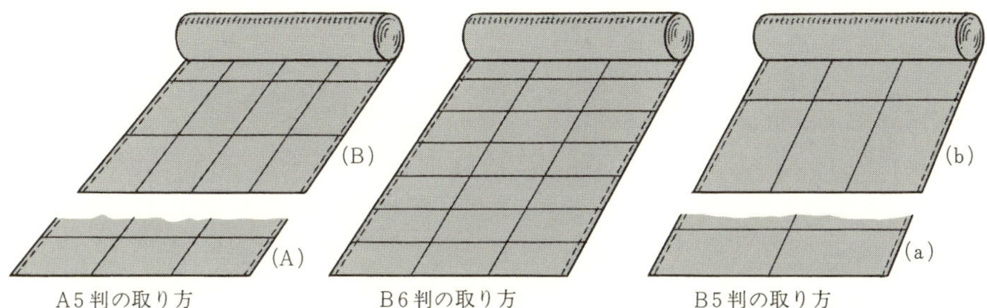

A5 判の取り方　　B6 判の取り方　　B5 判の取り方

用紙材料の取引単位／用紙計算

●用紙・材料の取引に使用する単位

摘　　要	洋　紙	板　紙	和　紙	クロス(巻取り)
寸　　法	mm	cm	mm	107 cm×21 m
連　　量	kg	kg	kg	——
坪　　量	g/m²	g/m²	g/m²	——
建　　値	kg 建	kg 建	kg 建	1 本(またはm当り)
1 連の枚数	1000 枚	100 枚	200 枚	——

連量は洋紙は◇，板紙は△，和紙は□で囲んで示す.

注 1) 連量は 1 連(洋紙は 1000 枚，板紙は 100 枚，記号は R)の重量を kg で表す.

注 2) 坪量は 1 枚の紙の 1 m^2 当りの重量を g で表す.

注 3) 洋紙の連量と坪量の関係は以下のとおり.

連量＝坪量(g/m²)×横寸法(m)×縦寸法(m)×1000(枚)(÷1000＝kg)

$$坪量=\frac{1枚の紙の重量(g)}{横寸法(m)\times縦寸法(m)}=\frac{連量(kg)\times1000}{横寸法(m)\times縦寸法(m)}\times\frac{1}{1000(枚)}$$

注 4) 洋紙は 1 連が取引単位となっているが，紙の厚さによって，500 枚または 250 枚が 1 包みとなっているので，これが取引単位となる. なお，少量の場合は，枚単位の取引も行われている(単価は割高).

注 5) 紙クロスでは巻取りでなく，枚葉仕上げが多い(寸法は四六判が多い).

注 6) 表装用の染布類は，布クロスと同じ幅の 107 cm としているものが多いが，他の寸法のものもあるので，材料店に問い合せる必要がある. 長さは 50 m を 1 本としているが，m 単位の購入もできる.

●洋紙各判の連量換算表

	A列本判	B列本判	菊　　判	四 六 判
A列本判		1.509	1.086	1.563
B列本判	0.663		0.720	1.036
菊　　判	0.921	1.390		1.440
四 六 判	0.640	0.965	0.695	

注) たとえば，A 列本判の 36.5 kg の B 列本判の連量は，36.5 kg×1.509＝55 kg と計算する.

●用紙所要連数の算出式

$$\frac{1冊のページ数}{全紙(全判)1枚から取れるページ数}\times印刷部数\times\frac{1}{1000}=正味連数$$

注 1) 正味連数に印刷予備・製本予備を追加したものが所要連数となる.

注 2) 全紙(全判)1 枚から取れるページ数

B 4 判……16 ページ　　B 5 判……32 ページ　　B 6 判……64 ページ

A 4 判……16 ページ　　A 5 判……32 ページ　　A 6 判……64 ページ

●用紙代の計算

所要連数×連量(kg)×単価(円/kg)＝用紙代(円)

注) 小部数の枚単価の場合は，枚数×枚単価.

製作の進行と管理

書籍新刊スケジュール表

月　日		本　　文	前付・後付	図　　版	表紙・本扉	カバー
／	20 週 前	本文原稿入手 原稿整理				
／	18 週 前	原稿指定 （見本組）				
／	16 週 前	入稿 〈組方指定書〉				
／	14 週 前	出校 初校校正		版下指定		
／	12 週 前			版下出来		
／	11 週 前	著者校正		校正		
／	10 週 前					
／	9 週 前		序文，目次入稿	版下完成		装幀イメージ
／	8 週 前	初校戻 （要再校）	（索引原稿作成） 初校出			
／	7 週 前	再校出	（索引入稿） 後付入稿	製版指定		（デザイン依頼）
／	6 週 前	再校戻 ← 製版出来 （要三校）	初校出	製版出来	レイアウト 入稿	入稿
／	5 週 前	三校出				台紙校正
／	4 週 前	校了〈印刷注文〉	校了		校了	色校
／	3 週 前	製版，印刷 （印画紙校正 台紙校正 青焼校正）			刷了	校了
／	2 週 前	刷了	刷了			刷了 表面加工 納品
／	1 週 前					
／	発 行 日	校了紙戻り				
	刊行以降	・著者献本　・寄贈，書評依頼等発送（持参）　・原本作成 ・支払調書（印税，外校正料，装幀料など）作成　・請求書チェック				

＊本文入稿より刊行まで 16 週間を想定

製　本	製　函	資　材	帯・投込み	決定事項	販売・宣伝	その他
				出版契約書		
束見本 ←		資材検討		書名決定 ページ数確定	販売計画 宣伝文案作成 取次週報入稿	
					宣伝計画	
〈製本注文〉 (束見本)	函見本 レイアウト 〈製函注文〉	資材発注	新刊案内 帯コピー作案 売上カード 入稿	見積り 原価計算 定価，部数決定 刊行日確定	予告広告	
刷本渡 一部抜き (箔押見本)						
	納品		納品			
見本（3 日前）→ （取次店搬入 倉庫納品					→配本部数決定	
・データ，資料等整理　・製作台帳記帳						

印刷注文書

印刷作業を指示する伝票で，印刷台割表をそえて渡す．

印 刷 注 文 書　（発注日）　年　月　日

（印刷会社）　御中　（出版社）　（担当者）

書名	（フリガナ） （シリーズ）	著訳者名	（著者） （訳者）	版刷	第　版 第　刷

部数	部	発行予定	年　月　日	定価	円

納期	（刷了希望）　年　月　日	（刷本渡し希望）　年　月　日

体裁	（判型）　判 mm×　mm	（本文総頁数）　頁 （別刷）　有・無	右 左　アキ	本 仮　製本	糸とじ あじろ カット

本文印刷	
	総頁　頁（32頁　折・16頁　折・8頁　折・　頁　折）
	（印刷用紙）　／　kg　R　（納入用紙店）
	（刷位置）　（印刷方式）　（刷数）　C　（刷色）　墨
	（特記事項） 1. 重版本文訂正――有・無 2. 台割は別紙参照． 3. 背丁・背標は必ず入れる．

別刷印刷		頁数	部　数	版　式	印　刷　用　紙			用紙店
	本　扉	片・両	部	C	／	kg	R S	
	表　紙	片・両	部	C	／	kg	R S	
	カバー	片・両	部	C	／	kg	R S	
		頁	部	C	／	kg	R S	
		頁	部	C	／	kg	R S	
		頁	部	C	／	kg	R S	

製本	（袋払い寸法）　mm	（刷本渡し製本会社）

備考	◘カバー　ＰＰ貼（艶・艶消し）・ニス引き（艶・艶消し）・無

印刷台割表

通常の厚さの紙では16ページ，厚い紙で8ページ，薄い紙で32ページが折り・かがりの単位となる．印刷でもそれに従い印刷することになる．

台割表は，印刷にあたって台割の半端(8ページ，4ページ，2ページ)をどのように処理するかを含めて，全体のページの割振りを指示するものである．

書名	

折	頁	内　容	折	頁	内　容	折	頁	内　容	折	頁
				33			81			129
				34			82			130
				35			83			131
				36			84			132
				37			85			133
				38			86			134
				39			87			135
				40			88			136
				41			89			137
				42			90			138
				43			91			139
				44			92			140
				45			93			141
				46			94			142
				47			95			143
				48			96			144
	1			49			97			145
	2			50			98			146
	3			51			99			147
	4			52			100			148
	5			53			101			149
	6			54			102			150
	7			55			103			151
	8			56			104			152
	9			57			105			153
	10			58			106			154
	11			59			107			155
	12			60			108			156
	13			61			109			157
	14			62			110			158
	15			63			111			159
	16			64			112			160
	17			65			113			161
	18			66			114			162
	19			67			115			163
	20			68			116			164
	21			69			117			165
	22			70			118			166
	23			71			119			167
	24			72			120			168
	25			73			121			169
	26			74			122			170
	27			75			123			171
	28			76			124			172
	29			77			125			173
	30			78			126			174
	31			79			127			175
	32			80			128			176

製本注文書

製本注文および製本作業のための指示書である．箔押しの位置指定，扉の仕上り位置，その他，特別な注意事項は，別紙に記入し指示する．

製　本　注　文　書　　（発注日）　　年　月　日

（製本会社）　　御中　　（出版社）　　（担当）

書名	（フリガナ） （シリーズ）	著訳者名	（著者） （訳者）	版刷	第　版 第　刷
部数	製本部数　部	印刷部数　部		定価	円
納期	見本　年　月　日	取次店搬入　年　月　日		本社搬入　年　月　日	
体裁	判　mm×　mm　右・左開き　袋払い寸法　mm				
	本・仮製本　丸・角背・角山　切つけ・がんだれ　糸とじ・あじろ・カット				
	箔押クロス装・印刷表紙　グラシン・カバー・機械函・型抜き函・貼函・花布・スピン				
	見返し（無・白・印刷）　ベタのり・口のり（有　無）　芯紙　号				
	帯（有・無）　投込み　点（　）				
頁数	本文総頁　頁（32頁　折・16頁　折・8頁　折・　頁　折）				
	〈別丁〉　本扉（共・別）　口絵　丁　頁				
丁合	見返し（有・無）→　本扉（共・別）→　→ →　→　→　→見返し（有・無）				

	印刷所	搬入部数	納期		印刷所	搬入部数	納期
本文			／	帯			／
口絵			／	函			／
本扉			／	売上カード			／
表紙			／	読者カード			／
カバー			／	出版案内			／
			／				／

表紙	（銘柄）　／	kg	R S 本	（納入店）
見返し	（銘柄）　／	kg	R S	（納入店）
花布				
スピン				

用紙材料発注控

用紙材料の注文は，電話注文ですますことも多い．正確を期すためにも，注文の控をとっておくとよい．そのための伝票の例である．

用紙・材料注文伝票　（発注日）　年　月　日

御中　（出版社）　（担当）

書名	（フリガナ） （シリーズ）	著訳者名	（著者） （訳者）	版刷	第　版 第　刷
部数	部	発行予定	年　月　日	定価	円

進行	（青焼き・製版校正） 月　日	（印刷） 月　日	（刷本渡し） 月　日
体裁	（判型） 判　mm×　mm	右左アキ　本仮製本	クロス布・紙装本　機械函・型抜き函・貼函 カバー・グラシン・帯
頁数	本文総頁数　頁	（付物）本扉・口絵　頁・(　)頁	

	銘　柄	数　量	単価	金　額	発注先	納入先	発注	納品
本文	／　kg	R S						
口絵	／　kg	R S						
本扉	／　kg	R S						
表紙	全・半　取　／　kg	R S						
カバー	全・半　取　／　kg	R S						
見返	／　kg	R S						
クロス		本						
芯紙								

定価計算——原価計算集計表と定価計算表

〈本の定価〉

⑴ **再販売価格維持制度と定価** 独占禁止法第23条第4項で‘著作物’は再販売価格の維持が独占禁止法の適用除外とされており，出版社・取次店・小売書店の間で再販売価格維持契約を結び，再販売価格維持制度(再販制度)が実施されている．

再販制度のもとでは，再販本はカバーや外函などに‘定価’表示(本体価格で表示)をするのが原則であり，値引き販売が可能な非再販本は‘定価’表示をしてはならない．本の定価は，出版社が発行前に定価計算を行い，独自の判断で決めている．

定価は本が書店で読者に販売されるときの最終価格であり，消費税を含んだもののことを意味している．消費税を含まないものを‘本体価格’という．なお，ここでは，問題を単純化して考えていくために，ことわりのないかぎり消費税を除いた本体価格のことを定価として説明していく．

⑵ **ページ単価** 定価は読者の購買欲を左右しうるもので，本の定価にも相場というものがある．その参考とされる数字に，定価を本の総ページ数で割った，1ページ当たりの単価(ページ単価)がある．

本の定価は内容や体裁などにより異なってくるので，ジャンルの異なる本で比較するのではなく，類書のページ単価を調べて比べてみる必要がある．これによりおよその見当をつけることができる．

〈定価の構成要素〉

⑴ **書店・取次店のマージン** 出版社から取次店に卸される場合の正味は，一般的には定価の68-73％くらいである．したがって，定価の27-32％が取次店・書店のマージンである．このうち，取次店のマージンはおよそ8％，書店のマージンは19-24％くらいである．

⑵ **製造直接費** 本の生産に要する費用で，ある特定の本にどれだけかかったか直接的に把握できるものである．製造直接費は，発行部数に関係なくかかる固定費と部数にほぼ比例してかかる変動費に分けておくと，いく通りかの発行部数で定価計算をするときに便利である．

固定費には組版代，版下代，製版代，装幀料，会議費や資料の借用謝礼などの編集経費がある．変動費には印刷代，製本代，本文用紙や表装材料などの用紙・材料費などがある．

著者に支払う印税・原稿料も製造直接費として原価を構成する．しかし，原稿料は製造直接費として計算できるが，印税は定価(本体価格)に対するパーセントとして設定される．そこで製造費の集計には含めないで，定価計算において定められたパーセントを算出式に入れて計算する．

⑶ **製造間接費** 特定の本にかかった費用を直接的に把握できない製造費で，一定の計算式で計算し，間接的に配賦される費用である．その主なものは編集・製作関係の人件費である．編集部関係の通信費・旅費なども製造間接費になるが，これらは少額なことが多く，製造費に含めないで，販売費や一般管理費として扱うことも多い．なお，大きな出版物や雑誌などで，区分計算が可能なものは，1冊ごとの計算をしたほうがより正確である．

⑷ **経費** 経費は販売費と一般管理費に分けられる．販売費は，出版社としての販売活動に要するすべての費用で，商品の積込み運賃・保険料・保管料などや，販売部

内の給料・消耗品費・通信費などをはじめ，広告宣伝費・販売員の出張旅費などである．広告宣伝費は，その割合が比較的大きいので，定価計算では販売費とは別に項目をもうけることも行われている．

一般管理費は，役員の給料手当・製造販売以外に従事する社員の給料賞与・旅費・地代・家賃・金利・修繕費・一般事務用品費・交通費・通信費・保険料・福利厚生関係諸費など，事業全般にわたる必要経費である．

これらは，過去の平均率なり，経営指標から算出された率で，定価計算に算入されていることが多い．

⑸ **利益** 以上のほか，経営上に必要な利益が見込まれるのは当然である．

〈定価計算の方法〉

以下の2つの方法があるが，実際は両方の考え方を参考にして決めている．

⑴ **コスト・プラス方式** 製造直接費を集計し，それに間接費をプラスして定価を決定する方法である．通常は，定価(あるいは卸正味)に対する間接費(製造間接費，販売費，一般管理費)や利益の割合，さらに製造直接費の割合(原価率)を定めておき，その本に要した製造直接費から逆算して定価を決定する．

⑵ **プライス・ライン方式** 内容・読者の購買欲・類書の定価などを参考に，あらかじめ定価を決定し，それから逆算してページ数・体裁・材料などを決める方法．

〈定価計算・原価計算の時期と方法〉

刊行作業の進行にあわせ何回か行う．

⑴ **企画段階** 本の仕様と予定刊行部数をもとに，予価を算出して検討する．

⑵ **造本設計の段階** 完成した原稿から，本の予定ページ数や体裁がほぼ決定する．企画段階との差異が出た場合，造本設計を再検討し，製造直接費が予定内に収まるように工夫する．

⑶ **校了前の定価決定の段階** 正確に原価計算を行い，刊行部数決定とあわせて最終的に定価を決定する．

⑷ **製造直接費の集計** 刊行決定部数か，3, 4通りの予測部数で印刷所・製本所などの見積りをとり，印税以外の各費目を‘原価計算集計表’(⇨178ページ)に記入し集計する．組版代や製版代などの固定費と印刷代や製本代などの変動費を分けて計算すると便利である．

〈製造直接費の要素〉

⑴ **原稿料等** 原稿料，挿図代，写真撮影代，装幀料，速記料など．

印税は定価に対する割合で計算されるので，この段階では計算しないで，定価計算の段階で算入する．原稿料は，通常400字1枚単価で計算されるが，小項目の辞典などでは，1行の単位で算出することもある．

⑵ **編集費** 会議費，取材費，座談会費，資料借用謝礼，編集・校正費など．

編集・校正費は1点ごとに区分ができる外部に依頼した場合である．社内の編集者が担当したときは区分できないことが多く，間接費として処理している．

⑶ **印刷代**(オフセット印刷の場合)

1. 組版代 1字単価をもとに1ページの収容字数からページ単価を計算し，総ページ数を掛けて計算する．文字入力，編集(組版)，出力代を含む．注・表・図版・ルビ・数式・欧文などが混じったり，外字処理があると割増計算される．

文字入力，編集(組版)，出力代を別々に依頼する場合は，以下のように項目ごとに算出する．データ原稿(FD渡し)では，データ変換料が請求されることがある．

①文字入力代(1字単価が多い)

②編集(組版)費(ページ単価が多い)

③出力代(ページ単価)

④画像入力代(写真などをスキャナーで入力する費用．1点単価(画像サイズや解

像度による）

⑤赤字代（校正による赤字修正の費用．一般に校正刷の状態から算出する）

2．図版（版下）代　内容により１点単価．パソコンのグラフィックソフトを利用する場合と手書きの場合がある．前者では出力代が必要になるケースもある．

3．版下台紙代　ページ単価．版下台紙を作成しない製版方法では不要．台紙に網伏せ加工した図版や写真を貼り込む場合は，貼り込み代（1点単価）と個々の図版や写真の製版代（フィルムまたは紙焼き代，大きさや内容により１点単価）が必要になる．

4．製版代（モノクロ）

①フィルム原版作成代　ページ単価．図版の網伏せ加工や写真がある場合はページ単価が変わる．写真の網撮り代は別計算（大きさにより１点単価）．複雑な加工や点数の多い場合はさらに割増される．DTPなどで直接フィルムに出力したときは製版代は不要になる．

②青焼き代　ページ単価または１度に青焼きされる台単価．

青焼き校正の結果として修正が出たときは修正代がかかる．印刷所の責任ないしは簡単なものではサービスとなる．

5．製版代（カラー）　モノクロの製版代と考え方は同じであるが，カラーに伴う追加料金が必要になる．一般にカラー製版代の構造は以下のようになる．

①基本料（判型によるページ単価）

②版数（色数）

③色分解料（内容，大きさによる１点単価）

④切りぬき代

⑤グラデーション料

⑥色校正料（台単価×色数）

⑦版下台紙作成料

DTPソフトを使用してカラー製版を行う場合は，出力センターでのフィルム出力料（解像度・仕上りサイズ・処理枚数で計算される）および色校正料が必要になる．

色校正の結果，出版社の責任で修正が生じた場合は訂正料が必要になる．再度，色校正を行うと初校と同じ色校正料が必要になる．簡単な修正で青焼きですませた場合は青焼き代が請求される．

6．刷版代　大きさとページ数による台単価．

7．印刷代

①ページ単価（印刷されるものが何もない白ページも含む）

1ページ単価×総ページ数×総部数＝印刷代

②通し単価（1通し（紙の片面の印刷）を単位とする）

1通し単価×総ページ数/組付ページ数×総部数＝印刷代

③連単価（紙１連の印刷を単位とする）

1連単価×総ページ数/全判のページ数×総部数×1/1000＝印刷代

④台単価（1台の印刷を単位とする）

1台単価×総ページ数/1台のページ数＝印刷代

＊台単価は部数によって決められている．一般に１台は片面通しである．印刷の最低部数の場合に用いることが多い．

⑷　用紙・材料代

1．用紙所要量の出し方（⇨ 166ページ）

2．用紙代の計算

使用連数×1 kg 当たりの単価＝用紙代

使用枚数×1枚当たりの単価＝用紙代

＊本文用紙や本扉用のファンシーペーパーなどを，印刷の都合で半裁などの大きさに裁つ場合，断裁料が発生する．

3．製本材料費　必要量×単価

表紙材料としての布クロスや紙クロス，見返し用紙，カバー用としてのコート紙やファンシーペーパー，本製本では表紙の芯紙としての板紙など．

(5) **製本代**

1. 製本代　1部単価×部数

1部単価は，一般にB6判(雑誌などではA5判・B5判)を基準に，作業内容によって決められる．基準の判型以外は割増計算される．最小単位(1000部くらい)以下の場合は，すべて最小単位で計算されるか，割増計算される．

2. 納品，配本運賃

(6) **製函代**　1部単価×部数

(7) **固定費と変動費**　以上のうち(1)，(2)，(3)の1-6までが部数に関係なく必要となる固定費，(3)の7，(4)，(5)，(6)が部数に伴い変動する変動費である．

〈定価計算の方法〉

(1) **定価計算の条件**

1. 発行部数　本の定価を左右する，最も大きな要素であり，各種の資料を参考に慎重に決める．最終的に決定していない場合には，3, 4通りの予測できる部数で製造直接費を計算することになる．

2. 処分率(最終残本率)　一定期間を定めて商品を委託し，売れ残ったものは返品されるが，そのなかには汚損もしくは損傷によって不完全商品となるものが少なくない．さらに，宣伝用その他で寄贈する本が何部かある．過去の実績などから処分率(最終残本率)を計算し，純売上部数を算出する必要がある．

処分される商品の割合や返品に伴う危険負担の割合を返品率(返本率)として計算に組み入れることもある．

3. 利益　初版のみで終わるものと，さらに重版を予想できるものとでは，その見方も違ってくる．また，市場に同類の発行のものが多い場合には，競争上利益を少なくして安い定価をつけるという場合もある．

(2) **定価計算の実際**(コスト・プラス方式)

1. 処分率0(ゼロ)，利益率0(ゼロ)の場合

定価＝1部当たりの製造直接費(印税除く)/{卸正味×(1－経費率)－印税率}

＊経費率＝(間接製造費＋販売費＋一般管理費)の総売上(純売上高)に対する割合．

2. 処分率や利益を加味した場合

定価＝1部当たりの製造直接費(印税除く)/{卸正味×売上比率×(1－経費率－利益率)－印税率}

＊経費率，利益率は総売上(純売上高)に対する割合．売上比率＝1－処分率，処分率は発行部数に対する割合．

＊経費率＋利益率は粗利益率となるので，次のように表すこともできる．

定価＝1部当たりの製造直接費(印税除く)/{卸正味×売上比率×(1－粗利益率)－印税率}

3. 売上印税とした場合

定価＝1部当たりの製造直接費(印税除く)/{卸正味×売上比率×(1－粗利益率)－印税率(1－売上比率)}

＊この式の1－粗利益率は，総売上高に対する製造直接費(印税含む)の割合である．一般に出版業にあっては，製造直接費(印税含む)のみを売上原価(製造原価)としていることが多いので，1－粗利益率は売上原価(製造原価)率とすることができる．そして，卸正味×売上比率×売上原価率は，定価売上高(定価×発行部数)に対する売上原価(印税を含む製造直接費)の割合のことであり，これから印税率を差し引くと，定価売上高(定価)に対する印税を含まない製造直接費(1部当たりの直接費)の割合が計算できる．この割合から逆算して定価を算出するわけである．

＊経費率・利益率が定価基準で出されている場合．

定価＝1部当たりの製造直接費(印税除く)/{卸正味×売上比率－定価基準経費率－定価基準利益率－印税率}

原価計算集計表

年　月　日作成（担当）

書名		著訳者		版刷	第　版・第　刷	発行	年　月　日
判／本・仮製本／函入・カバー装／クロス・紙装／糸とじ・あじろ／総頁　頁／別刷							

製造固定費		製造変動費				
編集費			部	部	部	重版　部
原稿料等		本文印刷代				
装幀料		カバー等印刷代				
編集・校正料		カバー等加工				
本文組版代		製本代				
本文製版代		製函代				
本文刷版代		付物代				
図版トレース代		用紙材料代				
図版製版代		運送費				
扉等製版代						
カバー製版代						
（重版時固定費）						
固定費計		変動費計				
製造直接費総額（合計）						
1部当り単価			@	@	@	@
予想定価（設定原価率　％）						

定価計算表

年　月　日　作成（担当）

書名		著訳者		版刷	第　版・第　刷	決定部数　部
判／本・仮製本／函入・カバー（　C）／クロス・紙装 総頁　頁／別刷（　）／糸とじ・あじろ				発行	年　月　日	決定定価　円

項目＼部数／定価	部　円	売上比 ％	定価比 ％	部　円	売上比 ％	定価比 ％	部　円	売上比 ％	定価比 ％
総発行定価額									
純売上価額									
製造直接費									
印税									
原価合計									
粗利益									
宣伝費									
一般管理費									
差引損益									
頁当り単価	@　円			@　円			@　円		
原価償却部数	部			部			部		

総発行定価額＝本体価格×発行部数　純売上価額＝販売総価額×売上比率（1－処分率）　販売総価額＝総発行定価額×卸正味

出版と法規

著作権と出版権――著作権法の要点

わが国の著作権法は，'明治32年法律第39号'として公布され，以後いくたびか改正が行われてきたが，'昭和45年5月6日法律第48号'として全面改正が行われ，昭和46(1971)年1月1日から施行(附則第1条)された．その後は毎年のように改正が行われ，これからも改正は続くものと思われる．この法律は，その施行にあたって，現在すでに改正前の著作権法(以下旧法という)によって著作権の全部が消滅している著作物については適用されないし，旧法により著作権の一部が消滅している著作物についても，現行法中これに相当する著作権に関する規定は適用されない(附則第2条)．

ここでは，著作権法について，出版に関係の多い事項について解説する．

著作権について

A　著作物について

(1)　著作物とはなにか　著作物は，'思想又は感情を創作的に表現した'もので'文芸，学術，美術又は音楽の範囲に属するもの'であり，単なる機械的な製品や，いかに苦心して案出したものであっても，それが産業的な目的での技術的・実用的な作品にすぎないものは，著作物とはいえない(第2条第2号)．また，著作物は，'表現したもの'であることが必要であり，内心で思っている段階では著作物ということはできない．他人に話して聞かせたり，原稿用紙に書いたり，外部に現われてはじめて著作物となるのである．

(2)　著作物の具体例　著作権法第2章第1節は，著作物の代表的なものを次のように例示している(第10条第1項)．

1. 小説，脚本，論文，講演その他の言語の著作物
2. 音楽の著作物
3. 舞踊又は無言劇の著作物〔著作物となるのは，踊りそのもの(実演)ではなく，その振りつけ〕
4. 絵画，版画，彫刻その他の美術の著作物〔書や舞台美術(舞台装置)も美術の著作物になる〕
5. 建築の著作物〔建築の設計図ではなく，建てられた建物自体〕
6. 地図又は学術的な性質を有する図面，図表，模型その他の図形の著作物
7. 映画の著作物〔テレビドラマをビデオ等に固定したものやビデオ・カセットも含む〕
8. 写真の著作物〔グラビア・写真染めなど，写真の製作方法に類似する方法で表現されたものも含む〕
9. プログラムの著作物〔プログラムとは，コンピュータプログラムのことであり，コンピュータを機能させる，いわゆるソフトウェアを指す〕

しかし，人事往来，死亡記事のような'事実の伝達にすぎない雑報及び時事の報道'は，上の第10条第1項第1号(言語の著作物)には該当しない(第10条第2項)．

(3)　二次的著作物　二次的著作物とは'著作物を翻訳し，編曲し，若しくは変形し，又は脚色し，映画化し，その他翻案することにより創作した著作物'(第2条第1項第11号)のことで，たとえば，外国の小説を日本語に翻訳した場合のように，1つの著作物を原作として，それを新たな表現様式に変えたものは，原作となった著作物とは別に，新規の著作物(二次的著作物)として保護される．それによって，その原著作物の著作者の権利に影響を及ぼすようなことはない(第11条)．したがって，二次的著作物を創作するには，原著作権者の許諾が必要であるし，二次的著作物を利用する場合は，原著作権者と二次的著作物の著作権者の両方の許諾が必要となる(第27条・第28条)．

(4)　共同著作物　対談や座談会など'2人以上の者が共同して創作した著作物であつて，その各人の寄与を分離して個別的に利用することができないもの'(第2条第1項第12号)を共同著作物とよび，各著作者の共有である．

この共同著作物の著作者人格権(後述)は，著

作者全員の合意によらなければ行使することができないが，各著作者は，信義に反してこの合意の成立を妨げることはできない(第64条)．また，共有著作権については，各共有者は他の共有者の同意を得なければ，その持分を譲渡し，または質権の目的とすることができないし，共有著作権は共有者全員の合意によらなければ，行使することができない(第65条)．

(5) **編集著作物** 編集物で‘その素材の選択又は配列によつて創作性を有するもの’は，著作物として保護される(第12条第1項)．たとえば，詩集や百科事典あるいは新聞や雑誌のような編集物は，編集著作物として保護を受ける．この場合，編集物の部分を構成する著作物の著作者の権利に影響を及ぼすようなことはない(同条第2項)．

(6) **データベースの著作物** ‘データベースでその情報の選択又は体系的な構成によつて創作性を有するもの’は，著作物として保護される(第12条の2)．この場合も，データベースの部分を構成する素材が著作物であれば，その著作者の権利に影響を及ぼさない．

(7) **保護を受ける著作物の適用範囲** 次のように規定されている(第6条)．

1. 日本国民(わが国の法令に基づいて設立された法人及び国内に主たる事務所を有する法人を含む．以下同じ)の著作物

2. 最初に国内において発行された著作物(最初にこの法律の施行地外において発行されたが，その発行の日から30日以内に国内において発行されたものを含む)

3. 前2号に掲げるもののほか，条約によりわが国が保護の義務を負う著作物〔わが国はベルヌ条約と万国著作権条約に加盟しており，そのための条約上の義務〕

(8) **権利の目的とならない著作物** 著作物を創作しても権利が認められない著作物に，次のようなものがあげられている(第13条)．

1. 憲法その他の法令〔地方公共団体の条例・規則も含まれる〕

2. 国若しくは地方公共団体の機関又は独立行政法人が発する告示，訓令，通達その他これらに類するもの

3. 裁判所の判決，決定，命令及び審判並びに行政庁の裁決及び決定で裁判に準ずる手続により行われるもの

4. 〔法令や判例など〕前3号に掲げるものの翻訳物及び編集物で，国若しくは地方公共団体の機関又は独立行政法人が作成するもの〔ただし，学術的な白書や報告書など，必ずしも一般に周知徹底させる必要のないものは，この限りではない〕

上の第4号に該当する著作物で，現行法の施行の際，現に旧法による出版権が設定されているものについては，その出版権の存続期間内にかぎり，同号の規定は適用されない(附則第3条)．

B 著作者について

著作者とは著作物を創作する者のことである．小説家や画家は著作を職業としている著作者であるが，著作を職業としていない人でも，小説を書き，絵を描けば，だれでも著作者になる．しかし，著作物を創作することと他人の口述を筆記するような単純な労力を提供する行為とは別であり，他人の指示どおり著作の手伝いをしたからといって著作者ということはできない．

(1) **著作者の推定** 著作物の原作品に，氏名もしくは名称またはその雅号・筆名・略称その他実名に代えて用いられるものが著作者名として表示されている者は，その著作物の著作者であると推定される(第14条)．

(2) **法人等の職務上の著作物** 新聞記者によって書かれた新聞記事や，公務員によって作成された報告書のように，会社や国の職員による著作物の場合であるが，第15条では，‘法人その他使用者(以下この条において‘法人等’という．)の発意に基づきその法人等の業務に従事する者が職務上作成する著作物で，その法人等が自己の著作の名義の下に公表するものの著作者は，その作成の時における契約，勤務規則その他に別段の定めがない限り，その法人等とする’と規定している．

(3) **著作者と著作権者** 著作物を創作した者が著作者であり，著作権者であるというのが普通である．しかし，著作者が死亡した場合，財産としての著作権を遺族その他の特定の人が相続した場合は著作者と著作権者が同一人でなくなる．また，著作権の全部または一部を他人に譲渡した場合(第61条)も同じである．ただし，著作権を譲渡する契約において，第27条(翻訳

権・翻案権等）または第28条（二次的著作物の利用に関する原著作者の権利）に規定する権利が，譲渡の目的としてとくに掲げられていないときは，これらの権利は，譲渡した者に留保されたものと推定される（第61条第2項）．

なお，著作者が死亡し，その相続人がない場合や，著作権者である法人が解散した場合において，その法人の財産の帰属先がないときは，著作権は消滅することになる（第62条）．

C　著作者の権利の発生

著作者はその著作物について，著作者人格権と著作権（財産権）の2つの権利を持つ．特許権や意匠権などの工業所有権が一定の手続き（登録）を必要とするのに対し，これら2つの権利はこのような手続きを必要としない．小説を書き，絵を描き，作曲し，翻訳すれば，その時から自動的に権利が発生することになる（第17条・第51条）．このような権利の発生は，無方式主義とよばれている．

D　著作者人格権

⑴　**著作者人格権**　著作者の権利には，‘著作財産権’＝著作権のほかに‘著作者人格権’とよばれるものが含まれている．著作者人格権は，著作者の一身に専属し，譲渡することのできない権利であり（第59条），その著作物の著作者が存しなくなった後においても，著作者が存しているとしたならばその著作者人格権の侵害となるような行為をしてはならない（第60条），と規定されている．また，共同著作物の著作者人格権は，著作者全員の合意によらなければ，行使することができない（第64条），と規定されている．

⑵　**著作者人格権の内容**　公表権，氏名表示権および同一性保持権の3つがある．

1. 公表権　未公表の著作物（同意を得ないで公表された著作物を含む）を公表するか否かを決められるのは，著作者だけであるとして，著作者の人格的利益を保護しようという趣旨の規定であり，二次的著作物についても同様に規定されている（第18条）．しかし，一度公表された著作物にはこの権利は及ばないし，未公表の著作物の著作権譲渡の契約書などでとくに注文をつけていないかぎり，公表に同意しているとの取り扱いを受ける（同条）．

2. 氏名表示権　著作者は，その著作物の原作品に，またはその著作物の公衆への提供もしくは提示に際し，その実名や変名を著作者名として表示し，または著作者名を表示しないこととする権利を持っている．また，その著作物を原著作物とする二次的著作物の公衆への提供または提示に際しての原著作物の著作者名の表示についても，同様とする（第19条）．

3. 同一性保持権　第20条には，‘著作者は，その著作物及びその題号の同一性を保持する権利を有し，その意に反してこれらの変更，切除その他の改変を受けないものとする’と規定している．しかし，この規定は，第33条第1項〔教科用図書等への掲載〕又は第34条第1項〔学校教育番組の放送〕の規定により著作物を利用する場合における用字または用語の変更その他の改変で，学校教育の目的上やむを得ないと認められるものや，その他，著作物の性質並びにその利用の目的及び態様に照らしやむを得ないと認められる改変については適用されない（同条第2項）．

E　著作権（著作財産権）について

著作権は，著作者の一身に専属する著作者人格権とちがって，著作物を出版したり，放送したりして利用する財産的権利である．一般に著作権という場合には，この財産的権利を指している．したがって，この権利は著作者人格権と異なり，他人に譲渡したり，遺族が相続したりすることができる．著作権の譲渡は，著作物を出版する権利，録音する権利，演奏する権利というように，権利を限定して譲渡することもできる．著作権は‘権利の束’と考えられる．その1つ1つを支分権または部分権といっている．なお，著作権を譲り受けたものは，文化庁に登録しなければ，二重に譲り受けた第三者に直接対抗することができない（第77条）．

⑴　**複製権**　第21条は，‘著作者は，その著作物を複製する権利を専有する’と規定している．印刷・写真・複写・録音・録画などの方法によって，著作物を形のある物にそのまま再製する権利であり，著作権のなかで最も基本的な権利である．複製権は一般に頒布の権利を包含すると解されている．

⑵　**上演権・演奏権**　著作物を，公衆に直接見せ，または聞かせることを目的として上演し，または演奏する権利である（第22条）．この上

演・演奏は個人的あるいは家庭内などの上演・演奏でなく，不特定多数の人を相手にする上演・演奏である．

⑶ **上映権** 著作物を公に上映する権利である(第 22 条の 2)．

⑷ **公衆送信権等** 著作者は，その著作物を，公衆送信(自動公衆送信の場合にあっては，送信可能化を含む)を行う権利を専有するとともに，公衆送信されるその著作物を受信装置を用いて公に伝達する権利を専有する(第 23 条)．

⑸ **口述権** 言語で表現されている著作物を，朗読などの方法によって口頭で公に伝える権利である(第 24 条)．

⑹ **展示権** 美術の著作物と未発表の写真の著作物にかぎって認められる権利で，これらの著作物を原作品によって公に展示する権利である(第 25 条)．

⑺ **頒布権** 映画に固有の権利であり，映画の著作物の複製物を頒布する権利(フィルム配給権)である(第 26 条)．

⑻ **譲渡権・貸与権** 映画の著作物を除き，著作物の複製物を譲渡または貸与により公衆に提供する権利である(第 26 条の 2，第 26 条の 3)．映画の頒布権にあたる権利を映画以外の著作物では 2 つに分けたものである．

⑼ **翻訳権・翻案権等** 著作物を翻訳し，編曲し，もしくは変形し，または脚色し，映画化し，その他翻案する権利である(第 27 条)．

⑽ **二次的著作物の利用権** ‘二次的著作物の原著作物の著作者は，当該二次的著作物の利用に関し，この款(かん)〔第 3 款 著作権に含まれる権利の種類＝第 21 条から第 27 条〕に規定する権利で当該二次的著作物の著作者が有するものと同一の種類の権利を専有する’(第 28 条)．たとえば，吉本ばなな氏の“キッチン”を映画化した人は，その映画について複製権や上映権などの権利を持つが，吉本氏もそれらの権利を持つことになる．したがって，映画化した人が吉本氏に無断で上映すれば，著作権の侵害になる．もっともこの場合，映画は上映するのが目的であるから，映画化の許諾をとるに際して，それと一緒にその利用についても許諾をとるのが普通である．

F 著作物を自由に利用できる場合

一定の場合，一定の条件のもとで，著作権を制限して，著作物を自由に利用できる場合がある．第 30 条から第 50 条までに規定している．出版に関係する主な事項を次に掲げる．

⑴ **私的使用のための複製** 著作物を個人的にあるいは家庭内や少数の友人間など，かぎられた範囲内で使うために複製する場合である(第 30 条)．ただしその場合でも，‘公衆の使用に供することを目的として設置されている自動複製機器を用いて複製する場合’は除外されており，会社や学校に設置されたものやコイン式のコピー機による複製は制約されている．

⑵ **図書館等における複製** 政令で定める図書館等(公共図書館・大学図書館など著作物を公衆の利用に供しているもの)では，次に掲げる場合には営利を目的としない事業として，図書館等が所蔵している資料を用いて自由に複製することができる(第 31 条)．

1. 図書館等の利用者の求めに応じ，その調査研究の用に供するために，公表された著作物の一部分(発行後相当期間を経過した定期刊行物に掲載された個々の著作物にあっては，その全部)の複製物を 1 人につき 1 部提供する場合
2. 図書館資料の保存のため必要がある場合
3. 他の図書館等の求めに応じ，絶版その他これに準ずる理由により一般に入手することが困難な図書館資料の複製物を提供する場合

⑶ **引用** 自分の著作物のなかに他人(または自分)の著作物の一部を使用する場合である．第 32 条には，‘……その引用は，公正な慣行に合致するものであり，かつ，報道，批評，研究その他の引用の目的上正当な範囲内で行なわれるものでなければならない’と規定している．引用部分のほうが自分の著作部分より主な内容になっていたりしてはいけないし，また引用する場合には，著作者名，書名などを明らかにする(出所の明示)ことも忘れてはならない．

また，‘国若しくは地方公共団体の機関又は独立行政法人が一般に周知させることを目的として作成し，その著作の名義の下に公表する広報資料，調査統計資料，報告書その他これらに類する著作物は，説明の材料として新聞紙，雑誌その他の刊行物に転載することができる’．ただし，これを禁止する旨の表示がある場合は別である(第 32 条第 2 項)．

⑷ **教科用図書等への掲載** 公表された著作

物は，学校教育の目的上必要と認められる限度において，教科用図書(小学校・中学校・高等学校その他これに準ずる学校の教科書)に掲載することができる．掲載する場合には，著作者にその旨を通知し，文化庁長官が毎年定める額の補償金を著作権者に支払わなければならない(第33条)．これらの規定は，高等学校の通信教育用学習図書および教科書にかかわる教師用指導書への著作物の掲載についても準用される(第33条第4項)．

(5) **学校その他の教育機関における複製** 学校その他の教育機関において教育を担任する者は，その授業に必要と認められる限度において，公表された著作物を複製することができる(第35条)．

(6) **試験問題としての複製** 公表された著作物は，入学試験その他，人の学識技能に関する試験または検定の目的上必要と認められる限度において，当該試験または検定の問題として複製することができる．ただし，営利を目的とする試験または検定のための複製を行う場合には，通常の使用料に相当する補償金を著作権者に支払わなければならない(第36条)．

(7) **点字による複製等** 公表された著作物は，点字により複製することができるばかりでなく，点字図書館その他の視覚障害者の福祉の増進を目的とする施設で政令で定めるものでは，もっぱら視覚障害者向けの貸出し用として録音することができる(第37条)．

(8) **営利を目的としない上演・演奏等** 営利を目的とせず，かつ，聴衆または観衆から料金を取らない場合には，公表された著作物は，公に上演し，演奏し，口述し，または上映することができるが，実演家などに報酬が支払われる場合はこの限りでない(第38条)．

(9) **時事問題に関する論説の転載等** 新聞または雑誌に掲載して発行された政治上，経済上または社会上の時事問題に関する論説(学術的なものは除く)は，ほかの新聞紙もしくは雑誌に転載し，または放送し，もしくは有線放送することができる．ただし，これらの利用を禁止する旨の表示がある場合は，この限りではない．また，放送され，または有線放送される論説は，受信装置を用いて公に伝達することができる(第39条)．

(10) **政治上の演説等の利用** 政治上の演説または陳述および裁判手続における公開の陳述は，同一の著作者のものを編集して利用する場合を除き，利用することができる．また，国や地方公共団体の機関で行われた公開の演説または陳述は，報道の目的上正当と認められる場合には，新聞・雑誌に掲載し，または放送し，もしくは有線放送することができる(第40条)．

(11) **時事の事件の報道のための利用** 写真・映画・放送その他の方法によって時事の事件を報道する場合，その事件を構成したりその際に見聞される著作物は，報道の目的上正当な範囲内において，複製し，および当該事件の報道に伴って利用することができる(第41条)．

(12) **翻訳・翻案等による利用** これまでに説明した事項などで，次の各号に掲げる規定にしたがって，その翻訳・翻案等による利用もできる(第43条)．

1. 第30条〔私的使用のための複製〕又は第33条〔教科用図書等への掲載〕，第34条〔学校教育番組の放送〕，第35条〔学校その他の教育機関における複製〕 翻訳，編曲，変形又は翻案

2. 第31条第1号〔図書館等での複製物の提供〕，第32条〔引用〕，第36条〔試験問題としての複製〕，第37条〔点字による複製等〕，第39条第1項〔時事問題に関する論説の転載等〕，第40条第2項〔国または地方公共団体の機関における演説等の利用〕，第41条〔時事の事件の報道のための利用〕，第42条〔裁判手続等における複製〕 翻訳

(13) **公開の美術の著作物等の利用** 美術の著作物でその原作品が屋外の場所に恒常的に設置されるもの，または建築の著作物は，次に掲げる場合を除いて利用することができる(第46条)．

利用できない場合

1. 彫刻を増製し，またはその複製物の譲渡により公衆に提供する場合

2. 建築の著作物を建築により複製し，またはその複製物の譲渡により公衆に提供する場合

3. 前条〔第45条：美術の著作物等の原作品の所有者による展示〕第2項に規定する屋外の場所に恒常的に設置するために複製する場合

4. もっぱら美術の著作物の複製物の販売を目的として複製，またはその複製物を販売する

場合

⒁ **美術の著作物等の展示に伴う複製** 美術または写真の著作物を公に展示する者は，観覧者のためにこれらの著作物の解説または紹介をすることを目的とする（カタログや図録などの）小冊子に，これらの著作物を掲載することができる（第47条）．

⒂ **出所の明示** 次の各号に掲げる場合には，当該各号に規定する著作物の出所を合理的と認められる方法で明示しなければならない（第48条）．

1. 第32条〔引用〕，第33条第1項及び第4項〔教科用図書等への掲載〕，第37条〔点字による複製等〕，第42条〔裁判手続等における複製〕または第47条〔美術の著作物等の展示に伴う複製〕の規定により著作物を複製する場合

2. 第34条第1項〔学校教育番組の放送〕，第39条第1項〔時事問題に関する論説の転載等〕または第40条第1項もしくは第2項〔政治上の演説等の利用〕の規定により著作物を利用する場合

3. 第32条〔引用〕の規定により著作物を複製以外の方法〔たとえば，翻訳〕により利用する場合または第35条〔学校その他の教育機関における複製〕，第36条第1項〔試験問題としての複製〕，第38条第1項〔営利を目的としない上演等〕，第41条〔時事の事件の報道のための利用〕もしくは第46条〔公開の美術の著作物等の利用〕の規定により著作物を利用する場合において，その出所を明示する慣行があるとき

また，第43条（翻訳・翻案等による利用）の規定により，著作物を翻訳し，編曲し，変形し，または翻案して利用する場合には，その著作物の出所を明示しなければならない（第48条第3項）．

⒃ **著作者人格権との関係** 第50条には，‘この款〔第5款　著作権の制限＝第30条から第49条〕の規定は，著作者人格権に影響を及ぼすものと解釈してはならない’，と規定している．すなわち，以上の規定は，なんら著作者人格権に影響を及ぼすことはないのである．

G　著作権の保護期間

著作物は，創作後一定の期間が過ぎないと，だれでも自由に利用することはできない．この期間を著作物（著作権）の保護期間といい，著作物の種類によって異なっている．この保護期間が過ぎれば，著作権は消滅するわけである．

著作物の種類と保護期間

著作物の種類	保護期間	
実名の著作物（原則的保護期間）	**死後70年**	（生前公表・死後公表を区別せず）
無名・変名の著作物	**公表後70年**	（死後70年経過が明らかであれば，そのときまで）
団体名義の著作物	**公表後70年**	（創作後70年以内に公表され名ければ，創作後70年）
映画の著作物	**公表後70年**	（創作後70年以内に公表され名ければ，創作後70年）
実演・録音物・録画物	著作隣接権による保護を受け，**実演・レコード発行後70年，放送又は有線放送後50年**	

＊2018年12月30日に死後70年に延長

⑴ **保護期間の原則** 著作権の存続期間は，著作物の創作の時に始まり，別段の定めのある場合を除き，著作者の死後（共同著作物の場合は，最終に死亡した著作者の死後）70年を経過するまでの間，存続する（第51条）．

なお，写真の著作物の著作権も著作者の死後70年を経過するまでの間，存続する（第51条）．ただし，1997年の改正法施行以前に，改正前の著作権法による著作権が消滅しているものについては，現行法は適用されない（改正前：その著作物の公表後50年（創作後50年以内に公表されなかったときは，その創作後50年）を経過するまでの間，存続する）．

⑵ **無名・変名の著作物** 無名または変名の著作物の著作権は，その著作物の公表後70年を経過するまでの間，存続する（第52条第1項）．ただし，その存続期間の満了前にその著作者の死後70年を経過していると認められるものは，その著作者の死後70年を経過したと認められる時において，著作権は消滅したものとする．また，この規定は，次の各号のいずれかに該当するときは適用しない（第52条第2項）．

1. 変名の著作物における著作者の変名が，その者のものとして周知のものであるとき

2. 前項の期間内に第75条第1項の実名の登録があったとき

3. 著作者が前項の期間内に，その実名又は周知の変名を著作者名として表示して，その著作物を公表したとき

⑶ **団体名義の著作物** 法人その他の団体が著作の名義を有する著作物の著作権は，その著作物の公表後70年(創作後70年以内に公表されなかったときは，その創作後70年)を経過するまでの間，存続する(第53条第1項)．この規定は，法人その他の団体が著作の名義を有する著作物の著作者である個人が，同項の期間内にその実名または周知の変名を著作者名として表示してその著作物を公表したときは，適用しない(第53条第2項)．

⑷ **継続的刊行物等の公表時期** 継続出版物には，冊，号または回を追って発行されるものと，一部分ずつ漸次に発行して全部を完成するものとがある．それらの保護期間は，冊，号または回を追って公表される著作物については，毎冊，毎号，または毎回の公表の時より70年とし，一部分ずつを逐次公表して完成する著作物については，最終部分の公表の時より70年とする．また，後者については，継続すべき部分が直近の公表の時から3年を経過しても公表されないときは，公表されたものの最終部分をもって最終部分とみなす(第56条)．

⑸ **保護期間の計算方法** 著作者の死後70年，著作物の公表後70年，創作後70年の期間の終期を計算するには，著作者の死亡した日，著作物が公表された日，または創作された日のそれぞれ属する年の翌年の1月1日から起算する(第57条)．たとえば，1990年5月3日死去された池波正太郎氏の著作権の保護期間は，1991年1月1日から起算して70年間であるから，2060年末まで存続することになる．

⑹ **経過措置** 旧法のもとで保護期間が消滅している著作物については，現行法の規定は適用されない．また，この法律の施行前に公表された著作物の著作権の存続期間は，当該著作物の旧法による著作権の存続期間が，現行法第2章第4節(保護期間)の規定による期間より長いときは，なお従前の例による(附則第7条)．

H　著作権の登録

わが国においては，著作権は著作物が生まれると同時に発生成立するから，登録などの特別な手続きは必要でない(無方式主義)．現行法に定められている登録の制度は，別の目的(第三者への対抗要件など)をもったもので，出版に関係したものとしては次のようなものがある．

⑴ **実名の登録** 無名または変名で公表された著作物の著作者は，現にその著作権を有するか否かにかかわらず，その著作物についてその実名の登録をうけることができる(第75条)．実名の登録がされている者は，当該登録にかかわる著作物の著作者と推定される．これにより，保護期間が実名の著作物と同じ扱いとなる．

⑵ **第1発行年月日等の登録** 著作権者または無名・変名の著作物の発行者は，その著作物について第1発行年月日または第1公表年月日の登録をうけることができる．この登録をした著作物は，これらの登録に係る年月日において，最初の発行または公表があったものと推定される(第76条)．

⑶ **著作権の登録** 著作権の登録は，‘対抗要件としての登録’といわれるものである．次に掲げる事項は，登録しなければ第三者に対抗することはできない(第77条)．

1. 著作権の移転または処分の制限
2. 著作権を目的とする質権の設定，移転，変更もしくは消滅または処分の制限

⑷ **登録の手続** 登録の申請は，文化庁著作権課で受けつける．申請書の記載事項は，著作権法施行規則に定められており，著作権課には印刷した申請書が備えてあるからそれを利用するとよい．著作権課では，申請書の内容が形式的にととのっており，それ以前に矛盾する登録がなければ，受けつけて登録する．ただし，虚偽の申請をして登録をうけると処罰される．なお，登録には，3000円から3万円までの登録免許税(収入印紙)がかかる．登録されると，文化庁長官はその旨を官報に告示する(第78条第2項)．また，だれでも，著作権登録原簿の謄本もしくは抄本の交付または著作権登録原簿もしくはその附属書類の閲覧を請求することができる(第78条第3項)．

I　著作隣接権について

著作権法では，第89条から第104条までに著作隣接権が定められている．著作隣接権とは，著作権に隣接する権利であり，その保護の対象となるのは，実演家(演奏家・歌手・俳優などの著作物を演ずる人のほか，楽団の指揮者・劇

の演出家，およびアクロバットや奇術を演ずる人），レコード製作者，放送事業者，有線放送事業者である．

この著作隣接権も，著作権と同様に何の手続きも必要としないで保護され，著作権と著作隣接権は，それぞれ独立して認められている．したがって，著作権者がいいといえば，隣接権者はいやだということができない，というような関係ではない．ただ，著作権が制限されている場合には，著作隣接権も同様に制限されることはいうまでもない．この著作隣接権制度には，著作者人格権に相当するものはない．そこで，問題となるのは，実演家が名誉を害せられるような使われ方をした場合であるが，これについては，民法などの一般の法律の保護によるものとしている．

J　紛争の処理

著作権や出版権や出版契約に関して，紛争のおこる場合がある．

著作権法第5章には，これらの紛争を解決するために，あっせんの条項が設けられている．第105条には，‘この法律に規定する権利に関する紛争につきあつせんによりその解決を図るため，文化庁に著作権紛争解決あつせん委員を置く’と規定してあり，これらの委員は，文化庁長官が学識経験者のうちから，事件ごとに3人以内を選んで委嘱することになっている（第105条第2項）．したがって，紛争が生じた場合には，当事者は文化庁長官に対して，あっせんの申請をすることができるようになっており（第106条），そのあっせんの手数料は，1件について3万5000円以内である（第107条）．

K　権利の侵害

著作権のある著作物を著作権者の許諾を得ないで無断で利用すれば，著作権の侵害となるし，著作者に無断で著作物を改変したりすると，著作者人格権の侵害となる．著作権法第6章は，この権利侵害について規定しており，第112条は，‘著作者，著作権者，出版権者又は著作隣接権者は，その著作者人格権，著作権，出版権又は著作隣接権を侵害する者又は侵害するおそれのある者に対し，その侵害の停止又は予防を請求することができる’と規定している．次の場合も著作者人格権，著作権，出版権または著作隣接権を侵害する行為とみなされる（第113条）．

1. 国内において頒布する目的をもって，輸入の時において国内で作成したとしたならば著作者人格権，著作権，出版権又は著作隣接権の侵害となるべき行為によって作成された物を輸入する行為
2. 著作者人格権，著作権，出版権または著作隣接権を侵害する行為によって作成された物（前号の輸入に係る物を含む）を情を知って頒布し，または頒布の目的をもって所持する行為
3. プログラムの著作物の著作権を侵害する行為によって作成された複製物を業務上電子計算機において使用する行為で，これらの複製物を使用する権原を取得した時に情を知っていた場合
4. 権利管理情報として虚偽の情報を故意に付加する行為，権利管理情報を故意に除去し，または改変する行為
5. 著作者の名誉または声望を害する方法によりその著作物を利用する行為

著作権者，出版権者または著作隣接権者は，故意または過失によってその権利を侵害した者に対して，その侵害行為によってうけた損害の賠償を請求することができる（民法第709条）が，著作権では，その際の損害の額について規定している（第114条）．著作者人格権の侵害が行われた場合には，著作者は，新聞などに謝罪広告を出させるというような，名誉回復のために適当な措置を請求することができる（第115条）．

また，著作者の死後において，その人格的な利益が侵害された場合には，その遺族がこれらの請求権を行使することができる（第116条第1項）．その請求のできる遺族の順位は，原則として死亡した著作者の配偶者・子・父母・孫・祖父母・兄弟姉妹という順序であるが，著作者は遺言でその順序を別に定めることができる（同条第2項）．なお，著作者は，遺言で遺族に代えて第1項の請求をすることができる者を指定することができ，その指定を受けた者は，当該著作者の死亡の日の属する年の翌年から起算して70年を経過した後（その経過する時に遺族が存する場合にあっては，その存しなくなった後）においては，その請求をすることができない（同条第3項）．

共同著作物の各著作者または各著作権者は，他の著作者または著作権者の同意を得ないで，

第112条(差止請求権)の規定による請求，またはその著作権の侵害にかかわる自己の持分に対する損害賠償の請求，もしくは自己の持分に応じた不当利得の返還の請求をすることができる(第117条第1項)．この規定は，共有に係る著作権または著作隣接権の侵害についても準用される(同第2項)．

一方，無名または変名の著作物の発行者は，その著作物の著作者または著作権者のために，自己の名をもって，第112条(差止請求権)，第115条(名誉回復等の措置)，第116条第1項(著作者の死後における人格的利益の保護のための措置)の請求，またはその著作物の著作者人格権もしくは著作権の侵害に係る損害賠償の請求，不当利得の返還の請求を行うことができる．ただし，著作者の変名が周知のものである場合や第75条第1項の実名の登録があった場合は，この限りではない(第118条第1項)．また，無名または変名の著作物の複製物にその実名または周知の変名が発行者名として通常の方法により表示されている者は，その著作物の発行者と推定される(第118条第2項)．

出版権について

A　出版権とはなにか

出版権とは，出版を引き受ける者(多くの場合，出版社である)が，著作物を著作権者(複製権者)の明確な同意を得て，文書または図画として頒布の目的をもって複製する権利である．

第79条には，著作権者(複製権者)は，‘その著作物を文書又は図画として出版することを引き受ける者に対し，出版権を設定することができる’と規定しており，著作権者による出版権の設定(文書による出版契約によって行われる)がないかぎり，出版者は出版権者となりえない．もっとも，著作権者である複製権者が，複製権を目的とする質権(債権を担保するために設けられた物権)を設定しているときは，その質権を有する者の承諾がなければ，出版権を設定することができないことはいうまでもない(同条第2項)．

著作権法第80条は，出版権の内容を次のように規定している．すなわち，‘出版権者は，設定行為で定めるところにより，頒布の目的をもつて，その出版権の目的である著作物を原作のまま印刷その他の機械的又は化学的方法により文書又は図画として複製する権利を専有する’．

これを具体的に説明してみると，

1. 頒布を目的とすること．頒布とは，有償・無償を問わず，複製物を公衆に譲渡し，または貸与することである．旧法では‘発売頒布’とあったが，現行法では‘発売’ということばが除かれている．

2. 原作のままであること．したがって，著作者の承諾なく，勝手に修正・改変することは許されない．現行法は，著作者人格権を保護するという立場から，第20条に‘著作者は，その著作物及びその題号の同一性を保持する権利を有し，その意に反してこれらの変更，切除その他の改変を受けないものとする’と規定している．仮名遣い・送り仮名・漢字の使い方・用字用語の統一なども，あらかじめ著作者の了解をえることが正しい進め方といえよう．

3. 印刷その他の機械的または化学的方法によること．単に印刷だけでなく，その他の機械的または化学的方法も含まれている．

4. 文書または図画として複製すること．出版権の場合，文書または図画としての複製であるということである．

5. 権利を専有する．権利を‘専有’するわけであるから，著作権と同じように，ほかからの侵害を強く排除しうる権利である．ただし，第三者に対抗するためには文化庁に登録(後述)する必要がある．

B　出版権者の権利義務

設定出版権は，出版者の基本的な権利(文書・図画として複製する独占権)である．このほかにどのような権利や義務があるだろうか．

著作権法は，著作権者の保護を第一の目的として立法されたものであるから，出版者の権利の保護はきわめてすくない．第87条に，‘出版権は，複製権者の承諾を得た場合に限り，譲渡し，又は質権の目的とすることができる’と規定しており，著作権者の承諾がなければ，譲渡・質入れはできない．また，第88条第1項には，登録すれば，出版権の設定，移転，変更もしくは消滅または処分の制限と，出版権を目的とする質権の設定，移転，変更もしくは消滅または処分の制限について，第三者に対抗できることが規定されている．

これに対して義務のほうは非常にきびしく規定されている．出版権の設定は物権に準ずる権利の授受だからである．次のような義務がある．

1. 原作のまま複製する(第80条)．

2. 出版権の設定をうけた以上，みずから出版しなければならない(第80条第3項)．

3. 契約に別段の定めがないときには，原稿の引き渡しをうけた日から，6カ月以内に出版しなければならない(第81条第1号)．

4. 著作物を慣行に従い継続して出版する義務がある(第81条第2号)．

5. 著作者は，重版(増刷)の場合には，正当な範囲内で修正または増減を加えることができる(第82条第1項)から，出版権者はこれに応じなければならない．

6. 重版(増刷)するつど，あらかじめ著作者にその旨を通知しなければならない(第82条第2項)．

7. 出版権の存続期間中においても，著作者が死亡したとき，または，設定行為に別段の定めがある場合を除き，初版発行の日から3年間を経過した場合には，複製権者はその著作物を全集その他の編集物(その著作者の著作物のみを編集したものに限る)に収録して複製することができる(第80条第2項)から，著作権者からこのような申し出があれば，出版権者は応諾しなければならない．

以上の内容は必ずしも絶対不動のものではない．同法には，‘設定行為に別段の定めがある場合を除き……’とただし書きがなされている場合が多く，著作権者と出版権者との契約に任されている部分，つまり任意規定が非常に多い．そこで，出版権者と著作権者の権利と義務のうちある部分については，‘出版契約’の問題であり，さらに‘出版契約書’の約款をどのように決定するか，ということの問題になる．

C　出版権についての経過措置

現行法の施行(1971年1月1日)前に設定された旧法による出版権で，現行法の施行の際，現に存するものは，現行法による出版権とみなされる(附則第13条第1項)．また，現行法の施行前に行われた旧法第28条の10の出版権の登録に関する処分または手続きは，これに相当する現行法第88条の登録に関する処分または手続きとみなし(同条第2項)，第1項の出版権については，現行法第80条から第85条までの規定にかかわらず，旧法第28条の3(出版権の内容)，第28条の4(出版権の存続期間)，第28条の5(出版の義務)，第28条の6(継続出版の義務)，第28条の7(著作物の修正増減・再版)，第28条の8(出版権の消滅の請求)の各規定は，なおその効力を有する(附則第13条第3項)ものとした．

D　出版権の消滅

出版権者が第81条第1号の義務(原稿の引き渡しをうけた日から6カ月以内に出版する義務)に違反したときは，複製権者は，出版権者に通知してその出版権を消滅させることができる(第84条第1項)．また，出版権者が第81条第2号の義務(当該著作物を慣行に従い継続して出版する義務)に違反した場合において，複製権者が3カ月以上の期間を定めてその履行を催告したのに，その期間内に履行されないときは，複製権者は，出版権者に通知してその出版権を消滅させることができる(第84条第2項)．それに，複製権者である著作者は，その著作物の内容が自己の確信に適合しなくなったときは，その著作物を絶版にするために，出版権者に通知してその出版権を消滅させることができる．ただし，絶版により出版権者に通常生ずべき損害をあらかじめ賠償しない場合は，この限りでない(同条第3項)．

E　出版権の登録

出版権の登録は，出版権変動の対抗要件として出版権者が行うものである．第88条には，‘出版権の設定，移転，変更若しくは消滅又は処分の制限’，‘出版権を目的とする質権の設定，移転，変更若しくは消滅又は処分の制限’は，登録しなければ第三者に対抗することはできない，としている．登録については，第78条(著作権の登録手続)の条文が準用され(第88条第2項)，著作権の場合と同じであるが，‘出版権登録原簿’に記載される点だけが異なる．

F　出版者の(独自の)権利(通称‘版面権’)について

日本書籍出版協会の出版契約書(一般用ひな型)の第19条(複写)では‘甲〔著作権者〕は，本出版物の版面を利用する本著作物の複写(コピー)に係る権利(公衆送信権を含む)の管理を乙〔出版権者〕に委託する．乙はかかる権利の管理を乙が指定する者に委託することができる．甲は，乙が指定した者が，かかる権利の管理をその規定において定めるところに従い再委託することについても承諾する’と規定している．

この規定は，著作物の複製物としての紙面は，出版者の労苦の所産であるが，それをそのままコピーする行為に対応する方策として考えられたものである．コピーすることで利用者は利益を得るけれども，著作者と出版者は何の利益もない．その対価をどのように決済するかという問題があり，こうしたことから著作権の集中的管理，集中的権利処理の方策が具体化した．その際に，著作者は著作権者として著作財産権を主張する論拠を持つ．しかし，出版者は，法によって裏付けられた権利を持たないので，かかる出版者に何らかの論拠としての法的権利が必要になる．その権利の性質を検討したのが著作権審議会第8小委員会である．その結論は，出版者の権利を報酬請求権とし，著作隣接権として位置づけたのである．その権利が制定されることを出版界は期待している．出版界にとっては，この権利は，1962(昭和37)年に‘出版物の版の権利’を主張して以来の要望事項である．

出版物のコピー許諾について

A　複写に関する管理機構

出版物からのコピーは著作憲法で定められた例外を除き，著作権者の許諾を得る必要がある．しかし，コピーの対象となる出版物の著作権者をさがし，その許諾を得て対価を支払うといったことは容易ではなく，煩瑣な手間や手続きを伴う．こういった問題を解消し，利用者の便に供するとともに，著作権者の権利を保護する目的で1991(平成3)年，複写に関する管理機構として日本複写権センター(JRRC，現，日本複製権センター)が設立され，また，2001(平成13)年には日本著作出版権管理システム(JCLS)が設立された．

これら団体の業務は，著作権者(および著作権者から複写の権利の管理を委託された出版者など)からコピーに関する著作権の権利委託を受け，著作物を複写する利用者(人や機関)との間にたって，徴収した複写利用料を，権利委託者に分配することにある．

出版物からコピーをする場合は，奥付か扉裏をみて，許諾の取り方を確認する．その表示が，R〈日本複製権センター委託出版物〉，JCOPY〈日本著作出版権管理システム委託出版物〉のどの表示かによって，許諾の取り方が異なってくる．表示のない場合は発行元に問合せ，確認する必要がある．R表示のある出版物は‘頒布を目的とせず，出版物の小部分かつ少部数’のコピーなら原則として許諾され，コピー利用料は現在1ページ12円(消費税別)である．

B　図書館の障害者サービスと著作権

現在，図書館ではさまざまな障害者サービスが試みられているが，著作権法が制約となって思うようにサービスが行き届かないとして，関係者から問題が指摘されている．以下は自由利用の枠外のため，著作権者の許諾が必要になる事例である．

点字訳サービスについては第37条第1項の規定により著作権者の許諾を得なくとも自由に複製(点字訳，点字図書の出版)が可能である．しかし，パソコン点字訳が普及するなかで電話回線などを通じて情報(点字データ)を送信することが，著作権者の'公衆送信権'(第23条)に抵触している．録音サービスについては第37条第3項に規定があるが，施設と利用者を限定している．一般図書館などが録音サービスを行いたい場合や，利用者が視覚障害者以外のときは，著作権者の許諾が必要になる．また，弱視者・高齢者へのサービスとして拡大コピーでの複製が期待されるが，図書館での利用者のコピーには制約(第31条)があり，慣行では著作物の半分以下である．

これらは著作権者の許諾を得ればよいことである．しかし，業務に時間がかかり，さらに許諾を得てから製作にとりかかるため，利用者に本が届くまでにはかなりの時間が経過してしまうことを関係者は懸念している．

こういった問題を，著作者の側から打開しようという動きに‘EYE(アイ)マーク・音声訳推進協議会’の結成(1992年)がある(東京事務局　〒177-0052　東京都練馬区関町東1-27-6　岩瀬ビル203号　福祉文化研究会内　電話03-3929-7809)．EYEマークと‘許諾文’を奥付に表示し，利用に際しては出版者への報告だけでよいとしている．福祉を目的とした'著作権一部開放'運動として，協力を関係者に呼びかけている．

出版契約書

契約は，当事者の合意だけで成立する(民法第526条)から，出版契約は口約束だけでも有効である．しかし，人間の記憶力は絶対確実のものとはいえないから，出版契約書という形で，文書を取りかわしておくことが望ましい．

参考に，日本書籍出版協会が作成公表している‘出版権設定契約書ヒナ型1(紙媒体・電子出版一括設定用)’を掲げ(⇒192ページ)，簡単に説明する．

(1) **著作物名・著作者名・著作権者名** 著作者名は編集物の場合には編者名，翻訳物の場合には訳者名を記入する．書名は確定していない場合には仮題を記入しておき，決定しだい訂正すればよい．また，著作者と著作権者が別人(著作者の死亡など)である場合には，甲の欄には必ず著作権者名を記入しなければならない．

(2) **出版権者** 乙(出版権者)の欄には，当該出版社の代表者である社長あるいは責任者である担当役員の氏名を記入する．

(3) **出版権の設定**(第1条) 契約のかなめである‘出版権の設定’を明らかにし，この設定によって出版者が出版権者として‘複製し，頒布’することのできる排他的な権利をもつことを第2項で示している．

(4) **著作物利用料の支払い**(第4条) 著作物利用料(印税)は，一般に本体価格のパーセントで定められる．一般には8-12%くらいが標準のようであるが，書物により，また出版社によって異なる．採算上の条件にもとづいて，割り出されるのが妥当であろう．

支払い方法は，販売部数を基準とする売上印税(実売部数制)と発行部数を基準とする発行印税(発行部数制)とがある．

実売部数制の場合は上欄を使用し，‘実売部数1部ごとに’に‘本体価格の○%に相当する金額’などと記入し，保証部数または保証金額を記入する．次に部数等の報告・支払方法およびその時期の欄に必要事項を記入する．

保証部数(金額)とは，たとえその出版物が売れなくても，出版者が著作権者へ支払い義務のある最低の保証分で，出版物の内容や部数により異なる．初版第1刷の50%か100%としている例が多い．

発行部数制の場合は，上欄を抹消し，下欄に‘発行部数1部ごとに，本体価格の○%に相当する金額’などと算定方式と支払方法・時期などを記入する．

第2項は発行部数制の場合に重要な意味をもつ．この場合，部数(免税部数)を取り決めておくのもよいであろう．

(5) **著作者人格権の尊重**(第7条) 編集者が用字・用語の整理を行う場合でも，あらかじめ著作者の了承をえておく必要がある．

(6) **発行の期日と方法**(第8条) 完全な原稿の引渡し期日を規定しているが，前付その他(原稿に付属する原図・原画・写真など)がそろわないのが実際である．なお，複製を終わった原稿や原図・原画・写真は，複製のために預かったものであるから，使用後は著作者に返却することがたてまえである．

(7) **贈呈部数**(第9条) ‘贈呈部数’は，献本といって出版に際して著作権者に無料で贈呈する本の部数のことである．一般の単行本では，初版発行の場合，5-10部，廉価本で発行部数の多いものでは，15-20部としている例もある．

第2項は，著作権者が直接購入する場合で，50部もしくは100部というように一定部数の限定をつけて定価の何割引にする，というような添書をすることになる．

(8) **改訂版・増補版の発行**(第11条) 単なる字句の訂正の域を超えた改訂・増補により，版を改める場合のことを予想して規定したものである．新版の場合は，新たな著作権が発生し，改めて出版権設定契約を結ぶ必要がある．

(9) **内容についての保証**(第15条) 著作物の内容について対外的な問題がおこった場合に，その責任は著作者である著作権者にあることを明確にしている．しかし，出版権者も著作物の複製と頒布の責任を負っているので，原稿入手から発行までの間にできるだけ注意を払って，この種の問題がおこらないように協力すべきである．

出版権設定契約書ヒナ型１（紙媒体・電子出版一括設定用）一般社団法人 日本書籍出版協会作成 2017

出版契約書

著作物名＿＿＿＿＿＿＿＿＿＿＿＿＿＿＿＿＿＿＿＿＿＿＿＿

著作者名＿＿＿＿＿＿＿＿＿＿＿＿＿＿＿＿＿＿＿＿＿＿＿＿

著作権者名＿＿＿＿＿＿＿＿＿＿＿＿＿＿＿＿＿＿＿＿＿＿＿

＿＿＿＿＿＿＿＿＿＿＿（以下「甲」という）と＿＿＿＿＿＿＿＿＿＿＿（以下「乙」という）とは、上記著作物(以下「本著作物」という)に係る出版その他の利用等につき、以下のとおり合意する。

＿＿＿＿＿年＿＿＿月＿＿＿日

甲（著作権者）

住　所

氏　名　　　　　　　　　　　　　　印

乙（出版権者）

住　所

氏　名　　　　　　　　　　　　　　印

第１条（出版権の設定）

（１）　甲は、本著作物の出版権を乙に対して設定する。

（２）　乙は、本著作物に関し、日本を含むすべての国と地域において、第２条第１項第１号から第３号までに記載の行為を行う権利を専有する。

（３）　甲は、乙が本著作物の出版権の設定を登録することを承諾する。

第２条（出版権の内容）

（１）　出版権の内容は、以下の第１号から第３号までのとおりとする。なお、以下の第１号から第３号までの方法により本著作物を利用することを「出版利用」といい、出版利用を目的とする本著作物の複製物を「本出版物」という。

①紙媒体出版物（オンデマンド出版を含む）として複製し、頒布すること

②DVD-ROM、メモリーカード等の電子媒体（将来開発されるいかなる技術によるものをも含む）に記録したパッケージ型電子出版物として複製し、頒布すること

③電子出版物として複製し、インターネット等を利用し公衆に送信すること（本著作物のデータをダウンロード配信すること、ストリーミング配信等で閲覧させること、および単独で、または他の著作物と共にデータベースに格納し検索・閲覧に供することを含むが、これらに限られない）

（２）　前項第２号および第３号の利用においては、電子化にあたって必要となる加工・改変等を行うこと、見出し・キーワード等を付加すること、プリントアウトを可能とすること、および自動音声読み上げ機能による音声化利用を含むものとする。

（３）　甲は、第１項（第１号についてはオンデマンド出版の場合に限る）の利用に関し、乙が第三者に対し、再許諾することを承諾する。

第３条（甲の利用制限）

（１） 甲は、本契約の有効期間中、本著作物の全部または一部と同一もしくは明らかに類似すると認められる内容の著作物および同一題号の著作物について、前条に定める方法による出版利用を、自ら行わず、かつ第三者をして行わせない。

（２） 前項にかかわらず、甲が本著作物の全部または一部を、甲自らのホームページ（ブログ、メールマガジン等を含む。また甲が所属する組織が運営するもの、あるいは他の学会、官公庁、研究機関、情報リポジトリ等が運営するものを含む）において利用しようとする場合には、甲は事前に乙に通知し、乙の同意を得なければならない。

（３） 甲が、本契約の有効期間中に、本著作物を著作者の全集・著作集等に収録して出版する場合には、甲は事前に乙に通知し、乙の同意を得なければならない。

第４条（著作物利用料の支払い）

（１） 乙は、甲に対し、本著作物の出版利用に関し、別掲のとおり発行部数等の報告および著作物利用料の支払いを行う。

（２） 乙が、本出版物を納本、贈呈、批評、宣伝、販売促進、業務等に利用する場合（____部を上限とする）、および本著作物の全部または一部を同様の目的で電子的に利用する場合については、著作物利用料が免除される。

第５条（本出版物の利用）

（１） 甲は、本契約の有効期間中のみならず終了後であっても、本出版物の版面を利用した印刷物の出版または本出版物の電子データもしくは本出版物の制作過程で作成されるデータの利用を、乙の事前の書面による承諾なく行わず、第三者をして行わせない。

（２） 前項の規定は、甲の著作権および甲が乙に提供した原稿（電磁的記録を含む）の権利に影響を及ぼすものではない。

第６条（権利許諾管理の委任等）

（１） 本著作物が以下の方法で利用される場合、甲はその権利許諾の管理を乙に委任する。

① 本出版物のうち紙媒体出版物の複製（複写により生じた紙媒体複製物の譲渡およびその公衆送信、ならびに電子媒体複製等を含む）

② 本出版物のうち紙媒体出版物の貸与

（２） 甲は、前項各号の利用に係る権利許諾管理については、乙が著作権等管理事業法に基づく登録管理団体（以下「管理団体」という）へ委託しその利用料を受領すること、および管理団体における著作物利用料を含む利用条件については、管理団体が定める管理委託契約約款等に基づいて決定されることを、それぞれ了承する。

（３） 乙は、前項の委託によって乙が管理団体より、本著作物の利用料を受領した場合は、別掲の記載に従い甲への支払いを行う。

第７条（著作者人格権の尊重）

乙は、本著作物の内容・表現または書名・題号等に変更を加える必要が生じた場合には、あらかじめ著作者の承諾を得なければならない。

第８条（発行の期日と方法）

（１） 乙は、本著作物の完全原稿の受領後____ヵ月以内に、第２条第１項第１号から第３号までの全部またはいずれかの形態で出版を行う。ただし、やむを得ない事情があるときは、甲乙協議のうえ出版の期日を変更することができる。また、乙が本著作物が出版に適さないと判断した場合には、乙は、本契約を解除することができる。

（２） 乙は、第２条第１項第１号および第２号の場合の価格、造本、製作部数、増刷の時期、宣伝方法およびその他の販売方法、ならびに同条同項第３号の場合の価格、宣伝方法、配信方法および利用条件等を決定する。

第９条（贈呈部数）

（１） 乙は、本出版物の発行にあたり、紙媒体出版物（オンデマンド出版を除く）の場合は初版第一刷の際に____部、増刷のつど____部を甲に贈呈する。その他の形態の出版物については、甲乙協議して決定する。
（2） 甲が寄贈等のために紙媒体出版物（オンデマンド出版を除く）を乙から直接購入する場合、乙は、本体価格の____%で提供するものとする。

第10条（増刷の決定および通知義務等）
（1） 乙は、本出版物のうち紙媒体出版物の増刷を決定した場合には、あらかじめ甲および著作者にその旨通知する。
（2） 乙は、前項の増刷に際し、著作者からの修正増減の申入れがあった場合には、甲と協議のうえ通常許容しうる範囲でこれを行う。
（3） 乙は、オンデマンド出版にあっては、著作者からの修正増減の申入れに対しては、その時期および方法について甲と協議のうえ決定する。電子出版物（パッケージ型を含む）についても同様とする。

第11条（改訂版・増補版等の発行）
本著作物の改訂または増補等を行う場合は、甲乙協議のうえ決定する。

第12条（契約の有効期間）
本契約の有効期間は、契約の日から満____ヵ年とする。また、本契約の期間満了の3ヵ月前までに、甲乙いずれかから書面をもって終了する旨の通告がないときは、本契約は、同一の条件で自動的に継続され、有効期間を____ヵ年延長し、以降も同様とする。

第13条（契約終了後の頒布等）
（1） 乙は、本契約の期間満了による終了後も、著作物利用料の支払いを条件として、本出版物の在庫に限り販売することができる。
（2） 本契約有効期間中に第2条第1項第3号の読者に対する送信がなされたものについて、乙（第2条第3項の再許諾を受けた第三者を含む）は、当該読者に対するサポートのために本契約期間満了後も、送信を行うことができる。

第14条（締結についての保証）
甲は、乙に対し、甲が本著作物の著作権者であって、本契約を有効に締結する権限を有していることを保証する。

第15条（内容についての保証）
（1） 甲は、乙に対し、本著作物が第三者の著作権、肖像権その他いかなる権利をも侵害しないことおよび、本著作物につき第三者に対して出版権、質権を設定していないことを保証する。
（2） 本著作物により権利侵害などの問題を生じ、その結果乙または第三者に対して損害を与えた場合は、甲は、その責任と費用負担においてこれを処理する。

第16条（二次的利用）
本契約の有効期間中に、本著作物が翻訳・ダイジェスト等、演劇・映画・放送・録音・録画等、その他二次的に利用される場合、甲はその利用に関する処理を乙に委任し、乙は具体的条件について甲と協議のうえ決定する。

第17条（権利義務の譲渡禁止）
甲および乙は、本契約上の地位ならびに本契約から生じる権利・義務を相手方の事前の書面による承諾無くして第三者に譲渡し、または担保に供してはならない。

第18条（不可抗力等の場合の処置）
地震、水害、火災その他不可抗力もしくは甲乙いずれの責めにも帰せられない事由により本著作物に関して損害を被ったとき、または本契約の履行が困難と認められるにいたったときは、その処置については甲乙協議のうえ決定する。

第19条（契約の解除）
甲または乙は、相手方が本契約の条項に違反したときは、相当の期間を定めて書面によりその違反の是正を催告し、当該期間内に違反が是正されない場合には本契約の全部または一部を解除することができる。

第 20 条（秘密保持）

甲および乙は、本契約の締結・履行の過程で知り得た相手方の情報を、第三者に漏洩してはならない。

第 21 条（個人情報の取扱い）

（1） 乙は、本契約の締結過程および出版業務において知り得た個人情報について、個人情報保護法（個人情報の保護に関する法律）の趣旨に則って取扱う。なお、出版に付随する業務目的で甲の個人情報を利用する場合は、あらかじめ甲の承諾を得ることとする。

（2） 甲は、乙が本出版物の製作・宣伝・販売等を行うために必要な情報（出版権・書誌情報の公開を含む）を自ら利用し、または第三者に提供することを認める。ただし、著作者の肖像・経歴等の利用については、甲乙協議のうえその取扱いを決定する。

第 22 条（契約内容の変更）

本契約の内容について、追加、削除その他変更の必要が生じても、甲乙間の書面による合意がない限りは、その効力を生じない。

第 23 条（契約の尊重）

甲乙双方は、本契約を尊重し、解釈を異にしたとき、または本契約に定めのない事項については、誠意をもって協議し、その解決にあたる。

第 24 条（著作権等の侵害に対する対応）

第三者により本著作物の著作権が侵害された場合、または本契約に基づく甲または乙の権利が侵害された場合には、甲乙は協力して合理的な範囲で適切な方法により、これに対処する。

第 25 条（特約条項）

本契約書に定める条項以外の特約は、別途特約条項に定めるとおりとする。

（別掲）著作物利用料等について

著作物利用料	部数等の報告、支払方法およびその時期
本出版物について 実売部数 1 部ごとに 保証部数　　　　　部 保証金額　　　　　円	保証金の支払いについて 保証分を超えた分の支払いについて
本出版物について 発行部数 1 部ごとに	
電子出版について	
第 6 条の利用について 乙への本著作物に係る入金額の	

以上

翻訳と翻訳権

翻訳権の取得では，ベルヌ条約そのほか著作権に関する国際条約(2国間条約も含む)に加入して相互に保護の義務のある国と，条約がなく相互に保護する義務のない国とにわけて考える必要がある．

その国際条約の主なものには，ベルヌ条約，万国著作権条約とWTO(世界貿易機関)協定TRIPS協定，WIPO（世界知的所有権機関）著作権条約がある．アメリカがベルヌ条約に加盟し，WTO協定がベルヌ条約の著作権保護条件を加盟国の義務としたため，現在のグローバル・スタンダードは，ベルヌ条約＋WIPO著作権条約である．

〈ベルヌ条約と日本〉

ベルヌ条約の主な内容や注意点には，次のような事項がある．

⑴ **内国民待遇**　相手国の著作に自国の著作と同等かそれ以上の保護を与えなければならないという原則である．

しかし，現行法第58条の規定により，保護期間が日本の‘著作権法’より短いものについては，その本国において定められる著作権の存続期間によるとしている(保護期間の‘相互主義’)．

⑵ **無方式主義**　著作者が，法律において著作権の対象となることを定められた著作物をつくりさえすれば，ただちに著作権を生じ，その著作者は著作権者として保護をうけることができる．

⑶ **著作者人格権**　認められている．

⑷ **遡及効**　条約に加盟する前に創作，公刊された著作物でも，発効時点で保護期間が満了し消滅しているものを除くすべての著作物に，さかのぼって著作権保護が適用される．

⑸ **保護期間**　原則として著作者の死後50年までを最低限としている．

⑹ **翻訳権10年留保**　現行法施行の前日である1970年12月31日までに発行されたベルヌ条約加盟国の著作物は，その著作物が最初に発行された年から10年以内にわが国で翻訳が発行されていなければ，その翻訳権は消滅し，だれでもが自由に翻訳することができるというものである(附則第8条)．ただし，10年以内に適法に翻訳されたものが出版されている場合には，その翻訳権は一般の著作物と同じ死後50年存続することになる．

⑺ **戦時加算期間**　ベルヌ条約加盟国で，しかも‘日本国との平和条約’署名国である国々に関しては，この平和条約中に日本に対する著作権関係の事項がとくに定められている(第15条C)．それに伴う国内法として‘連合国及び連合国民の著作権の特例に関する法律’(昭和27年8月8日法律第302号)が公布された．

これは，開戦前日の1941年12月7日に連合国および連合国国民が有していた著作権は，その翌日から日本国と当該連合国との間に平和条約の効力を生じる日(1952年4月27日)の前日までの期間(10年4カ月20日．ただし，1952年4月28日以後に批准書を寄託した国々は，その効力の発生するまでの期間を加算する)を通常の保護期間に加算するというのである．とくに翻訳権では，さらに6カ月が加算され(日本国との平和条約第15条Cの2)，本来の10年に，10年10カ月20日の期間が延長継続される．ただし，開戦後(1941年12月8日以後)に発生した著作権は，その著作権の発生した日から，当該連合国との平和条約が効力を生じる前日までの期間を加算すればよい．

〈万国著作権条約と日本〉

万国著作権条約だけでなく，ベルヌ条約に併せて加入している場合はベルヌ条約が優先し，またWTO協定に加入している場合もベルヌ条約での保護が義務とされたため，1955年(日本は1956年加入)に発足した万国著作権条約は，力を失った．ただし，まだ万国著作権条約のみに加入の国がある．

アンドラ，カンボジア，サウジアラビア，タジキスタン，ラオス(5カ国)

万国著作権条約の主な内容や注意点には，次のような事項がある．

⑴ **不遡及**　万国著作権条約では，加入した

時点からの著作物を相互に保護し合うだけで，それ以前の著作物については遡及せず適用されない．したがって，相手国の加入年月日を確認する必要がある．

⑵ **内国民待遇** ベルヌ条約と同じで，相手国の著作に自国の著作と同等かそれ以上の保護を与えなければならないという原則である．

⑶ **©表示** 著作権保護に著作者の納本・登録その他の手続きを必要としない無方式国で発行された著作物も，©(Copyright 記号)表示・著作権者名・第1発行年を一体として明記することにより，方式国の方式に従って所定の登録や納本などの手続きをしなくとも，方式国(のうちのこの条約の加盟国)においても著作権保護の資格がえられるというものである．

©の表示場所は，条約ではとくにページを指定していないが，表紙・目次・扉の裏・奥付などの目につきやすい場所が適当であるといえる．日本では奥付を利用している書籍が多いが，©のマーク，著作権者名(必ずしも著作者ではない)および第1発行年の記載については，次のようにまとめておくことが適切といえよう．

© 著作権者名 第1発行年

©表示は，日本からいうと，主としてアメリカ合衆国に対して必要なものであったが，アメリカが1989年3月1日にベルヌ条約に加盟したことによって，法律的な実効はほぼ失われている．しかし，その本の著作権者を特定する要素として，奥付などの©表示は依然として有効といえるだろう．

〈アメリカ合衆国との関係〉

日本とアメリカの著作権関係は，いくたびかの変遷があり，実務的にも注意を要する．

⑴ **1956(昭和31)年以前に発行の著作物の翻訳** 発行が1956年4月27日以前の著作物は，日米交換公文によって‘内国民待遇’とされていたので，旧著作権法第7条の規定どおり，発行後10年たっていれば，ベルヌ条約加盟国の発行物と同様に自由に翻訳することができる．

⑵ **1956(昭和31)年以後の発行で，アメリカの新著作権法が施行される前日までの著作物の翻訳** 1956年4月28日，わが国は新たに万国著作権条約に加入した．その日から，1977(昭和52)年12月31日(アメリカの新著作権法が施行される前日)までにアメリカで刊行されたもののうち，1989年2月28日までに日本で翻訳出版されたものは，著者の死後50年か，著作権登録後28年，登録を更新したときはさらに47年をあわせた登録後合計75年かの，どちらか短い期間保護される．また，その間未訳のもので，1970年12月31日までに刊行されたものは，翻訳権10年留保の適用をうけ，自由に翻訳出版できる．これはなぜかというと，1989年3月1日にアメリカがベルヌ条約に加盟したが，ベルヌ条約加盟国の出版物で，現行法の施行(1971年1月1日)前に発行されたものについては，なお旧著作権法第7条の適用をうけるからである．

⑶ **1956年以後ベルヌ条約国で‘同時公刊’されている著作物の翻訳** 1956年以降，アメリカで発行された著作物で，ベルヌ条約加盟国(たとえば，イギリス，カナダなど)で‘同時公刊’(30日以内に発行)されているもので，1970年12月31日までに出版されたものについては，翻訳権10年留保が適用される．しかし，10年内に適法に翻訳されたものについては，一般の著作権と同じく死後50年保護される．

⑷ **1978年1月1日およびそれ以降の著作物の翻訳** 1978年1月1日およびそれ以降の著作物は，アメリカの新著作権法により，著者の死後50年保護される．

〈ベルヌ条約にも万国著作権条約にもWTO協定TRIPS協定にも加盟していない国〉

ベトナム・イラン・イラクおよびその他の南太平洋諸国は，いずれの国際条約にも加入していないし，日本と2国間条約を結んでいないので，法的な保護をそれぞれしていない．したがって自由に翻訳・出版することができる．

ただし，それらの国民の著作物であっても，ベルヌ条約加盟国もしくは万国著作権条約加入国で第1公刊されるか，同時公刊(1カ月以内)されていれば，それぞれの条約で保護をうけることになる．

かつて無条約であった朝鮮民主主義人民共和国は，2003年4月28日にベルヌ条約に加入した．ただし，国交が回復していないので日本との間では実効性がない．また台湾は，地域加入を認めるWTO協定TRIPS協定に加入したため，2002年からベルヌ条約パリ改正規定で相互に保護しなければならなくなった．

出版関係法規

日本国憲法

昭 21.11.3 公布　昭 22.5.3 施行

〔思想及び良心の自由〕

第 19 条　思想及び良心の自由は，これを侵してはならない．

〔集会・結社・表現の自由，検閲の禁止，通信の秘密〕

第 21 条　集会，結社及び言論，出版その他一切の表現の自由は，これを保障する．

②検閲は，これをしてはならない．通信の秘密は，これを侵してはならない．

〔学問の自由〕

第 23 条　学問の自由は，これを保障する．

〔裁判の公開〕

第 82 条　裁判の対審及び判決は，公開法廷でこれを行ふ．

②裁判所が，裁判官の全員一致で，公の秩序又は善良の風俗を害する虞があると決した場合には，対審は，公開しないでこれを行ふことができる．但し，政治犯罪，出版に関する犯罪又はこの憲法第 3 章で保障する国民の権利が問題となつてゐる事件の対審は，常にこれを公開しなければならない．

公職選挙法

昭 25.4.15 法 100　改＝平 13 法 85

（人気投票の公表の禁止）

第 138 条の 3　何人も，選挙に関し，公職に就くべき者(衆議院比例代表選出議員の選挙にあつては政党その他の政治団体に係る公職に就くべき者又はその数，参議院比例代表選出議員の選挙にあつては政党その他の政治団体に係る公職に就くべき者又はその数若しくは公職に就くべき順位)を予想する人気投票の経過又は結果を公表してはならない．

（新聞紙，雑誌の報道及び評論等の自由）

第 148 条　この法律に定めるところの選挙運動の制限に関する規定(第 138 条の 3(人気投票の公表の禁止)の規定を除く．)は，新聞紙(これに類する通信類を含む．以下同じ．)又は雑誌が，選挙に関し，報道及び評論を掲載するの自由を妨げるものではない．但し，虚偽の事項を記載し又は事実を歪曲して記載する等表現の自由を濫用して選挙の公正を害してはならない．

②③略

（新聞紙，雑誌の不法利用等の制限）

第 148 条の 2　何人も，当選を得若しくは得しめ又は得しめない目的をもつて新聞紙又は雑誌の編集その他経営を担当する者に対し金銭，物品その他の財産上の利益の供与，その供与の申込若しくは約束をし又は饗応接待，その申込若しくは約束をして，これに選挙に関する報道及び評論を掲載させることができない．

②新聞紙又は雑誌の編集その他経営を担当する者は，前項の供与，饗応接待を受け若しくは要求し又は前項の申込を承諾して，これに選挙に関する報道及び評論を掲載することができない．

③何人も，当選を得若しくは得しめ又は得しめない目的をもつて新聞紙又は雑誌に対する編集その他経営上の特殊の地位を利用して，これに選挙に関する報道及び評論を掲載し又は掲載させることができない．

国立国会図書館法

昭 23.2.9 法 9　改＝平 12 法 37

第 7 条　館長は，1 年を越えない定期間毎に，前期間中に，日本国内で刊行された出版物の目録又は索引の出版を行うものとする．

第 25 条　前 2 条に規定する者以外の者は，第 24 条第 1 項に規定する出版物を発行したときは，前 2 条の規定に該当する場合を除いて，文化財の蓄積及びその利用に資するため，発行の日から 30 日以内に，最良版の完全なもの 1 部を国立国会図書館に納入しなければならない．但し，発行者がその出版物を国立国会図書館に寄贈若しくは遺贈したとき，又は館長が特別の事由があると認めたときは，この限りでない．

②第 24 条第 2 項の規定は前項の場合に準用する．この場合において，第 24 条第 2 項中「納入」とあるのは「納入又は寄贈若しくは遺贈」

と読み替えるものとする．
③第１項の規定により出版物を納入した者に対しては，館長は，その定めるところにより，当該出版物の出版及び納入に通常要すべき費用に相当する金額を，その代償金として交付する．
④第１項但書の規定により出版物を寄贈した者及び出版物を遺贈した者の相続人に対して，館長は，定期に作成する全日本出版物の目録で当該出版物を登載したものを送付する．
第25条の2　発行者が正当の理由がなくて前条第１項の規定による出版物の納入をしなかつたときは，その出版物の小売価額(小売価額のないときはこれに相当する金額)の5倍に相当する金額以下の過料に処する．
②発行者が法人であるときは，前項の過料は，その代表者に対し科する．

＊国立国会図書館への納本・送付先　国立国会図書館収集部収集課一般納本係(⇨ 210 ページ)

図書館法

昭 25.4.30 法 118　改＝平 11 法 160

（定義）
第2条　この法律において「図書館」とは，図書，記録その他必要な資料を収集し，整理し，保存して，一般公衆の利用に供し，その教養，調査研究，レクリエーション等に資することを目的とする施設で，地方公共団体，日本赤十字社又は民法(明治 29 年法律第 89 号)第 34 条の法人が設置するもの(学校に附属する図書館又は図書室を除く．)をいう．
②前項の図書館のうち，地方公共団体の設置する図書館を公立図書館といい，日本赤十字社又は民法第 34 条の法人の設置する図書館を私立図書館という．
（図書館奉仕）
第3条　図書館は，図書館奉仕のため，土地の事情及び一般公衆の希望にそい，更に学校教育を援助し得るように留意し，おおむね左の各号に掲げる事項の実施に努めなければならない．
1　郷土資料，地方行政資料，美術品，レコード，フイルムの収集にも十分留意して，図書，記録，視覚聴覚教育の資料その他必要な資料(以下「図書館資料」という．)を収集し，一般公衆の利用に供すること．
2　図書館資料の分類排列を適切にし，及びその目録を整備すること．
3　図書館の職員が図書館資料について十分な知識を持ち，その利用のための相談に応ずるようにすること．
4　他の図書館，国立国会図書館，地方公共団体の議会に附置する図書室及び学校に附属する図書館又は図書室と緊密に連絡し，協力し，図書館資料の相互貸借を行うこと．
5　分館，閲覧所，配本所等を設置し，及び自動車文庫，貸出文庫の巡回を行うこと．
6　読書会，研究会，鑑賞会，映写会，資料展示会等を主催し，及びその奨励を行うこと．
7　時事に関する情報及び参考資料を紹介し，及び提供すること．
8　学校，博物館，公民館，研究所等と緊密に連絡し，協力すること．

学校図書館法

昭 28.8.8 法 185　改＝平 13 法 9

（この法律の目的）
第1条　この法律は，学校図書館が，学校教育において欠くことのできない基礎的な設備であることにかんがみ，その健全な発達を図り，もつて学校教育を充実することを目的とする．
（設置義務）
第3条　学校には，学校図書館を設けなければならない．
（学校図書館の運営）
第4条　学校は，おおむね左の各号に掲げるような方法によつて，学校図書館を児童又は生徒及び教員の利用に供するものとする．
1　図書館資料を収集し，児童又は生徒及び教員の利用に供すること．
2　図書館資料の分類排列を適切にし，及びその目録を整備すること．
3　読書会，研究会，鑑賞会，映写会，資料展示会等を行うこと．
4　図書館資料の利用その他学校図書館の利用に関し，児童又は生徒に対し指導を行うこと．
5　他の学校の学校図書館，図書館，博物館，公民館等と緊密に連絡し，及び協力すること．
②学校図書館は，その目的を達成するのに支障のない限度において，一般公衆に利用させることができる．

民法

明 29.4.27 法 89　改＝平 13 法 41

〔一般の不法行為―要件と効果〕

第 709 条　故意又ハ過失ニ因リテ他人ノ権利ヲ侵害シタル者ハ之ニ因リテ生シタル損害ヲ賠償スル責ニ任ス

〔非財産的損害の賠償〕

第 710 条　他人ノ身体，自由又ハ名誉ヲ害シタル場合ト財産権ヲ害シタル場合トヲ問ハス前条ノ規定ニ依リテ損害賠償ノ責ニ任スル者ハ財産以外ノ損害ニ対シテモ其賠償ヲ為スコトヲ要ス

〔名誉毀損における原状回復〕

第 723 条　他人ノ名誉ヲ毀損シタル者ニ対シテハ裁判所ハ被害者ノ請求ニ因リ損害賠償ニ代ヘ又ハ損害賠償ト共ニ名誉ヲ回復スルニ適当ナル処分ヲ命スルコトヲ得

刑法

明 40.4.24 法 45　改＝平 13 法 153

〔公然わいせつ〕

第 174 条　公然とわいせつな行為をした者は，6 月以下の懲役若しくは 30 万円以下の罰金又は拘留若しくは科料に処する．

〔わいせつ物頒布等〕

第 175 条　わいせつな文書，図画その他の物を頒布し，販売し，又は公然と陳列した者は，2 年以下の懲役又は 250 万円以下の罰金若しくは科料に処する．販売の目的でこれらの物を所持した者も，同様とする．

〔名誉毀損〕

第 230 条　公然と事実を摘示し，人の名誉を毀損した者は，その事実の有無にかかわらず，3 年以下の懲役若しくは禁錮又は 50 万円以下の罰金に処する．

②死者の名誉を毀損した者は，虚偽の事実を摘示することによってした場合でなければ，罰しない．

〔公共の利害に関する場合の特例〕

第 230 条の 2　前条第 1 項の行為が公共の利害に関する事実に係り，かつ，その目的が専ら公益を図ることにあったと認める場合には，事実の真否を判断し，真実であることの証明があったときは，これを罰しない．

②前項の規定の適用については，公訴が提起されるに至っていない人の犯罪行為に関する事実は，公共の利害に関する事実とみなす．

③前条第 1 項の行為が公務員又は公選による公務員の候補者に関する事実に係る場合には，事実の真否を判断し，真実であることの証明があったときは，これを罰しない．

〔侮辱〕

第 231 条　事実を摘示しなくても，公然と人を侮辱した者は，拘留又は科料に処する．

〔親告罪〕

第 232 条　この章の罪〔名誉に対する罪〕は，告訴がなければ公訴を提起することができない．

②告訴をすることができる者が天皇，皇后，太皇太后，皇太后又は皇嗣であるときは内閣総理大臣が，外国の君主又は大統領であるときはその国の代表者がそれぞれ代わって告訴を行う．

刑事訴訟規則

昭 23.12.1 最高規 32　改＝平 13 同規 1

（公判廷の写真撮影等の制限）

第 215 条　公判廷における写真の撮影，録音又は放送は，裁判所の許可を得なければ，これをすることができない．但し，特別の定のある場合は，この限りでない．

少年法

昭 23.7.15 法 168　改＝平 12 法 142

（記事等の掲載の禁止）

第 61 条　家庭裁判所の審判に付された少年又は少年のとき犯した罪により公訴を提起された者については，氏名，年齢，職業，住居，容ぼう等によりその者が当該事件の本人であることを推知することができるような記事又は写真を新聞紙その他の出版物に掲載してはならない．

私的独占の禁止及び公正取引の確保に関する法律

昭 22.4.14 法 54　改＝平 13 法 129

〔再販売価格の決定・維持行為〕

第 23 条　この法律の規定は，公正取引委員会の指定する商品であつて，その品質が一様であることを容易に識別することができるものを生産し，又は販売する事業者が，当該商品の販売の相手方たる事業者とその商品の再販売価格（その相手方たる事業者又はその相手方たる事

業者の販売する当該商品を買い受けて販売する事業者がその商品を販売する価格をいう．以下同じ.）を決定し，これを維持するためにする正当な行為については，これを適用しない．ただし，当該行為が一般消費者の利益を不当に害することとなる場合及びその商品を販売する事業者がする行為にあつてはその商品を生産する事業者の意に反してする場合は，この限りでない．
②公正取引委員会は，左の各号に該当する場合でなければ，前項の規定による指定をしてはならない．
一　当該商品が一般消費者により日常使用されるものであること．
二　当該商品について自由な競争が行われていること．
③第1項の規定による指定は，告示によつてこれを行う．
④著作物を発行する事業者又はその発行する物を販売する事業者が，その物の販売の相手方たる事業者とその物の再販売価格を決定し，これを維持するためにする正当な行為についても，第1項と同様とする．
⑤⑥略

関税定率法

明 43.4.15 法 54　改＝平 13 法 97

（輸入禁制品）

第21条　次に掲げる貨物は，輸入してはならない．
一，二，三　略
四　公安又は風俗を害すべき書籍，図画，彫刻物その他の物品
五　特許権，実用新案権，意匠権，商標権，著作権，著作隣接権又は回路配置利用権を侵害する物品
②税関長は，前項第一号，第二号，第三号又は第五号に掲げる貨物で輸入されようとするものを没収して廃棄し，又は当該貨物を輸入しようとする者にその積戻しを命ずることができる．
③税関長は，関税法第六章に定めるところに従い輸入されようとする貨物のうちに第一項第四号に掲げる貨物に該当すると認めるのに相当の理由がある貨物があるときは，当該貨物を輸入しようとする者に対し，その旨を通知しなければならない．
④⑤⑥⑦略

東京都青少年の健全な育成に関する条例

昭 39 都条例 181　改＝平 9 同条例 30

（図書類等の販売等及び興行の自主規制）

第7条　図書類の発行，販売又は貸付けを業とする者並びに映画等を主催する者及び興行場（興行場法（昭和23年法律第137号）第一条の興行場をいう．以下同じ.）を経営する者は，図書類又は映画等の内容が，青少年に対し，性的感情を刺激し，又は残虐性を助長し，青少年の健全な成長を阻害するおそれがあると認めるときは，相互に協力し，緊密な連絡の下に，当該図書類又は映画等を青少年に販売し，頒布し，若しくは貸し付け，又は観覧させないように努めなければならない．

（不健全な図書類等の指定）

第8条　知事は，次の各号に掲げるものを青少年の健全な育成を阻害するものとして指定することができる．
1　販売され若しくは頒布され，又は閲覧若しくは観覧に供されている図書類又は映画等で，その内容が，青少年に対し，著しく性的感情を刺激し，甚だしく残虐性を助長し，又は著しく自殺若しくは犯罪を誘発し，青少年の健全な成長を阻害するおそれがあると認められるもの
2及び②③略

（指定図書類の販売等の制限）

第9条　図書類の販売又は貸付けを業とする者及びその代理人，使用人その他の従業者並びに営業に関して図書類を頒布する者及びその代理人，使用人その他の従業者（以下「図書類販売業者等」という.）は，前条の規定により知事が指定した図書類（以下「指定図書類」という.）を青少年に販売し，頒布し，又は貸し付けてはならない．
②図書類販売業者等は，指定図書類を陳列するとき（自動販売機又は自動貸出機（以下「自動販売機等」という.）により図書類を販売し，又は貸し付ける場合を除く.）は，東京都規則で定めるところにより当該指定図書類を他の図書類と明確に区分し，営業の場所の容易に監視することのできる場所に置かなければならない．
③何人も，青少年に指定図書類を閲覧させ，又は観覧させないように努めなければならない．

自主倫理規定および再販契約

出版倫理綱領

日本書籍出版協会・日本雑誌協会　昭 32.10.27 制定

われわれ出版人は，文化の向上と社会の進展に寄与すべき出版事業の重要な役割にかんがみ，社会公共に与える影響の大なる責務を認識し，ここに，われわれの指標を掲げて，出版道義の向上をはかり，その実践に努めようとするものである．

1　出版物は，学術の進歩，文芸の興隆，教育の普及，人心の高揚に資するものでなければならない．

われわれは，たかく人類の理想を追い，ひろく文化の交流をはかり，あまねく社会福祉の増進に最善の努力を払う．

2　出版物は，知性と情操に基づいて，民衆の生活を正しく形成し，豊富ならしめるとともに，清新な創意を発揮せしめるに役立つものでなければならない．

われわれは，出版物の品位を保つことに努め，低俗な興味に迎合して文化水準の向上を妨げるような出版は行わない．

3　文化と社会の健全な発展のためには，あくまで言論出版の自由が確保されなければならない．

われわれは，著作者ならびに出版人の自由と権利を守り，これらに加えられる制圧または干渉は，極力これを排除するとともに，言論出版の自由を濫用して，他を傷つけたり，私益のために公益を犠牲にするような行為は行わない．

4　報道の出版にあっては，報道倫理の精神にのっとり，また評論は，真理を守るに忠実にして節度あるものでなければならない．

われわれは，真実を正確に伝えるとともに，個人の名誉は常にこれを尊重する．

5　出版物の普及には，秩序と公正が保たれなければならない．

われわれは，出版事業を混乱に導くような過当競争を抑制するとともに，不当な宣伝によって，出版人の誠実と品位を傷つけるようなことは行わない．

雑誌編集倫理綱領

日本雑誌協会　昭 38.10.16 制定，平 9.6.18 改定

文化の向上と社会の発展に寄与すべき雑誌の使命は重大であり，国家，社会及び基本的人権に及ぼす影響も大である．この社会的責任により，雑誌は高い倫理水準を保たなければならない．

われわれ雑誌編集者は，その自覚に基づいて次の指標を掲げ，自ら戒めてその実践に努め，編集倫理の向上を図るものとする．

1　言論・報道の自由

雑誌編集者は，完全な言論の自由，表現の自由を有する．この自由は，われわれの基本的権利として強く擁護されなければならない．

2　人権と名誉の尊重

個人及び団体の名誉は，他の基本的人権とひとしく尊重され擁護されるべきものである．

(1)　真実を正確に伝え，記事に採り上げられた人の名誉やプライバシーをみだりに損なうような内容であってはならない．

(2)　社会的弱者については十分な配慮を必要とする．

(3)　人種・民族・宗教等に関する偏見や，門地・出自・性・職業・疾患等に関する差別を，温存・助長するような表現であってはならない．

3　法の尊重

憲法及び正当に制定された法は尊重されなければならない．

(1)　法及びその執行に対する批判は自由に行われる．

(2)　未成年者の扱いは十分慎重でなければならない．

(3)　記事の作成に当たっては，著作権等に関する諸権利を尊重する．

4　社会風俗

社会の秩序や道徳を尊重するとともに，暴力の賛美を否定する．

(1)　児童の権利に関する条約の精神に則り，青少年の健全な育成に役立つ配慮がなされなければならない．

(2) 性に関する記事・写真・絵画等は，その表現と方法に十分配慮する．

(3) 殺人・暴力など残虐行為の誇大な表現はつつしまなければならない．また，犯罪・事故報道における被疑者や被害者の扱いには十分注意する．

5 品位

雑誌は，その文化的使命のゆえに高い品位を必要とする．雑誌編集者は，真に言論・報道の自由に値する品位の向上に努める義務のあることを確認する．

再販売価格維持契約書（ヒナ型）

改正独占禁止法第23条に基づく契約書（出版社—取次店）

（出版社名）を甲とし，（取次店名）を乙として，甲と乙は，次のとおり約定する．

甲と乙とは以下により再販売価格維持契約を締結するが，再販出版物とともに非再販出版物の取引もあり，両出版物の扱いが混同され，読者に誤認を生むことのないよう相互に誠意を持って協力する．

第1条　甲と乙は，独占禁止法第23条の規定に則り，甲が発行又は発売する出版物に係る再販売価格を維持するため，この契約を締結する．

第2条　この契約において再販売価格維持出版物とは，甲がその出版物自体に再販売価格（「定価」との表示を用いる．以下，定価と称する）を付して販売価格を指定したものをいう．

第3条　乙は，乙と取引きする小売業者（これに準ずるものを含む．以下同じ）及び取次業者（これに準ずるものを含む．以下同じ）との間において再販売価格維持出版物の定価を維持するために必要な契約を締結したうえで同出版物を販売しなければならない．

第4条　乙は，前条に定める契約を締結しない小売業者及び取次業者には再販売価格維持出版物を販売しない．

第5条　乙が第3条及び第4条の規定に違反したときは，甲は乙に対して警告し，違約金の請求，期限付の取引停止の措置をとることができる．

2 前項の定める違約金は，金　　円とする．

第6条　この契約の規定は，次に掲げる場合には適用しない．

(1) 甲が，自ら再販売価格維持出版物に付されている「定価」の表示の変更措置をした場合．

(2) 甲が認めた場合における，定期刊行物・継続出版物等の長期購読前金払い及び大量一括購入，その他謝恩価格本等の割引．

第7条　この契約の有効期間は，契約締結日から1年間とし，期間満了の3カ月前までに，甲，乙いずれからも別段の意思表示がないときは，自動的に継続するものとする．

以上契約の証として玆に本書1通作成し，これに甲，乙記名捺印の上甲が所持し，乙はその写しを所持する．

年　月　日　　甲（出版）　印

乙（取次）　印

覚書（出版—取次）

年　月　日付で甲・乙間で締結した再販売価格維持契約書（出版⇔取次）〔以下契約書という〕における契約慣行上の疑義を解消し，再販制度の本旨に沿った運用がなされるよう以下の通り取決める．

1）契約書第6条1項にある〈「定価」の表示の変更措置〉とは，「出版物の価格表示等に関する自主基準」および「同実施要領」に則ったものとする．

2）契約書第6条2項にある甲が認めた場合における〈大量一括購入〉とは，官公庁等の入札によらない大量一括購入であり，この場合の割引販売においても甲の承諾を得るものとする．

3）契約書第6条1項および2項の実施にあたって，乙は甲と協議の上小売業者に対し，公平性が確保されるように配慮し，事前に出版業界紙や自社ウェブサイト等で広報活動を行うものとする．

また，謝恩価格本販売実施の際，それに参加しない小売業者に明らかな損害が生じた場合，乙は甲と速やかに協議の上，小売業者の損害回避のため返品入帳等の承諾を得るものとする．

4）また同2項にある甲が認めた場合における〈その他謝恩価格本等〉とは，甲主催による，再販出版物の書目・期間および場所限定（ウェブサイトを含む）の割引販売を意味している．これには小売業者独自の判断で実施するところの，再販出版物の割引販売に類する行為は含まれない．

小売業者独自で行う割引販売行為については，甲の承諾を得るものとする．

5）本覚書は契約書と一体をなすものである．

第三種郵便物／内国郵便物規定

●第三種郵便物

⑴　承認の対象となる刊行物

(郵便法第22条，内国郵便約款第162条)

①当社は，次の条件を満たす刊行物について第三種郵便物の承認をします．

1　毎年4回以上，号を追って定期に発行するものであること．

2　掲載事項の性質上発行の終期を予定し得ないものであること．

3　政治，経済，文化その他公共的な事項を報道し，又は論議することを目的とし，あまねく発売されるものであること．

⑵　承認の対象とならない刊行物

次の各号に掲げる刊行物は，郵便法第22条第3項第3号の条件を具備しないものとみなす．

1　会報，会誌，社報その他団体が発行するもので当該団体又は団体の構成員の消息，意見の交換等を主たる内容とするもの

2　広告(法令の規定に基づき掲載されるものを除く)が全体の印刷部分の100分の50を超えるもの

3　1回の発行部数が500部に満たないもの

4　1回の発行部数に占める発売部数の割合が100分の80に満たないもの

5　定価を付していないもの

*ほかに承認の条件を具備しないものとして，次のものがある．

1　書籍の性質を有するもの

2　紙面の大きさが，新聞紙にあってはタブロイド版(両面印刷)に満たないもの，その他のものにあっては，新聞紙に相当する面積に満たないもの

3　外国発行の定期刊行物

⑶　承認請求から承認まで

①承認請求は発行所の所在地の配達を受け持つ郵便事業会社の支店にたいして行う．

②承認請求に必要な書類は，第三種郵便物承認請求書，定期刊行物の発行状況及び発売状況報告書(ともに郵便事業会社に「第三種郵便物承認請求の御案内」を請求し，記載の所定の書式と記入例に従う)，発行部数証明書，有料発売資料，刊行物見本．

発行部数証明は，請求の際提出される見本について，印刷所・製本所等からの印刷・製本代金の領収書，代金の明記してある納品書，部数の明記してある領収書などの，発行部数を証明する資料を添える(コピー可)．

有料発売資料は，発売の割合が発行部数の80%以上であることを証明するもの(コピー可)．

ア　書店・駅売店で発売しているもの　書店販売取次書，委託販売契約書，納品書(代金の明記されてあるもの)，領収書等

イ　銀行振込みとするもの　銀行振込通知書，払込金受取書等

ウ　郵便振替によるもの　郵便振替通知票

エ　郵送，集金又は持参によるもの　領収書等入金状況が明らかになるもの

オ　会費，組合費等に含めて徴収しているもの　その旨が明記されている会則・規約・領収書又は刊行物自体に明記されているもの

刊行物見本は，最近発行のもの(申請中は発行の都度)2部と，請求の日以前に発行したもの(その期間は発行回数によって異なる)を各1部．

③承認請求料金は，月3回以上発行する定期刊行物は20万円，その他のものは10万円．

④審査期間は，請求日から最短で1カ月(日刊のもの)，最長で約7カ月．その期間に審査を行い，承認・不承認が決まる．

⑷　刊行物への表示要件

刊行物には必ず次の文字を明瞭に記載する．

1　刊行物の表紙　冊子としたものは表紙(冊子としないものは初ページ)の上部に次の文字

ア　題号(他の文字と区別できるよう明瞭に)

イ　発行の定日

例　「毎月3回5のつく日」「毎月1回1日」「毎週月曜日」「年4回1, 4, 7, 10月の1日」

ウ　逐号番号

エ　発行年月日

2　刊行物の裏表紙又は次ページ以下の各ページ　冊子としたものは裏表紙(冊子としないものは次ページ以下の各ページ)の上部に次の文字

ア　題号又は略称

イ　発行年月日

⑸　**第三種郵便物に添付できるもの**

①付録

定期刊行物には，本紙の重量を超えず，かつ，本紙と同性質の記事，写真，書，画又は図をその大部分に掲載し又は録音若しくは録画したものを付録として添付することができる．

冊子とした付録は，紙面の大きさが本誌の紙面の大きさを超えないものを2部以内(2部合わせて本誌の重量を超えないもの)に限り認められる．

＊付録の表示要件

「本紙の題号」，「逐号番号」，「発行年月日」，「付録の文字」

(注) 1　付録には，「第三種郵便物承認」の文字は掲載できない．

2　付録を単独で出す場合は，第三種郵便物では郵送できない．

②その他の添付，つづり込み，はり付けることができるもの

1　記事に関するもの　発行人は，本紙の記事に関するもので，付録とその他の添付物と合わせて，本紙の重量を超えないものをつづり込み又ははり付けることができる．

2　つづり込み又ははり付けることのできる通常葉書等　定期刊行物には，発行の際，通常葉書，封筒又は郵便振替払込用紙若しくはこれに類する物を枚数に制限なく，つづり込み又ははり付けることができる．

この場合，つづり込み又ははり付けたものと本紙の広告の紙面と合わせて定期刊行物全体の紙面の50% を超えてはいけない(通常葉書等は広告量として計算される)．

3　添付することができる郵便振替払込用紙，通常葉書等　定期刊行物には差出しの際当該定期刊行物の注文用又は返信用(アンケートなど)に充てるため郵便振替払込用紙又はこれに類する物1枚並びに受取人の氏名及び住所又は居所を記載した郵便葉書又は封筒1枚を添付することができる．

4　添付された通常葉書等

ア　この封筒又は郵便葉書には，料金相当の郵便切手をはり付けることができる．

イ　この郵便葉書には，返信に必要な事項を記載することができる．

●内国郵便物の大きさ・重量制限

⑴　**私製の通常はがき**

〈寸法〉　長辺・14-15.4 cm　短辺・9-10.7 cm

〈1枚の重量〉　2-6 g(坪量で14×9の場合は約159-476 g，15.4×10.7の場合は125-373 g)

〈表示〉　‘郵便はがき’又はこれに相当する文字．郵便番号記入枠は郵政はがきの例による．

〈表面の色彩〉　白色又は淡色

⑵　**私製の往復はがき**

〈寸法〉　長辺・18-21.4 cm　短辺・14-15.4 cm

〈1枚の重量〉　4-12 g

〈表示〉　‘郵便往復はがき’又はこれに相当する文字．郵便番号記入枠は郵政はがきの例による．

〈表面の色彩〉　白色又は淡色

＊はがきは表面下部の2分の1(横長に使う場合は左側2分の1)の範囲内に通信文を書くことができる．これを超えると定形郵便物の25g以内の料金となる．

⑶　**定形郵便物**

〈寸 法〉　長 辺・14－23.5 cm　短 辺・9－12 cm　厚さ・1 cm以内

〈重量〉　50 g以内

〈形〉　長方形

〈封筒の表面のあて名記載部分〉　最小限長辺8 cm短辺4.5 cmをとり，この部分にはあて先と一般に手紙の表面に記載する文字(親展，至急など)以外は記載しない．

⑷　**ゆうメール（旧冊子小包）**

3 kgまでの冊子とした印刷物やCD・DVDを送れる．封筒や袋の一部を開く，包装の外部に無色透明の部分を設けるなど，内容品が確認できるようにすることが必要．料金は全国均一．

日本図書コード(ISBN=International Standard Book Number)

ISBNは，書籍流通のコンピュータ化をはかる国際的ルールによる番号である．日本図書コード管理センター(〒101-0051 千代田区神田神保町1-32 出版クラブビル6F 03-3518-9862)で運営．バーコードと文字コードで表記する．

〈コードをつける〉

①いわゆる書籍・絵本とパンフレット(書籍扱いのムックを含む)．

②マイクロ形態の出版物．点字出版物．

③混合形式の出版物(カセットやレコードなどと混合し，出版物を主とするもの)．

④教材用の映画やスライド，その他類似資料．

〈コードの対象から除くもの〉

①新聞・雑誌などの逐次刊行物．ただし，年鑑・年報などはコードの対象となる．

②日記帳・カレンダー・広告宣伝など寿命の短い出版物．

③扉も本文もない1枚の印刷物(版画，地図，楽譜などのペラ物)．

〈日本図書コードの構造〉

ISBN(国際標準図書番号)，分類コード，価格コードで構成され，このうち国際標準図書番号は，接頭数字，国記号，出版者記号，書名記号，チェック数字からなっている．

(1) **接頭数字**　978．この数字はすべての書籍に共通．

(2) **国記号**　日本で発行されるものは，何語であっても4である．輸出用も原則として4，輸入書も日本でのリプリントは4となる．

(3) **出版者記号**　日本図書コード管理センターで在庫点数と新刊発行点数のペースを基準として2桁ないし7桁までの数字を割りあてる．

(4) **書名記号**　出版社が自社の書籍1点1点につける．出版者記号との合計で常に8桁．

＊増刷や重版するときや，内容形態を変えず定価を変更したときは，同一記号．改訂版を発行するとき，同一著書でも形態を変更したもの(ハードカバー版からペーパーバック版への変更等)や年鑑・年報は各年次版は別個の記号．また，2分冊になっていても，分販しないものは，1つの図書として扱う．

(5) **チェック数字**　コード番号をコンピュータに入力したとき，番号の適否を自動的にチェックする数字．

(6) **分類コード**　頭に'C'をつけ，それに続けて4桁の数字を別表の中から選んでつける．

(7) **価格コード**　頭に'¥'，末尾に'E'をつけ，その間に本体価格を置く．

(8) **表示する箇所**　コードの表示は，1つの書籍につき3カ所．

①現品の外面に，文字コードとバーコードの両方．

②注文スリップに，文字コードとバーコードの両方．

③奥付に，文字コード．

現品の外面とは，一番外側にある面で，ケース(外函)もしくはケースがない場合のカバー，いずれもない場合は表紙のIVにあたる面となる．バーコード(書籍JANコード)の表示は，書籍JANコード登録申請が必要となり，表示位置や刷色等に一定の基準がある．現品もスリップも，自動読取装置にかけられるので，機械読取ができるように，標準の仕様にしたがって作成する必要がある．

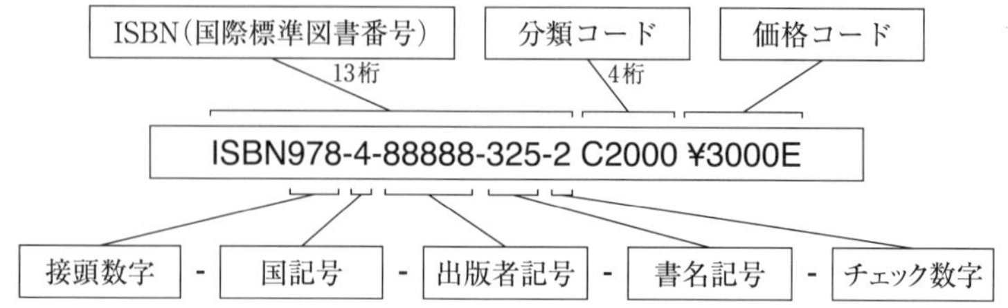

■ 分類コード一覧表

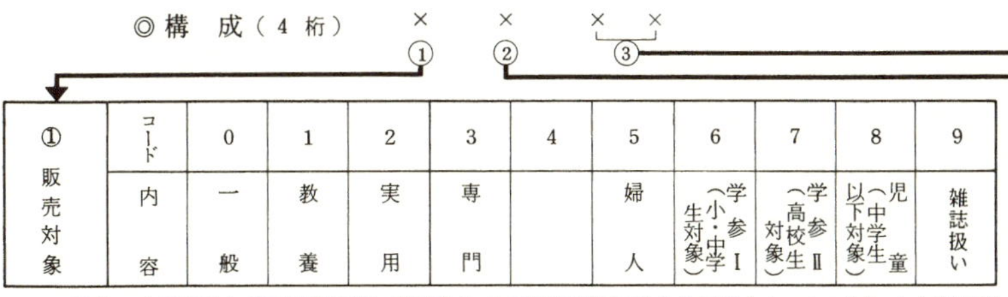

① 販売対象	コード	0	1	2	3	4	5	6	7	8	9
	内容	一般	教養	実用	専門		婦人	学参Ⅰ（小・中学生対象）	学参Ⅱ（高校生対象）	児童（中学生以下対象）	雑誌扱い

● 配本，店頭陳列などの流通業務に版元としての販売対象に関する意図（セールスポイント）を明確にするためのコード

第2桁 発行形態	コード	0	1	2	3	4	5	6	7	8	9
	内容	単行本	文庫	新書	全集・双書	ムックその他	事・辞典	図鑑	絵本	磁性媒体など	コミック

③ 内　容　（10位：大分類，1位：中分類）

● 内容の主題による分類を表わすコード

● 全集あるいは双書（シリーズ）の場合にも一点ごとの主題に合わせたコードとする。

拾位 大分類		壱位 中分類 0	1	2	3	4	5	6	7	8	9
0	総記	総記	百科事典	年鑑雑誌		情報科学					
1	哲学 心理学 宗教	哲学	心理（学）	倫理（学）		宗教	仏教	キリスト教			
2	歴史 地理	歴史総記	日本歴史	外国歴史	伝記		地理	旅行			
3	社会科学	社会科学総記	政治 含む国防軍事	法律	経済 財政 統計	経営		社会	教育		民俗風習
4	自然科学	自然科学総記	数学	物理学	化学	天文地学	生物学		医学薬学		
5	工学工業	工学工業総記	土木	建築	機械	電気	電子通信	海事	採鉱冶金	その他工業	
6	産業	産業総記	農林業	水産業	商業		交通通信業				
7	芸術生活	芸術総記	絵画彫刻	写真工芸	音楽舞踊	演劇映画	体育スポーツ	諸芸娯楽	家事		コミック劇画
8	語学	語学総記	日本語	英米語		ドイツ語	フランス語		外国語		
9	文学	文学総記	日本文学総記	日本文学詩歌	日本文学小説		日本文学評論随筆その他		外国文学小説	外国文学その他	

出版関係名簿

〈出版・著作関係〉

教科書協会	https://www.textbook.or.jp	03-5606-9781
出版科学研究所	https://shuppankagaku.com	03-3269-1379
出版健康保険組合	https://www.phia.or.jp	03-3292-5002
全国学校図書館協議会	https://www.j-sla.or.jp	03-6284-3722
全国大学生活協同組合連合会	https://www.univcoop.or.jp	
全日本印刷工業組合連合会	https://www.aj-pia.or.jp	03-3552-4571
全日本製本工業組合連合会	https://zenkoku-seihon.or.jp	03-5248-2371
地方・小出版流通センター	https://neil.chips.jp/chihosho/	03-3260-0355
東京都古書籍商業協同組合	https://www.kosho.ne.jp	
読書推進運動協議会	http://www.dokusyo.or.jp	03-5244-5270
日本 ABC 協会	https://www.jabc.or.jp	03-3501-1491
日本印刷産業連合会	https://www.jfpi.or.jp	03-3553-6051
日本エッセイスト・クラブ	http://essayistclub.jp	
日本学術会議	https://www.scj.go.jp	03-3403-3793
日本雑誌協会	https://www.j-magazine.or.jp	03-3291-0775
日本写真家協会	https://www.jps.gr.jp	03-3265-7451
日本ジャーナリスト会議	https://jcj.gr.jp	03-6272-9781
日本出版学会	https://www.shuppan.jp	03-3313-7347
日本出版クラブ	https://shuppan-club.jp	03-5577-1771
日本出版取次協会	http://www.torikyo.jp	03-3291-6763
日本出版労働組合連合会（出版労連）	https://syuppan.net/s24/	03-3816-2911
日本書籍出版協会	https://www.jbpa.or.jp	03-6273-7061
日本書店商業組合連合会	https://www.n-shoten.jp	03-3294-0388
日本児童文学者協会	https://jibunkyo.or.jp	03-3268-0691
日本児童文芸家協会	https://jidoubungei.jp	03-3262-6026
日本推理作家協会	http://www.mystery.or.jp	
日本製紙連合会	https://www.jpa.gr.jp	03-3248-4801
日本電子出版協会	https://www.jepa.or.jp	080-5823-6872
日本図書館協会	https://www.jla.or.jp	03-3523-0811
日本図書コード管理センター	https://isbn.jpo.or.jp	03-3518-9862
日本図書設計家協会	https://www.tosho-sekkei.gr.jp	03-3261-4925
日本複製権センター	https://jrrc.or.jp	03-6809-1281
日本プレスセンター	https://www.presscenter.co.jp	03-3580-1581
日本文藝家協会	https://www.bungeika.or.jp	03-3265-9657
日本ペンクラブ	https://japanpen.or.jp	03-5614-5391
日本編集制作協会	https://www.ajec.or.jp	03-6869-7780
日本包装技術協会	https://www.jpi.or.jp	03-3543-1189
日本放送作家協会	https://www.hosakkyo2012.jp	03-5210-7020
日本漫画家協会	https://nihonmangakakyokai.or.jp	03-5368-3783
日本洋紙板紙卸商業組合	https://www.jpbwa.com	03-3808-0971
日本洋書協会	https://www.jaip.jp	
日本タイポグラフィ協会	https://www.typography.or.jp	03-6661-7627

〈著作権エージェンシー〉

イングリッシュ・エージェンシー・ジャパン	https://www.eaj.co.jp	03-3406-5385
タトル・モリ エイジェンシー	https://www.tuttlemori.com	03-3230-4081
日本ユニエージェンシー	https://japanuni.co.jp	03-3295-0301
日本ユニ著作権センター	https://jucc.sakura.ne.jp	03-5472-6620
フランス著作権事務所	https://www.bcf-tokyo.com	03-5840-8871

〈著作権相談〉

コンピュータソフトウェア著作権協会	https://www2.accsjp.or.jp	03-5976-5175
著作権情報センター	https://www.cric.or.jp	03-5354-6435
日本音楽著作権協会	https://www.jasrac.or.jp	03-3481-2121
日本芸能実演家団体協議会	https://geidankyo.or.jp	03-5353-6600
日本写真著作権協会	https://jpca.gr.jp	03-3221-6655
日本書籍出版協会著作権 Q&A	https://www.jbpa.or.jp/copyright.html	
日本美術著作権協会	http://jaspar.or.jp	03-6226-5951
文化庁著作権課	https://www.bunka.go.jp/seisaku/chosakuken/	03-5253-4111

〈研究所〉

アジア経済研究所	https://www.ide.go.jp/Japanese/	043-299-9500
医薬基盤・健康・栄養研究所	https://www.nibn.go.jp	072-641-9811
宇宙科学研究所	https://www.isas.jaxa.jp	042-751-3911
大原記念労働科学研究所	https://www.isl.or.jp	03-6447-1330
法政大学大原社会問題研究所	https://oisr-org.ws.hosei.ac.jp	042-783-2305
気象庁気象研究所	https://www.mri-jma.go.jp	029-853-8552
国際日本文化研究センター	https://www.nichibun.ac.jp/ja/	075-335-2222
国土地理院地図管理部地図資料課	https://www.gsi.go.jp	029-864-1111
国立遺伝学研究所	https://www.nig.ac.jp/nig/ja	
国立教育政策研究所	https://www.nier.go.jp	03-6733-6833
国立国語研究所	https://www.ninjal.ac.jp	0570-08-8595
国立社会保障・人口問題研究所	https://www.ipss.go.jp	03-3595-2984
国立情報学研究所	https://www.nii.ac.jp	03-4212-2000
東京大学地震研究所	https://www.eri.u-tokyo.ac.jp	03-5841-2498
東京大学社会科学研究所	https://jww.iss.u-tokyo.ac.jp	03-5841-4904
東京大学史料編纂所	https://www.hi.u-tokyo.ac.jp	03-5841-5997
京都大学人文科学研究所	https://www.zinbun.kyoto-u.ac.jp/	075-753-6902
東京大学大学院情報学環・学際情報学府	https://www.iii.u-tokyo.ac.jp	03-5841-5938
東京都医学総合研究所	https://www.igakuken.or.jp	03-5316-3100
東京都健康長寿医療センター	https://www.tmghig.jp	03-3964-1141
東京文化財研究所	https://www.tobunken.go.jp	03-3823-2241
京都大学東南アジア地域研究研究所	https://kyoto.cseas.kyoto-u.ac.jp	075-753-7302
東京大学東洋文化研究所	https://www.ioc.u-tokyo.ac.jp	03-5841-5833（総務）
奈良文化財研究所	https://www.nabunken.go.jp	0742-30-6733
神奈川大学日本常民文化研究所	http://jominken.kanagawa-u.ac.jp	045-481-5661
農林水産政策研究所（農林水産省）	https://www.maff.go.jp/primaff/	03-6737-9000
野村総合研究所	https://www.nri.com/jp/index.html	03-5533-2111
日本生産性本部	https://www.jpc-net.jp	03-3511-4001
理化学研究所	https://www.riken.jp	048-462-1111

〈図書館・資料館〉

印刷図書館	https://www.print-lib.or.jp	03-3551-0506
大宅壮一文庫	https://www.oya-bunko.or.jp	03-3303-2000

外務省 外交史料館 https://www.mofa.go.jp/mofaj/annai/honsho/shiryo/ 03-3585-4511
教科書図書館（教科書研究センター） https://textbook-rc.or.jp/library_jp/ 03-5606-4314
宮内庁 書陵部 https://www.kunaicho.go.jp/culture/shoryobu/shoryobu.html 03-3213-1111
明治大学現代マンガ図書館 https://www.naiki-collection.jp 03-3296-4554
国際子ども図書館 https://www.kodomo.go.jp 03-3827-2053
国文学研究資料館 https://www.nijl.ac.jp 050-5533-2900
国立科学博物館図書室 https://www.kahaku.go.jp/institution/tsukuba/userguide/library.html 029-853-8124
国立公文書館 https://www.archives.go.jp 03-3214-0621
国立国会図書館 https://www.ndl.go.jp 03-3581-2331
松竹大谷図書館 https://www.shochiku.co.jp/shochiku-otani-toshokan/ 03-5550-1694
静嘉堂文庫 https://www.seikado.or.jp 050-5541-8600
統計図書館（総務省） https://www.stat.go.jp/library/ 03-5273-1132
秩父宮記念スポーツ図書館 https://www.jpnsport.go.jp/muse/ 047-401-1724
天理図書館（天理大） https://www.tcl.gr.jp 0743-63-9200
東京子ども図書館 https://www.tcl.or.jp 03-3565-7711
ゲーテ・インスティトゥート東京 図書館 https://www.goethe.de/ins/jp/ja/sta/tok/bib.html 03-3584-3203
東京都立中央図書館 https://www.library.metro.tokyo.lg.jp 03-3442-8451
東京都立多摩図書館 https://www.library.metro.tokyo.lg.jp 042-359-4020
東京文化会館音楽資料室 https://www.t-bunka.jp/library/ 03-3828-2111
東書文庫 https://www.tosho-bunko.jp 03-3927-3680
東洋文庫 https://toyo-bunko.or.jp 03-3942-0123
日仏会館図書室 https://www.mfj.gr.jp/bibliotheque/presentation/ 03-5421-7643
日本近代文学館 https://www.bungakukan.or.jp 03-3468-4181
日本ロシア語情報図書館 https://www.tokyorus.ac.jp/jrsl/ 03-3429-8239
明治新聞雑誌文庫（近代日本法政史料センター） https://www.lib.j.u-tokyo.ac.jp/center/kinse.html 03-5841-3171

〈博物館・美術館〉

印刷博物館 https://www.printing-museum.org 03-5840-2300
お札と切手の博物館（国立印刷局博物館） https://www.npb.go.jp/museum/index.html 03-5390-5194
科学技術館 https://www.jsf.or.jp 03-3212-8544
紙の博物館 https://papermuseum.jp/ja/ 03-3916-2320
江戸東京博物館 https://www.edo-tokyo-museum.or.jp 03-3626-9974
国立科学博物館 https://www.kahaku.go.jp 050-5541-8600
国立民族学博物館 https://www.minpaku.ac.jp 06-6876-2151
国立歴史民俗博物館 https://www.rekihaku.ac.jp 043-486-0123
京都国立博物館 https://www.kyohaku.go.jp 075-525-2473
東京国立博物館 https://www.tnm.jp 050-5541-8600
奈良国立博物館 https://www.narahaku.go.jp/ 050-5542-8600
早稲田大学坪内博士記念演劇博物館 https://enpaku.w.waseda.jp 03-5286-1829
日本科学未来館 https://www.miraikan.jst.go.jp 03-3570-9151
日本民藝館 https://mingeikan.or.jp 03-3467-4527
国立西洋美術館 https://www.nmwa.go.jp/jp/ 050-5541-8600
東京国立近代美術館 https://www.momat.go.jp 050-5541-8600
東京都美術館 https://www.tobikan.jp 03-3823-6921

標準 編集必携（へんしゅうひっけい） 第2版

1987年 8 月 1 日　第1版第 1 刷発行
2001年 5 月 18 日　第1版第16刷発行
2002年 8 月 20 日　第2版第 1 刷発行
2025年 7 月 31 日　第2版第10刷発行

編　集　日本エディタースクール

発行者　日本エディタースクール出版部
〒101-0064　東京都千代田区神田猿楽町 2-1-14
電 話　03-5577-3098
FAX　03-5577-3097
e-mail:press@editor.co.jp
https://www.editor.co.jp/

ISBN4-88888-325-4

Printed in Japan

組版・日本エディタースクール
印刷・精興社／製本・牧製本

日本エディタースクール編

標準 校正必携 第8版

A5判上製304頁 **定価（本体 2400円＋税）**

ISBN 978-4-88888-392-4 C 2000

校正・編集の際に参照すると有用な事項や，日本語の表記に関する基本資料を収録し，執筆・原稿整理・校正の具体的指針として広く活用されてきたロングセラーの最新版．2010年の『常用漢字表』改定も反映．（2011.5）

日本エディタースクール編

本 の 知 識

A5判並製64頁 **定価（本体 500円＋税）**

ISBN 978-4-88888-385-6 C 2000

本の各部分の名称などの本についての一般的知識と，どのようにつくられているのかなどの本づくりに関する基礎知識を簡潔に説明．マスコミ志望者，出版人，書店員，そして，本に興味と関心を示す多くの若い読者に最適の書．（2009.5）

日本エディタースクール編

日本語表記ルールブック 第2版

A5判並製80頁 **定価（本体 500円＋税）**

ISBN 978-4-88888-397-9 C 2000

一般的な表記法である「現代表記」の原則と注意点についてまとめ，社会一般のルールを参照しながら，漢字・仮名，外来語，数字，句読点，括弧類の表記の基準を，場面に応じてどのように定めていけばよいかの指針を示した．（2012.3）

日本エディタースクール編

原稿編集ルールブック 第2版

A5判並製80頁 **定価（本体 500円＋税）**

ISBN 978-4-88888-402-0 C 2000

さまざまなメディアを通じて厖大な文書が流通し，また自分で執筆する機会も増えている．専門的な編集者でなくとも，執筆・編集・校正に最低限心得ておきたい原稿編集の知識を集成した，コンパクトなルールブック．（2012.9）

日本エディタースクール編

文字の組方ルールブック［タテ組編］

A5判並製96頁 **定価（本体 500円＋税）**

ISBN 4-88888-312-2 C 2000

日本語の文章を本や印刷物にする場合にどのように組んだらよいか，その基本となる最も標準的なルールを縦組についてまとめた．パソコンを使った簡便な印刷物から複雑な要素をもつ書籍にまで広く応用可能．（2001.4）

日本エディタースクール編

文字の組方ルールブック［ヨコ組編］

A5判並製80頁 **定価（本体 500円＋税）**

ISBN 4-88888-314-6 C 2000

日本語の文章を本や印刷物にする場合にどのように組んだらよいか，その基本となる最も標準的なルールを横組についてまとめた．パソコンを使った簡便な印刷物から複雑な要素をもつ書籍にまで広く応用可能．（2001.5）

日本エディタースクール編

印刷発注のための紙の資料 2024年版

A5判並製64頁 **定価（本体 500円＋税）**

ISBN 978-4-88888-412-9 C 2000

出版に関連する洋紙だけでもその種類と用途はきわめて多い．印刷発注に必要な紙のデータをすぐ参照できるようにコンパクトにまとめた，印刷・洋紙の営業担当者，出版・デザイン関係者必携の手引書．年刊で常に最新情報を掲載．（2024.4）

●ポイント・級数換算表

ポイント	級数換算	級数	ポイント換算	mm 換算
		7	4.98	1.75
5	7.03			1.76
		8	5.69	2.00
6	8.43			2.11
		9	6.40	2.25
7	9.84			2.46
		10	7.11	2.50
		11	7.83	2.75
8	11.24			2.81
		12	8.54	3.00
9	12.65			3.16
		13	9.25	3.25
		14	9.96	3.50
10	14.06			3.51
		15	10.67	3.75
11	15.46			3.87
		16	11.38	4.00
12	16.87			4.22
		17	12.09	4.25
		18	12.81	4.50
14	19.68			4.92
		20	14.23	5.00
		22	15.65	5.50
16	22.49			5.62
		24	17.07	6.00
18	25.30			6.33
		28	19.92	7.00
20	28.11			7.03
22	30.92			7.73
		32	22.77	8.00
24	33.73			8.43
26	36.55			9.14
		38	27.03	9.50
28	39.36			9.84
		44	31.30	11.00
32	44.98			11.24
		50	35.57	12.50
36	50.60			12.65
		56	39.84	14.00
40	56.22			14.06

＊1 ポ＝0.3514 mm，1 級＝0.25 mm

＊換算値はいずれも小数点 3 位を四捨五入